전범선의 한국사 테라피

전범선의 한국사 테라피

전범선의 한국사 테라피

트라우마를 치유하는 200년 근현대사 이야기

전범선 지음

SPNS TV 기획

밀레니얼의 개벽사관, 전 지구적 태극사관

이병한(광주과학기술원, 『유라시아 견문』 저자)

오래 후생을 찾아다녔다. 선생님들의 이야기가 더는 흥미롭지 않았다. 선배들이 하는 말은 더더욱 매력적이지 못했다. 여전히 식민지 콤플렉스를 떨쳐내지 못했고, 좌우의 편가르기가 극심하였다. 21세기 선진국 'K'에 부합하는 새로운 이야기가 목말랐던 것이다. 1987년 이후에 태어난 새로운 세대의 새로운 서사의 탄생을 애타게 갈망했었다. 디지털 네이티브의 비트와 글로벌한 감수성의 바이브가 절묘하게 어우러진 완전히 새로운 노래를 듣고 싶었다.

그러다 범선을 만났다. 처음에는 영락없는 히피였다. 캘리포니아 시절 캠퍼스에서 종종 만났던 급진적 예술가이자 지성인이었다. 경주의 용담정부터 적도의 발리에 이르기까지 여기저기 함께 천하를 주유했다. 진화의 속도가 놀라웠다. 갈수록 근본으로 근원으로 깊어져갔다. 서학에서 동학으로 크게 회심하더니, 이내 동서고금을 달통하여 종횡무진 넘나들기 시작한 것이다. 강원도 양양에서 바다 위로 떠오르는 해를 바라보며 반짝반짝 빛나던 눈빛을 잊을 수가 없다. 태극을 보았노라, 흥분한 것이다. 흥겨워 보였다. 신명이 난 것이다. 신들린 것이다. 꼭 시베리아 숲 속에서 만났던 샤먼처럼 보였다.

아티스트이자 테라피스트였던 북방의 영험한 존재가 샤먼이었다. 사람들의 오래된 마음의 응어리를 풀어주는 푸닥거리를 통하여 해원상생의 미래를 열어주는 리더가 곧 샤먼이었다. 한바탕 씻김굿으로 살풀이춤을 추면서 날이 서고 갈라졌던 마음을 하나로 모으는 공동체의 수장 노릇을 했던 것이다. 이 책이 딱 그러한 소임을 다하고 있다. 지나간 백오십 년을 세심하게 회감하면서 다가오는 백 년을 굳건하게 다짐하는 것이다.

정녕 각자가 저마다 나름으로 최선을 다하였다. 각 세대와 각 진영이 각고의 분투를 다한 끝에 이만한 나라가 될 수 있었다. 온 세계가 한국을 선망한다. 지구촌 온 나라 사람들이 한국인들처럼 살고 싶어 안달이다. 다 함께 축배를 들면서 축제를 벌여도 충분할 기쁜 일이 아닐 수가 없다. 그런데도 정작 대한민국 내부는 좀처럼 화해하고 화합에 이르지 못하고 있는 것이다. 부디 이제 그만 좀 투닥거리고 서로를 다정하게 안아주고 다감하게 보듬어주면서, 고생했다고 덕담하면서 토닥토닥 위로할 때다.

마침내 그 버거운 일을 능수능란하게 해치울 수 있는 적임자가 등장했다. 전범선으로 인하여 개벽파는 더 이상 개량한복 같은 어정쩡한 절충이 아니라 힙하고 섹시한 미래의 지시어가 된다. 전범선을 통하여 태극 문양 또한 성조기와 오성기, 미국과 중국, 동서양을 포월하는 새로운 문명의 기표로서 승화한다. 이만하면 리버스 멘토링, 이제는 후생들에게 선생님들과 선배들도 배워야 할 것이다. 내가 대학에 입학했던 1998년 3월, 함석헌의 『뜻으로 본 한국역사』를 읽으며 세계관의 기초를 쌓았다. 앞으로는 『전범선의 한국사 테라피』가 그 역할을 대신하게 될 것이다. 한 세대의 좌표이자 한 시대의 이정표가 될 것임을 자신 있게 장담한다. 모든 세대와 모든 진영에 일독을 권하고 경청을 청하는 바이다.

기획자 노트

"안녕하세요, SPNS TV의 조준호 PD입니다"

조준호 PD

역사 테라피를 처음 기획했을 때, 솔직히 제 한국사 지식은 '제로'에 가까웠습니다. 대학에서 금융과 경제를 전공한 저에게 역사는 지금 당장 돈이 되거나 가치를 만드는 일이 아니라고 생각했거든요. 그런데 세상을 살다 보니 한국 사회의 이상한 현상들이 눈에 들어오기 시작했습니다. '도대체 왜 이래야 하지? 무엇이 우리 사회를 이렇게 만든 걸까?' 하는 질문들이 머릿속을 떠나지 않았습니다. 제가 자라면서 피부로 느낀 강렬한 반일 정서 같은 것들이 대표적이었죠.

저는 한국에서 정규 교육을 받은 적이 거의 없습니다. 해외에서 자라며 다양한 인종과 문화를 접하며 살아서인지, 제게는 '왜?'라는 근본적인 질문이 가장 중요했습니다. 예를 들어 "왜 우리는 무작정 일본을 싫어해야 할까?" 같은 질문의 답을 찾으려면 제가 태어나기 전의 역사로 돌아가보는 수밖에 없었습니다. 역사를 모르면 지금의 나를 포함해 세상이 돌아가는 방식을 이해하는 게 불가능하다는 사실을 깨달았죠.

우리나라는 초·중·고, 대학교까지 10년 넘게 한국사를 공부하는 것으로 알고 있습니다. 그런데 정작 '대한민국의 국호가 왜 대한민국인지', '남북은 왜 갈라졌는지', '삼일절이나 광복절을 왜 기억해야 하고 그날 왜 태극기를 걸어야 하는지' 제대로 아는 사람은 별로 없었어요. 제 주변만 봐도 진짜 수두룩합니다. 모르는 걸 넘어서 서로 '빨갱이'니 '극우'니 하며 치열하게 다투기까지 하죠. 팩트는 하나일 텐데 어떻게 이렇게 정반대 이야기를 할 수 있을까요? 취재를 하러 광장에 나갔다가 사람들이 언성을 높이며 싸우는 모습을 보면 '이게 정말 같은 나라가 맞나' 싶을 정도였습니다.

제가 이 시리즈에서 던진 질문들은 한국의 독자들이 보시기에 정말 '무식하고 개념 없는' 소리로 들릴 수도 있습니다. "왜 우리는 일본과 친구가 될 수 없을까?" 같은, 어떻게 보면 용서가 안 되는 질문들이 가득하니까요. 하지만 저는 그 무지함에서 새로운 생각이 시작된다고 믿습니다. 아무것도 모르는 상태에서 던지는 질문이 오히려 더 본질적인 성찰을 끌어낼 수 있으니까요. 역사 테라피의 기획은 바로 이런 기대에서 시작됐습니다.

엉뚱하고 도발적인 질문들에 대해 교과서적이지 않게, 새롭고 재밌게 답변을 풀어내준 전범선 형에게 고맙다는 말을 전합니다. 그리고 SPNS TV의 역사 테라피 콘텐츠를 저와 함께 만들어준 총괄 프로듀서 매튜 루반스키|Matthew Lubansky, 최원준 작가, 이세중 인턴과 이 기쁨을 함께 나누고 싶습니다. 피스!

여는 글

역사는 우리의 삶을
치유할 수 있을까?

저는 주류Mainstream에 속하지 못한 채 늘 변방을 서성이는 경계인이었습니다. 한복을 입고 영어로만 소통해야 했던 민족사관고등학교의 학생이었고, 한국 땅에서 복무하면서도 미군복을 입고 미국 대통령의 명령을 따랐던 카투사였으며, 유색인으로서 최강대국의 초엘리트 코스를 밟은 유학생이기도 했습니다. 광화문 한복판에서 혁명을 외치던 시절을 지나, 지금은 해방촌에서 책방을 운영하며 낮에는 글을 쓰고 밤에는 노래를 부릅니다. 가끔 역사 이야기를 들려주기도 하면서요. 한국에서 태어나 한국인으로 살아가고 있지만, 제 사고의 절반은 대서양 너머의 문법에 길들여진 이방인에 가깝습니다. 유교적인 엄숙함과 로큰롤의 야성이 제 안에서 끊임없이 불협화음을 내며 충돌하곤 했습니다. 어느 쪽에도 온전히 뿌리 내리지 못한 채 부유하던 제 시선은, 자연스레 발밑의 땅이 아닌 이 땅의 '뿌리'를 향하게 되었습니다.

'내가 태어난 이 나라는 왜 갈라져야만 했을까?', '왜 나는 철조망에 갇힌 이 반도에서 태어나 청춘의 시간을 바쳐야 했을까?', '고라니와 두루미조차 자유롭게 넘나드는 저 선을, 왜 인간인 나만은 넘지 못하는 걸까?' 제게 이 질문들은 단순한 지적 호기심이 아니었습니다. 정체성의 혼란이라는 감옥에서 벗어나기 위해 반드시 풀어내야만 했던, 가장 개인적이고도 절박한 생존의 암호였습니다. 이 질문들에 천착할수록 주어는 자연스레 '나'에서 '우리'로 확장되었습니다. '우리는 어쩌다 이토록 깊은 트라우마를 유산으로 물려받게 되었을까?', '우리는 왜 과거의 유령들에게 붙잡혀 오늘을 희생하며 살아야 하는 걸까?', '한국사는 어째서 평화가 아닌 갈등과 증오의 언어로 기록되어 있을까?'

하지만 박제된 텍스트 중심의 공부로는 그 답을 찾을 수 없었습니다. 왼쪽에서 오른쪽으로, 위에서 아래로 사고하도록 프로그래밍된 선형적 교육 체계 속에서 제 무의식은 늘 그 틀을 벗어나길 갈망했습니다. 영국 옥스퍼드대학에서 석사 논문을 쓰며 미국혁명을 촉발한 토머스 페인에게 깊이 빠져든 적이 있습니다. 1년 내내 그의 모든 글과 유서까지 탐독하며 울기도 했지만, 결국 한계에 부딪혔습니다. 텍스트만으로는 그 사람의 진짜 '바이브Vibe'를 결코 알 수 없었기 때문입니다. 우리가 음악에 매료되었다가도 막상 뮤지션을 실제로 만나보면 환상이 깨지는 경우가 있는 것처럼 말입니다.

글자로 박제된 역사는 인간의 날것 그대로의 경험을 온전히 담아내지 못합니다. 구술사는 이런 한계를 넘어서려 하지만 역사학계는 여전히 텍스트가 아닌 기억이나 설화를 불신하곤 하죠. 저는 역사학을 전공하면서도 이런 방식이 늘 지루했습니다. 삶 자체가 역사라면, 기록될 기회조차 없었던 여성들의 삶이나 지구의 자연사처럼 우리가 역사라 불러야 할 대상은 무궁무진하기 때문입니다. 학교 밖으로 나오고 나서야 역사학이라는 굴레를 벗어난 역사가 얼마나 흥미로운지 비로소 깨닫게 되었습니다.

이 책은 전문 학자나 정통 연구자가 아닌 제가, 오직 내면에 얽히고 설킨 상처를 치유하기 위해 스스로 찾아낸 질문과 대답의 기록입니다. 역사를 통해 한국인의 삶을 어루만지겠다는 제 다짐의 첫 시도이자, 저 자신을 향해 건네는 첫 번째 '역사 처방전'이기도 합니다. 이제 그 경계의 시선으로, 우리가 잊고 지냈던 한국사의 진짜 얼굴을 하나씩 꺼내보려 합니다. 한국사에는 그 무엇과도 비교할 수 없는 역동적인 에너지와 긍지가 서려 있습니다. 하지만 그 이면에는 여전히 우리를 고통스럽게 짓누르는 증오와 극단주의가 트라우마처럼 박혀 있죠. 이 상처는 하루아침에 치유되지 않습니다. 꾸준한 공부와 성찰, 그리고 무엇보다 역사적 사실을 직시하는 용기가 필요하죠.

　『전범선의 한국사 테라피』는 그런 흐름에서 집필되었습니다. SPNS TV 조준호 PD의 기획으로 출발한 '역사 테라피'가 그 시초였죠. 제가 역사를 공부하게 된 이유, 즉 '내가 태어난 이 나라는 어쩌다 여기까지 왔을까?'라는 질문에 답하기 위해 우리가 잃어버린 한국사의 고유한 원형을 14가지 장면으로 정리했습니다. 이 여정 속에는 서로에게 총부리를 겨눈 잔인한 기록도, 생존을 위해 강대국에 굴종했던 치욕스러운 순간도 있을 것입니다. 그러나 다른 한편에는 정작 우리도 몰랐던 가치를 외국인이 먼저 발견해준 위대한 역사가 있고, 양극단으로 찢긴 이 세계를 초월해 평화와 치유의 시대를 열 '태극'의 사상도 흐르고 있습니다. 이 원형들을 모두 마주한 뒤, 우리 역사가 그저 망국과 비극의 연속이었는지, 아니면 그 어떤 민족 앞에서도 당당했던 생명력의 기록이었는지 여러분 스스로 판단해 보시기 바랍니다.

그 시작을 위해 제가 던지는 첫 번째 질문은 '개벽'입니다. 개화와 수구라는 이분법 이전에 한국사를 추동했던 에너지를 조선 제일의 사이키델릭 아티스트, 최제우의 삶을 통해 추적합니다(테라피 1). 두 번째 질문은 '독립'입니다. 진정한 독립 정신이 무엇인지 오리지널 검은 머리 외국인 필립 제이슨의 파란만장한 생애를 통해 성찰해 보았습니다(테라피 2). 세 번째 질문은 '한글'입니다. 우리조차 잊었던 우리 문자의 위대함을 먼저 발견한 선교사 호머 헐버트의 시선을 통해 민족적 자부심의 근원을 찾아봅니다(테라피 3). 네 번째 질문은 '한류'입니다. 21세기 전 세계를 휩쓰는 한류의 발흥을 무려 수십 년 전 예견했던 전자 무당 백남준의 삶을 통해 우리 안에 깃들어 있는 신명을 확인합니다(테라피 4).

다섯 번째 질문은 한국사에서 가장 아픈 손가락인 '매국'입니다. 조선시대 비운의 베타메일이었던 이완용이 선택한 매국의 길을 따라가며 친일과 반일이라는 이분법적 사고를 넘어설 단서를 찾아봤습니다(테라피 5). 여섯 번째 질문 '평화'에서는 안중근과 이토 히로부미, 저마다의 방식으로 나라를 위해 몸부림친 두 남자의 평행 이론을 통해 한일 관계의 해법과 앞으로 우리가 어떻게 함께 동아시아의 평화를 찾아갈지 고민합니다(테라피 6).

일곱 번째부터 열 번째까지의 질문은 3·1 운동 전후 한국사의 동력이 어떻게 사방으로 흩어졌는지 그 흐름을 추적합니다. 먼저 최제우로부터 기원한 동학 운동의 숨은 역사를 살피며 3·1 운동을 완성한 주체이자 한국사의 진정한 주인공인 '민중'의 꿈을 복원합니다(테라피 7). 좌절로 끝난 3·1 운동 이후 '변절'한 조선의 3대 천재들의 삶을 통해 망국 앞에 놓인 지식인의 선택과 책임을 묻습니다(테라피 8). 다음으로 3·1 운동 직후 본격적으로 분화된 '좌파'의 역사(테라피 9)와 '우파'의 역사(테라피 10)를 추적하며, 지금 우리가 목격하고 있는 좌우 극단주의 세력들이 득세하기 전의 원조 좌파와 우파가 꿈꾸었던 대한민국의 모습을 복원합니다.

다음은 남과 북, 자본주의와 사회주의로 완전히 갈라선 두 체제 속에 각자가 어떤 길을 걸어 오늘날에 이르렀는지, 역사의 최전선에서 가장 치열하게 활동한 인물들을 중심으로 따라가봅니다. 먼저 중국과 소련이 왜 수많은 공산주의 지도자 중 '북한'의 지도자로 김일성을 택했는지 근본적인 원인을 짚어보며 20세기 한국사가 놓인 구조적 모순을 밝힙니다(테라피 11). 해방 공간에서 가장 먼저 좌우합작을 구상했던 여운형과, 상해 임시정부 때부터 꿋꿋이 남아 독립운동을 펼친 김구, 그리고 복잡한 국제 정세 속에서 외교의 힘으로 독립을 주장한 이승만 등 3인의 정치 지도자의 선택을 통해 해방 이후 '남한' 앞에 놓인 세 가지 길을 따라가보는 한편(테라피 12), 결국 반쪽짜리 대한민국이 건국됨으로써 오늘날 현실이 된 '분단'의 과정을 되짚습니다(테라피 13).

마지막 열네 번째 질문은 '태극'입니다. 선과 악, 좌와 우라는 이분법적 발전 모델을 넘어, 모든 가치를 항아리에 넣고 푹 고아낸 발효의 미학으로 이념 갈등의 해답을 찾았던 선각자 김지하 시인의 사상을 통해 21세기를 사는 우리에게 필요한 상생과 조화의 길이 무엇인지 힌트를 찾고 싶었습니다(테라피 14).

진보와 보수라는 편 가르기가 역사의 전부일까요? 그 너머에는 훨씬 더 입체적인 진실들이 숨어 있습니다. 저는 이 책에서 묻고 싶습니다. '역사는 우리의 삶을 치유할 수 있을까?' 이제 증오의 도구가 된 역사를 내려놓고 진짜 치유를 시작해보려 합니다. 책을 다 덮고 난 뒤 우리의 영혼이 어떻게 변화되어 있을지 궁금합니다. 박제된 텍스트를 벗어나 그 시절 사람들의 진짜 바이브를 느끼며 우리가 잊었던 한국사의 원형을 복원하는 시간을 여러분과 만끽하고 싶어요. 선악이나 좌우 같은 이분법의 잣대는 잠시 내려놓아도 좋습니다. 우리를 가두고 있던 사고의 감옥을 열고, 그 어지럽고도 아름다운 역사의 원형 속으로 풍덩 뛰어드는 거죠. 갈라진 마음을 어루만지고 우리 안의 야성을 다시 깨우는 시간, 이제 그 본격적인 테라피를 시작합니다.

2026년 3월 1일
해방촌 풀무질에서 전범선 모심

차례

테라피 1　　　　　　　## 개벽　　　　　　　**018**

한국은 정말 '씹선비'의 나라였을까?

조선 제일의 사이키델릭 아티스트, 최제우

테라피 2　　　　　　　## 독립　　　　　　　**046**

그들은 왜 광화문에서 태극기 대신 성조기를 흔들까?

조국을 사랑한 검은머리 외국인, 서재필

테라피 3　　　　　　　## 한글　　　　　　　**066**

외국인의 한국 사랑은 한국인들만의 국뽕일까?

한국인보다 한국을 더 사랑한 미국인, 호머 헐버트

테라피 4　　　　　　　## 한류　　　　　　　**088**

세계에 한국의 정신을 알린 한국 예술사 최대 아웃풋은 누구일까?

한류를 예견한 전자 무당, 백남준

한국사 트라우마 자가진단

다음 문항 중 **3개 이상** 해당한다면,
당신은 지금 **역사 트라우마**에 빠진 상태입니다.

- ☐ '조선' 하면 미개함이나 답답함이 먼저 떠오른다.

- ☐ 독립운동가는 가난하고 처절해야만 했다고 생각한다.

- ☐ 일본과의 관계는 '영원한 적' 외엔 답이 없다고 믿는다.

- ☐ 대한민국의 진정한 건국의 아버지는 오직 한 명뿐이다.

- ☐ 나와 정치 성향이 다른 역사 속 인물들은 매국노다.

- ☐ '우리 민족'이라는 단어를 들으면 자랑스럽지 않고 촌스럽다.

- ☐ 뉴스에서 역사 논쟁이 터지면 내용보다 '누구 편'인지 먼저 살핀다.

- ☐ 역사 공부는 시험을 위해 암기하는 것일 뿐, 내 삶과는 상관이 없다.

- ☐ 북한에 대해 이야기하는 것 자체가 불온한 반국가적 행위다.

- ☐ 대한민국은 희망이 없는 헬조선이며, 그 원인은 조상 탓인 것 같다.

테라피 1

한국은 정말 '씹선비'의 나라였을까?

개벽

조선 제일의
사이키델릭 아티스트,
최제우

조준호 PD

한국사 이야기를 하다 보면, 너무 신화적인 시대로 훌쩍 넘어가버릴 때가 많은 것 같습니다. 1200년대, 1300년대까지 가면 솔직히 너무 멀어요. 뭔가 감각이 좀 희석되고, 어느 순간부터는 역사라기보다 거의 종교 이야기처럼 느껴지기도 하거든요. 그런데 1800년대, 1900년대로 오면 이야기가 달라지죠. 우리 할머니나 할아버지가 살았던, 많아야 두세 세대 정도 건너간 시기잖아요. 그들의 글과 말이 남아 있고 기억이 전해지고 사람들의 삶이 구체적으로 상상되는 시간이니까요. 저는 바로 이 지점이 테라피를 시작하기에 가장 현실적인 시간대라고 생각해요. 너무 멀지도, 너무 가깝지도 않은 거리에서 '치유'를 위해 우리가 처음으로 마주해야 할 역사적 순간은 어디일까요? 그리고 그 순간을 잉태한 인물은 누구였나요?

모든 것의 시작,
3·1 운동

질문에 답하기에 앞서 먼저 제 이야기를 조금 더 할게요. 저는 카투사로 군 복무를 마쳤습니다. 대한민국 육군 소속이면서도 미군 군복을 입고 미국 대통령의 명령을 따르는 신분이었죠. 그러다 보니 당시 정체성에 대한 고민이 깊었습니다. 분명 나는 한국인인데 왜 미국 군대에서 복무하는 거지? 저는 미국에서 공부하며 그들의 문화를 진심으로 좋아하게 됐고, 로큰롤 음악을 업으로 삼고 있다 보니 제 안에는 한국인과 미국인의 정체성이 자연스럽게 뒤섞여 있었습니다. 하지만 이 두 세계가 겹치거나 충돌할 때마다 느껴지는 혼란은 피할 수 없더라고요. 자아 정체성이 흔들리는 순간마다 저는 역사 속에서 그 해답을 찾으려고 노력했습니다.

　제가 나온 고등학교는 좀 독특합니다. 민족사관고등학교라고 들어봤나요? 학교 건물 전부가 한옥으로 지어졌고 학생들은 한복을 입고 생활합니다. 교실이 있는 건물은 대리석으로 지어졌는데,

또 그 옆엔 아흔아홉 칸짜리 기와집이 있는 묘한 풍경이죠. 그런데 정작 학교 안에서는 한국어를 쓰면 안 됩니다. '민족의 리더가 되려면 미국에서 선진 문명을 배워 한국을 최선진국으로 끌어올려야 한다'는 논리였죠. 어쩌다 한국어를 쓰다 걸리면 학생 법정에 가야 했고, 회초리에 맞는 대신『명심보감』을 필사하는 게 벌이었습니다. 한자의 뜻도 모른 채 억지로 그림 그리듯 써내려갔던 기억이 나네요. 그때부터 저는 이 모든 것이 혼재된 한국사의 기묘한 정체성에 대해 고민했습니다.

제가 역사를 공부하는 이유는 단순합니다. '왜 이 나라는 이 모양일까, 나는 왜 하필 여기에서 태어났을까?' 이 궁금증에 답하고 싶었어요. 그래서 미국과 영국을 떠돌며 공부했습니다. 그중에서도 저를 가장 화나게 했던 건 '왜 분단이 됐을까?'라는 질문이었습니다. 한국에서 태어났다는 이유만으로 왜 청춘의 귀한 시간을 바쳐 군대에 가야 하는지 정말 이해가 안 됐거든요. 그저 자유롭게 움직이고 싶은데, 눈앞의 철조망이 길을 막고 있잖아요. 고라니도 제 집인 양 나다니고 두루미도 자유롭게 날아가는데, 왜 인간인 나는 북한을 지나 유라시아 대륙으로 뻗어나가지 못할까요? 정치적인 이데올로기를 떠나서 그냥 인간적으로 너무나 답답했어요. 차를 타고 유럽이나 아프리카까지 달려갈 수 있는 시대라는데 우리는 고작 금강산조차 가지 못하니까요.

이런 실존적인 의문 끝에 저는 결국 전쟁과 식민주의라는 근현대사의 비극에 도달하게 됐습니다. 이 나라는 대체 왜 이렇게 생겨먹었을까 고민하며 19세기 구한말부터 침략의 시대를 살았던 이들의 역사를 하나하나 들여다봤어요. 솔직히 자료를 볼 때마다 그때 태어나지 않은 게 다행이다 싶을 정도로 그 시대를 견딘 이들에게

짠하고 미안한 마음이 들더라고요. 그렇게 역사 속의 여러 인물을 마주하다 제가 깊이 천착하게 된 지점이 바로 1919년 3·1 운동입니다. 3·1 운동은 독립 투사 몇몇이 아니라 조선 민초 모두가 들불처럼 일어난 사건이었습니다. 당시 인구 2000만 명 중 약 100만 명이 쏟아져 나왔다고 들었는데, 인구 5000만 명 중 100만 명 정도가 모였다는 최근의 촛불 집회와 비교하면 그 기세가 어느 정도였을지 짐작되실 겁니다. 심지어 지금 시대에 집회를 하면 가만히 서 있는다고 해서 죽이지는 않잖아요? 하지만 3·1 운동은 진짜 목숨을 걸고 투쟁한 운동이었어요. 살벌한 총칼 앞에 비폭력으로 맞서며 평화와 독립을 외친 겁니다.

사실 조금 창피한 대목도 있어요. 당시 미국 대통령 우드로 윌슨이 1차 세계대전 패전국 식민지들을 독립시켜 주겠다는 '민족자결주의'를 선언하자, 그 말을 믿고 우리도 해달라며 목소리를 낸 것이었거든요. 그래도 굉장히 영리하고 지혜로운 투쟁이었죠. 침략자들이 총칼을 들이밀 때 똑같이 총칼로 맞서지 않고 평화로운 방식으로 민족의 주체성을 이야기했으니까요. 유관순 열사도 그때 겨우 18살 나이에 거리로 나왔고요. 누군가 자신에게 폭력을 휘두를 때 '난 너랑 똑같이 되진 않을 거야'라며 우리만의 삶의 방식과 나라가 있다고 선언하는 것, 이게 정말 멋진 지점이거든요. 사실 3·1 운동은 세계 비폭력 평화 운동의 시초라고 할 수 있습니다. 우리가 흔히 아는 간디의 '사티아그라하'나 마틴 루터 킹의 민권 운동보다 훨씬 앞섰죠. 그런데도 저평가된 이유는 간디나 킹 목사처럼 카리스마 있는 리더 한 명의 서사로 기억되지 않기 때문이에요. 그만큼 철저히 대중적인 운동이었던 것이죠.

2000만 명 중 100만 명이면 전 국민의 5퍼센트인 셈인데, 마틴 루터 킹의 민권 운동도 미국 내 비중이 그 정도로 크진 않았어요. 당장 독립이 되지는 않았지만, 조선에서 벌어진 3·1 운동을 보고 전 세계가 '아, 얘네 살아 있네. 얘네는 일본이 아니구나'라고 생각했을 겁니다. 대한민국 헌법 첫머리에도 우리 정부가 3·1 운동으로 건립된 임시정부의 법통을 계승한다고 명시되어 있잖아요. 1919년 4월 상해 임시정부가 세워진 것도 결국 3·1 운동이 있었기 때문이고요.

그러므로 3·1 운동을 모르고서는 대한민국을 알 수 없고, 결과적으로 제가 왜 군대에 가야 했는지도 이해할 수 없는 거죠. 그래서 저는 이 3·1 운동이라는 민초들의 혁명이야말로 대한민국의 시작점이라고 생각합니다.

3·1 운동을 잉태한 남자, 동학 교주 최제우

제가 국기에 대한 경례를 하고, 군에 입대를 하고, 세금을 내게 된 모든 것의 기원에는 이 3·1 운동이 있었던 겁니다. 그리고 이 사건은 '나는 누구인가'라는 제 물음에 대한 답이기도 했죠. 그래서 이번 한국사 테라피의 첫 관문은 바로 이 3·1 운동에서 시작합니다.

이 전국적인 저항 운동을 주도한 이들이 누구인지, 어떻게 이런 거사가 가능했는지 들여다보니 그 중심에는 33명의 리더가 있었습니다. 그들은 모두 종교 지도자들이었어요. 당시 일제는 종교만큼은 함부로 건드리지 못하고 어느 정도 내버려두었거든요. 그런데 이 33인의 종교 지도자들을 보면 굉장히 신기한 점이 있습니다. 33명

중 절반인 16명이 기독교인이었어요. 조선도 어서 개화를 해서 양복도 입고 신분제도 철폐하고 민주주의를 심어야 한다고 주장했던 분들이죠. 그리고 2명의 불교계 지도자도 있었습니다. 그럼 나머지 15명은 누구였을까요? 바로 천도교인이었습니다. 천도교는 조선의 토착 종교입니다. 원래는 '동학'이라고 불렸는데 천도교로 이름을 바꿨죠. 지금도 종로 낙원상가 뒤편에 가면 그 본부가 있습니다. 그런데 사실 학교에서 역사를 공부할 때 천도교가 한국사에 끼친 영향과 의미에 대해선 제대로 배우지 못하셨을 겁니다. 그다지 주목해서 다루지 않으니까요.

민족적 거사를 이끈 지도자 중 절반이 천도교인인데, 그렇다면 대체 이들은 어떤 사람들이었을까요? 더 중요한 사실은 이 거사를 가장 먼저 기획하고 설계한 세력이 천도교였다는 점입니다. 당시 천도교 교주 손병희가 기독교 리더 이승훈에게 종교가 다름에도 불구하고 '함께하자'고 손을 내민 것이 시작이었죠. 여기에 불교 지도자들도 호응했고요. 결국 3·1 운동은 천도교가 주도하고 기독교가 호응하고 불교가 협력해서 일군 거대한 민족·종교 통합의 결실이었습니다. 3·1 운동 덕분에 임시정부가 세워졌고 그 임시정부의 법통을 이어 지금의 대한민국이 존재한다고 볼 수 있다면, 대한민국의 모든

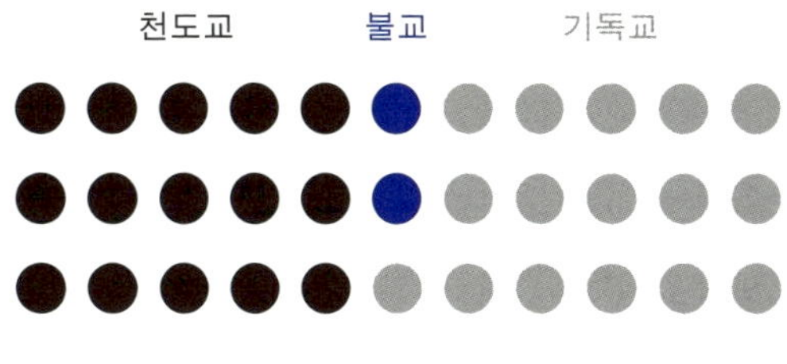

민족 대표 33인

역사의 설계자가 천도교라고 해도 과언이 아닐 것입니다.

천도교의 뿌리는 동학이라고 말씀드렸죠. 동학東學은 말 그대로 '동쪽의 학문'이라는 뜻이고, 그 대척점에 '서쪽의 학문'인 서학西學이 있었죠. 당시 조선 사람들은 천주교나 개신교 같은 기독교를 '양놈들의 학문'이라며 서학이라고 불렀습니다. 정부는 이 서학을 거세게 탄압했습니다. 양화진에 있는 절두산이라는 곳을 아시나요? 말 그대로 목(頭)을 자르는(絶) 산이라는 뜻입니다. 기독교를 믿는 사람들을 '서학쟁이'라고 멸시하며 그곳에서 처형했죠. 그럼에도 조선 사람들 사이에서는 천주교나 개신교를 믿는 이들이 늘어났습니다. 선교사들이 전하는 하나님과 예수의 말씀이 조선 사람들, 특히 평민과 노비, 심지어 일부 양반들의 귀에도 솔깃하게 들렸기 때문입니다. 참고로, 제가 양반들을 참 싫어하는데요. 당시 양반들은 정말 나쁜 사람들이었습니다. 서양 열강이 쳐들어와 나라는 망하기 일보 직전인데도 백성의 피를 빨아먹으며 연명하던 빈대 같은 기득권이었으니까요.

처음 조선에 선교사들이 들어왔을 때는 발각되면 목이 잘렸습니다. 사실 꽤 오래전부터 조선에 몰래 들어오기 시작했거든요. 시골에 숨어 한국말을 배우며 암암리에 선교를 하다가 들켜서 처형을 당하기도 했죠. 그런데도 나중에 국가가 선교사들을 인정할 수밖에 없었던 이유는 프랑스, 영국, 미국 같은 나라들이 이양선(이상한 모양의 배)을 타고 대포를 앞세워 강화도까지 쳐들어왔기 때문입니다. 바로 병인양요丙寅洋擾와 신미양요辛未洋擾 같은 사건들이죠. 조선은 총이나 포가 있긴 했지만, 여전히 활이나 칼로 싸우는 방식을 선호했습니다. 당시의 화약병기 기술이라는 것도 옛날 일본에서 건너온 조총 수준에서 아주 조금 발전된 정도였죠. 반면 서양은 산업

혁명을 거치며 살상 기술을 비약적으로 발전시켰습니다. 사실 서양이 동양을 앞지르기 시작한 건 19세기에 들어서 일어난 일입니다. 그전까지는 동양이 세계의 중심이었고 문명을 주도했죠. 특히 중국 명나라의 군사력과 기술력이 가장 막강했고 인구도 압도적으로 많았습니다. 서양이 지구상의 절대 강자로 군림한 건 고작 200년밖에 되지 않은 일이라는 뜻이죠.

세상이 뒤집혔는데도 당시 조선에서는 양반들이 곰방대나 피우며 성리학에 대해 토론하고 있었습니다. 제사를 어떻게 지내야 하는지 같은 형이상학적인 문제로 싸우면서 소일하고 있었죠. 자신들이 서양 문명보다 훨씬 앞서 있다고 굳게 믿었기에 굳이 밖으로 나가 새로운 영토를 개척할 필요성도 느끼지 못했습니다. 그런데 같은 시기 서양인들은 끊임없이 새로운 식민지를 만들려 혈안이 되어 있었죠. 조선 입장에서는 갑자기 이상하게 생긴 사람들이 들어와 서학을 이야기하며 예수님을 믿으라는 상황이 벌어진 겁니다. 그 서학의 메시지가 조선 사람들에게는 아주 단순하면서도 강력했습니다. '예수가 당신을 사랑한다. 모든 인간은 하나님의 피조물이기에 누구나 고귀하다.' 이건 그야말로 충격이었습니다. 조선에서는 오직 양반만이 고귀했고 나머지 사람들은 사실 물건 취급을 받던 시대였으니까요.

공자나 부처의 말씀을 제대로 들여다보면 본래 인간을 깊이 존중합니다. 우리 모두가 근본적으로 하나라는 가르침이 그 안에 있죠. 사실 그것이 동학의 시작이기도 합니다. 우리 민족의 정신도 원래는 이토록 비정하지 않았습니다. 그런데 조선 말기에 이르러 유교가 남녀를 차별하고, 임금을 모시기 위해 노비가 존재해야 한다는 식의 통치 논리로 변질되어버린 겁니다. 진짜 선비들의 정신은 원래 그렇지 않았습니다. 하지만 조선 말기의 양반들, 즉 지배 계급은 열강의 위협으로부터 백성을 보호하기는커녕 점점 좁은 우물 속으로 들어가 체제 유지에만 혈안이 되어 있었습니다.

요즘 말로 하면 전형적인 '쎕선비'였습니다. 왕비가 궁궐에서 일본 닌자들에게 살해당해도 왕은 속수무책이었죠. 아무리 현실 감각이 무너졌더라도 최소한 자기네 백성은 보호해야 존중을 받을 텐데, 조선의 지도층은 그마저도 포기했습니다. 한마디로 국가의 '리스펙'이 바닥난 거죠. 사람들은 조선이 끝났다고 생각했습니다. 철종과 고종 시대의 조선은 그만큼 무력했죠. 당연히 새로운 질서가 필요했습니다. 바로 이때 깨어 있는 사람들이 서학으로 눈을 돌리기 시작했습니다. '우리도 증기 기관을 도입하고 도로도 연결하고 우체국도 만들자. 그리고 쌀 대신 우유와 고기를 먹어서 서구 사람들처럼 강해지자!' 당시에는 백인의 큰 키가 우유와 고기 덕분이라고 믿었으니까요. 심지어 이웃 나라 일본은 이미 1870년대 메이지 유신으로 나라를 개화한 상태였습니다. 개화에 눈을 뜬 조선의 지식인

HISTORY KEYWORDS

동학

1860년 최제우가 창시한 한국의 민족 종교다. 서학에 대비되는 개념으로 시작됐으며 보국안민(나라를 돕고 백성을 편안하게 함)과 광제창생(널리 백성을 구제함)을 내세웠다. 핵심 사상은 인내천(人乃天)으로, 모든 인간은 평등하며 하늘과 같이 귀하다는 신념을 담고 있다. 동학의 사상은 조선의 신분제 근간을 흔들었으며, 1894년 동학농민혁명이라는 민중 운동으로 이어졌다. 동학은 단순한 종교적 운동을 넘어 한국 근대사에서 민주주의와 생명 평화 사상의 원형을 제시한 최초의 민중 운동으로 평가받는다.

들로서는 더 마음이 조급해졌을 겁니다.

최제우,
산속에서 신내림을 받고 칼춤을 추다

서학이 들어오자 억압받던 조선 민중들은 '하나님이 우리를 사랑하신다'는 말에 매료되었습니다. 믿기만 하면 천국에 간다는 소망은 엄청나게 달콤했죠. 기독교와 함께 민주주의, 자유주의, 인권 같은 근대적 가치들도 밀려왔습니다. 이런 폭풍 같은 시대에 등장한 인물이 바로 최제우입니다. 그는 단순히 서학에 편승하지 않고, 이에 대응하며 자생할 수 있는 '동학'이라는 개념을 창시했습니다. 최제우는 훗날 3·1 운동 주역들의 스승이자 천도교의 교주가 되는 인물이죠. 그는 몰락한 양반이자 첩의 자식인 서자였습니다. 흥미롭게도 신분제의 한계를 뼈저리게 느꼈던 경계인이 새로운 질서의 문을 연 것입니다.

　　최제우는 당대 내로라하는 가문이었던 경주 최씨 집안 출신이었지만, 셋째 부인의 아들인 서자였습니다. 당시 서자는 양반이라고 해도 과거 시험은커녕 그들만의 리그에 끼워주지도 않았죠. 인사이더이면서 동시에 아웃사이더인 경계인의 삶을 살던 그는 할 수 있는 일도, 출세할 길도 막힌 상황에서 '조선은 왜 이 모양일까?'라는 고민을 하며 삐딱해질 수밖에 없었습니다. 제가 품은 질문과도 묘하게 연결되는 지점이네요. 그리고 최제우는 엄청나게 똑똑했습니다. 유교·불교·도교·서학을 모두 섭렵했음에도 세상에 대한 불만은 가득했고, 심지어 가난했습니다. 결국 집안과 함께 가산이 무너지자 그는 10년 동안 전국을 유랑하며 철물점 장사를 하는 등 밑바닥을 전전했습니다.

　결국 장사마저 망하고 빚쟁이에 쫓기던 그는 산으로 들어갔습니다. 근데 재미난 사실이 있습니다. 조선의 깨달음은 대개 산에서 일어납니다. TV 프로그램 〈나는 자연인이다〉처럼 갈 곳이 산밖에 없었기 때문이죠. 반면 서양의 깨달음은 사막의 산물입니다. 예수, 모세, 무함마드 모두 사막에서 신을 만났죠. 저도 미국 캘리포니아에 있는 광대한 사막 조슈아트리 사막의 뜨거운 태양 아래에서 무릎 꿇고 절규하며 깨달음을 얻은 적이 있습니다. 사막은 나 이외엔 아무것도 없는, 오직 하늘과 나만이 대면하는 공간이니까요. 사막이 없는 조선에서 최제우는 산을 택했습니다. 홀로 도를 닦던 그는 몸이 떨리는 접신接神의 순간을 맞이합니다. '상제', '하늘님', '천주'라고 불리는 우주적 존재를 만난 것이죠. 이는 예수(기독교)나 모세(이슬람교), 조셉 스미스(모르몬교)나 무당의 신내림과도 맥을 같이하는 원초적인 종교 경험이었습니다.

　최제우가 체험 이후에 보인 행보는 매우 한국적입니다. 서양에서는 보통 신비 체험을 성경처럼 기록으로 남겨 말씀을 전파하지만, 최제우는 달랐습니다. 하늘님께 미션을 부여받은 직후, 그는 춤을 추고 노래하기 시작했습니다. 말하자면 'K-POP'의 시초를 연 셈이죠. 양반 신분이었지만 산속을 떠돌며 스님이나 도인들과도 교류하며 호흡 수련 같은 도교적 수행도 익혔다고 합니다. 그런데 그가 택한 방식 중 가장 독특한 지점은 바로 '칼춤'을 추었다는 사실입니다. 갑자기 칼춤이라니, 좀 당황스럽나요? 무당들이 그러하듯, 최제우는 양반임에도 신내림의 엑스터시(황홀경)를 칼춤으로 발산했습니다. 다만, 그가 든 것은 쇠칼이 아닌 목검이었습니다. 누군가를 해치는 칼이 아니라, 춤을 통해 억눌린 신명을 깨우는 '살리는 칼'이었죠. 이는 칼춤으로 사람을 살렸던 신라 화랑의 전통과도 맞닿아 있습니다.

당시 조선 민중은 무능한 양반 리더십에 절망하고 있었습니다. 프랑스, 미국, 일본 등 침략자들이 총칼을 앞세워 들이닥치는 절박한 상황에서 여성과 아이, 노인들은 속수무책으로 공포에 떨어야 했으니까요. 전쟁의 가장 큰 피해자인 그들을 보며 최제우는 불쌍한 백성을 살릴 길을 고민했습니다. 그는 칼춤을 추었고, 더 결정적으로는 미친 듯이 노래를 부르기 시작했습니다. 본래 조선의 양반들은 한자로 시를 썼습니다. 사극 속 모습처럼 기생집에서 거드름을 피우며 시를 읊으면 기생들이 노래를 대신 불러줄 뿐, 양반이 직접 노래하는 법은 없었죠. 그들은 한자로 필담을 나누며 지성과 재치를 증명했습니다. 공자나 노자, 맹자의 구절을 얼마나 기막힌 '펀치라인'으로 활용하느냐가 그들 놀이의 핵심이었습니다. 당나라 두보의 시를 인용하면 탄성이 터져나오는 식이었죠. 과거 시험 공부 역시 그 연장선이었습니다. 하지만 최제우는 달랐습니다. 그는 철저히 언더그라운드였습니다.

그렇다면 그는 자신이 깨달은 철학과 사상을 일반 민중들에게 어떻게 노래로 어필했을까요? 한자를 모르는 일반인들, 당시 조선에서 절대적 비중을 차지하던 대중을 공략했어요. 그중에서도 아녀자들을 핵심 타깃으로 삼아 한글로 가사를 썼죠. 사실 한글은 최근까지도 '여자들의 글자'였어요. 예전에는 언문言文이라고 불렀고요. 말하는 글자, 글 대신 말을 표현하는 글자, 말글. 최제우는 고루하고 어려운 한자를 버리고 일반 대중의 입에 쉽게 오르내릴 수 있는 언문, 즉 한글로 가사를 만들어 노래하기 시작했습니다. 어찌 보면 한국의 첫 대중 음악가라고 볼 수도 있겠죠.

　　이렇게나 기묘한 행보를 택한 최제우는 어떻게 생겼을까요? 초상이 있긴 하지만 훗날 그의 숭배자들이 상상하며 그린 이미지라고 합니다. 동학의 2대 교주 최시형은 사진이 남아 있지만 최제우는 사진이 없습니다. 그래서 그가 실제로 어떤 바이브를 품으며 노래했고, 어떤 카리스마로 사람들을 휘감았는지는 알 수 없습니다. 그가 깨달음을 얻은 시점은 1860년입니다. 그해 4월 5일에 무극대도를 얻었다고 명확히 기록되어 있거든요. 요즘 식으로 말하자면 음반 차트 1위도 하고, 이른바 '최제우 따라하기' 챌린지 열풍이 불어서 조선의 온 민중이 그를 팔로우하기 시작한 거죠. 그가 칼춤을 출 때마다 읊었다는 「검결」이라는 주문도 있었죠.

때로다 때로다 나의 때로다 다시 오지 않을 때로다

만년에 한 번 태어난 장부에게 오만 년 만에 온 때로다

용천검 쓰지 않으면 무엇을 하겠는가

적삼 떨쳐 입고 이 칼 저 칼 넌지시 들어

끝 보이지 않는 넓은 천지에 단신으로 비껴서서

칼노래 한 곡조를 때로다 때로다 불러내니

용천검 날랜 칼은 해와 달을 놀리우고

천천히 움직이는 적삼은 우주를 덮었는데

만고의 명장이 어디 있는가 장부 앞에는 장사가 없다

좋을시고 좋을시고 이 나의 신명 좋을시고

그림 하단에 '세상을 구원하는 주인'이라는 뜻의
'제세주법상(濟世主法像)'이라는 글자가 적혀 있는 최제우 상상도

한글로 기록된 그의 가사들은 무척 흥미롭고 사이키델릭합니다. 「안심가」, 「몽중노소문답가」, 「흥비가」 같은 곡들이 가사집인 『용담유사』에 실려 있죠. 이 가사집은 최제우가 죽은 뒤 제자들이 성경을 편찬하듯 묶어낸 책입니다. '용담유사'라는 제목은 그가 신비 체험을 했던 '용담정龍潭亭'이라는 집에서 따온 것입니다. 용담은 '용의 연못Dragon Lake'이라는 뜻이고, 정亭은 일종의 파고다Pagoda 같은 공간을 뜻합니다. 정자나 탑과 같은 작은 사원 등이 있는 장소를 가리키죠. 경주 사람인 최제우는 신라 화랑의 전통이 서린 용담정에서 매일 명상하고 기도하며 도를 닦았습니다. 이렇게 '경주 용담정에 기인이 산다'는 이 소문은 마치 SNS에서 공유되듯 사람들의 입에서 입으로 전해져 조선 팔도에 알려지기 시작했습니다.

'네가 신이다,
네 안에 하늘님이 있다'

『용담유사』를 읽다 보면 가사 속에 구미산과 용담의 풍경이 겹겹이 등장합니다. '도대체 여기가 어떤 곳이기에 신을 만났을까? 나도 그 기운 좀 받아보자' 하는 마음으로 찾아간 적이 있습니다. 막상 가보니 특별한 건 없었습니다. 지금은 천도교 성지로 깔끔하게 조성되어 있지만 규모도 작고 소박합니다. 'Dragon Lake'라는 이름이 무색하게 용이 나올 법한 구석도 보이지 않았죠. 심지어 연못은 작고 메말라 있었습니다. 천도교 어르신께 물으니 그게 전부라고 하시더군요.

　　그래서 저는 그가 남긴 노랫말 안에서 최제우와 동학의 철학을 좀 더 깊이 이야기해보고 싶습니다. 최제우의 「몽중노소문답가」는

'꿈속에서 노인과 젊은이가 만나 대화를 나눈다'라는 뜻의 트랙입니다. 제가 속한 밴드 양반들의 1집 앨범 'Hymns from the Dragon Lake'에도 이 가사를 모티브로 한 「The Old」와 「The Young」이라는 곡이 실려 있죠. 원작인 최제우의 가사 내용은 그가 꿈속에서 금강산 산신령을 만나 세상을 구원할 도에 대해 묻고 답하는 신비로운 대담으로 채워져 있습니다.

저는 최제우의 삶과 사상을 보며 영국의 '낭만주의'가 떠오릅니다. 낭만주의 시인 블레이크나 셸리, 바이런 같은 이들 말이죠. 제가 좋아하는 영미권의 사이키델릭 밴드들은 이 낭만주의 작가들에게서 큰 영향을 받았다고 합니다. 낭만주의는 18세기 유럽 계몽주의의 합리주의에 대한 반작용으로 탄생했죠. 모두가 과학과 이성을 외칠 때, 가장 비이성적인 사랑과 낭만을 노래한 겁니다. 영국 로큰롤 밴드들의 가사 속에는 이런 낭만주의 계보가 흐르고 있습니다. 그리고 이역만리 떨어진 극동의 작은 나라에서 태어난 최제우의 핏속에도 바로 이 낭만주의의 정신이 흐르고 있었던 것이죠. 정말 흥미롭지 않나요? 사실 2026년을 살고 있는 제게도 읽힐 수 있는 글을 썼다는 사실만으로 최제우가 왜 당대에 그토록 엄청난 인기를 받았는지 짐작이 가죠. 그의 글은 매우 낭만적이고 사이키델릭해서 저의 무의식을 자극합니다. 도대체 그는 그 노래에 맞춰 어떤 춤을 추었을까요?

최제우가 남긴 가사집은 다 합치면 아홉 곡에서 열 곡 정도 분량입니다. 제가 가장 좋아하는 곡은 「흥비가」인데 호흡이 꽤 길죠. 그 내용을 현대적으로 풀면 이렇습니다.

서양 놈들이 서학으로 붐을 일으키며 핫하지만, 나에게는

'동학'이 있다. 동학은 서학과 비슷해 보여도 결이 다르다. 나는 유교, 불교, 도교를 이미 마스터했고 그것들을 절묘하게 섞었다. 그야말로 '짬뽕'인데, 여기에 서학의 에센스까지 더했다!

패기와 자신감이 넘칩니다. 그는 '나를 믿으면 몸과 마음이 새로워질 것'이라는 파격적인 선언을 던졌습니다. 그러고는 '지기금지 원위대강 시천주 조화정 영세불망 만사지至氣今至 願爲大降 侍天主 造化定 永世不忘 萬事知'라는 한자 주문, 즉 만트라를 제시했죠. 저도 직접 해봤는데 꽤 효과가 있었습니다. 제 음반에도 이 주문을 넣었죠. '하늘의 큰 기운이 내 안에 깃들어 우주의 조화와 연결되니, 그 기쁨을 영원히 잊지 않겠다'는 뜻입니다. 주파수가 딱 들어맞으며 우주와 완벽하게 조율되는 상태라고 할 수 있죠. 열락의 상태라고나 할까요?

그는 추종자들에게 주문을 외우게 하고 직접 그린 부적을 건넸습니다. 이를 불에 태워 물에 타 마시면 병이 낫고 신선처럼 용모가 수려해질 것이라고 노래했습니다. 이는 세속적인 이득을 취하려는

용담유사

동학의 창시자 최제우가 포교를 위해 지은 가사집이다. 한문으로 된 경전인 『동경대전』과 달리, 일반 민중과 부녀자들이 쉽게 이해할 수 있도록 한글 가사 형식으로 저술되었다. 「교훈가」, 「안심가」, 「용담가」 등 총 여덟 편의 가사가 수록되어 있으며, 동학의 포교 과정에서 구전과 필사를 통해 널리 보급되었다. 이 문헌은 동학의 핵심 사상과 창도 과정을 친숙한 운문체로 전달함으로써 민중의 자각을 이끌어내는 데 결정적인 역할을 하였으며, 민중 운동과는 별개로 조선 후기 국문학사적으로도 대단히 중요한 가치를 지닌다.

수단이라기보다, 절망에 빠진 민중에게 던진 파격적인 치유의 행위에 좀 더 가까웠다고 저는 생각합니다. 관군이 그를 잡으러 경주로 가는 길목마다 백성들이 읊조리는 만트라 소리가 끊이지 않았다고 하죠. 단순히 그가 돈을 벌기 위해 종교를 도구 삼아 소위 '약을 팔았다면' 이런 진심 어린 호응은 불가능했을 겁니다.

최제우는 당당한 풍채와 맑은 안색으로 춤을 추고 주문을 외우며 노래했습니다. 비록 곡조는 전해지지 않으나 가사는 생생히 남아 있습니다. 흥미롭게도, 그 핵심은 서학의 가치와 궤를 같이합니다. 바로 시천주侍天主, 즉 모든 사람의 마음속에 하늘님이 깃들어 있다는 선언이었습니다. 이는 곧 인간은 누구나 평등하다는 뜻입니다. 나아가 그는 여성에 대한 차별을 금하고 제사를 지내지 말라고까지 명령했습니다. 유교적 질서가 지배하던 당시 사회에서는 그야말로 폭탄 발언이었죠.

또 죽은 조상을 기리기 위해 벽에 절하지 말고, 살아 있는 자신을 향해 밥을 놓으라고 가르쳤습니다. 지금 보면 당연한 말 같지만 강력한 유교 국가 조선에서는 도저히 받아들일 수 없는 '비상식'이었을 겁니다. 굶주림에 허덕이던 조선 백성들에게 가장 고통스러운 일은 산 사람은 굶어 죽어가는데 양반들이 죽은 조상에게 진수성찬을 바치는 광경이었습니다. 최제우는 이를 정면으로 부정했습니다. "너 자신이 곧 신이다. 네 안에 하늘님이 있다. 나도, 너도, 저 보잘것없는 아이조차도 모두 소중한 존재다"라고 선언하며 민중의 존엄을 일깨웠죠. 이는 훗날 최제우의 후계자이자 2대 동학 교주가 되는 최시형에 의해 계승됩니다. 벽(壁)을 향해 제사상을 차리는 '향벽설위向壁設位'의 관습을 깨고, 자기 자신(我)을 향해 상을 차리는 '향아설위向我設位'를 실천하라는 가르침으로요.

목록팔편

교훈가　　　　　이뵉이십칠쟝
안심가　　　　　일뵉스십오쟝
용담가　　　　　칠십이쟝
몽즁노쇼문답가　말십육쟝
통유ㅅ　　　　　일뵉십쟝
권학가　　　　　일뵉십소쟝
도덕가　　　　　용십팔쟝
흥비가

용담유ㅅ

교훈가

왈 이조질아 희뎔아 졍유 춫서 우며 셕라 너희도이셰샹의 오힝으로 솜겨거
내셩강 을 법을삼고 오뉸의 최볘허셔 이셧쌀 잘아나니 슌문과쇼이
니졈바 명슈음는 너희거동 보고나니 졍소로다 효업음시 길위닛니 일희
일비야 이누가 닉엑셔이셰샹의 조야시기난 일을 뎍그 히셩쇠우니 디쳐인
간바쳔만ㅅ 쳥코나ㄱ그분이오 져고나ㅜ고셩일셰 그즁의 춘가쳐도요엽
셩공비이응셔 흉즁의 품은 희포 일소일파 후의 이네신명도라볼ㅜ

최제우의 제자들이 남긴 것으로 전해지는 『용담유사』의 필사본

혹시 '어린이'라는 단어의 어원을 아시나요? 이 역시 그 뿌리는 동학에 있습니다. 이전까지 아이들은 '애새끼'나 '아해'로 불리며 인격체로서 온전한 대접을 받지 못했습니다. 미성숙한 존재로 치부되던 이들을 '어린이'라는 존칭으로 격상시킨 것은 동학 3대 교주 손병희의 사위였던 방정환 선생이었습니다. 이처럼 어린아이까지 존중하는 평등 사상을 가르치니, 백성들은 그의 메시지와 춤 그리고 노래에 열광할 수밖에 없었습니다. 하지만 최제우는 너무 앞서 나갔습니다. 포교를 시작한 지 단 4년 만에 처형되며 생을 마감했죠.

저는 그의 처형이 시대보다 앞질러 걸어간 선각자의 비극적인 운명이자 자연스러운 결말이었다고 생각합니다. 마치 칼 융이 자신의 깊은 무의식을 기록한 『Red Book』을 써두고도 세상이 감당하지 못할까 봐 생전에 숨겨두었던 것과 같은 맥락이죠. 예수 역시 시대를 앞서간 초월적 사랑을 전파하다 고난 속에 길을 떠났죠. 정부가 최제우에게 내린 죄명은 혹세무민惑世誣民, '세상을 어지럽히고 백성을 속였다'는 것이었습니다. 이는 고대 그리스에서 소크라테스가 죽임을 당한 논리와 똑같았죠. 기존의 질서에 도전해 새로운 질서를 세우려 한 자들은 늘 비슷한 숙명을 짊어지나 봅니다.

무궁한 이 울 속에
무궁한 내 아닌가

최제우는 새로운 세계 질서를 제시하며 이를 '개벽開闢'이라고 불렀습니다. 새로운 우주의 문이 활짝 열리는 '그랜드 오프닝Grand opening'을 선언한 것이죠. 그가 강조한 개벽은 단순히 세상이 바뀌는 것만을 의미하지 않았습니다. 수행을 통해 이른바 우주를 있는 그대로 보게 된다면, 양반이 상민을 대하듯 혹은 남자가 여자를 대하듯 타인을 함부로 대할 수 없다는 깨달음이었습니다. 이는 영국의 소설가 올더스 헉슬리가 주창한 '인식의 문'이라는 개념과도 상통하는데요, 이는 환각 물질인 메스칼린을 복용한 후 겪은 초월적인 경험과 그에 대한 철학적 성찰을 담은 에세이 제목이기도 하죠. 이처럼 최제우의 개벽에는 단순히 국가 전복이나 질서 붕괴 같은 사회적인 메시지 너머 한 인간의 내적 성장을 도모하는 자기 변화의 메시지도 담고 있었죠.

또한 그의 노래 가사에는 '왜놈'이라는 표현이 자주 등장하는데, 이는 다가올 국난을 예견한 선구자의 날카로운 시선이었습니다. 당시 조선인들 사이에서 일본에 대한 반감은 상상 이상으로 컸습니다. 저도 기록을 읽으며 19세기 말 조선의 욕설이 무척 '찰지다'는 사실에 깜짝 놀랐죠. 최제우의 가사 속 '왜놈'들은 힘으로 사람을 죽이려 드는 야만에 불과했습니다. 그는 개벽의 세상이 오면 사람들이 서로를 온 마음을 다해 평등하게 공경하게 될 것이라 노래했습니다. 이 모든 가르침을 관통하는 가장 강렬한 펀치라인은 「흥비가」의 마지막 구절인 '무궁한 이 울 속에 무궁한 내 아닌가'라는 대목이죠. 끝없이 넓고 영원한 이 우주라는 울타리 속에서, 나 또한 그 우주만큼이나 무궁하고 영원한 존재라는 위대한 선언입니다. 비천한 서자로 태어나 철물점 장사를 전전하던 한 남자가 스스로를 우주와 맞먹는 거대한 존재로 격상시킨 전율 돋는 순간이었죠.

우리나라 국화인 무궁화의 '무궁無窮'은 공간과 시간 등이 무한하다는 뜻을 품고 있습니다. '다함(窮)이 없다(無)'는 뜻이죠. 특히 여기서 '궁'이라는 글자가 중요합니다. '궁'은 조선 사이키델릭의 정

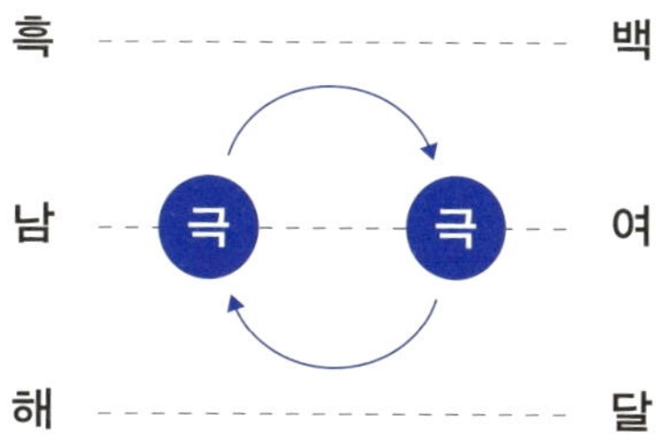

수를 담은 핵심적인 표현입니다. 흔히 '궁궁'이라 불리는 이 개념은 우리 국기인 태극과 일맥상통하죠. 태극은 음과 양이 하나로 어우러져 순환하는 원리를 상징합니다. 흑과 백, 남과 여, 해와 달처럼 서로 대립하는 것들이 이분법적으로 나뉘지 않고 결국 하나로 맞물려 돌아가는 것입니다. 끝에 다다르면 다시 시작점으로 돌아오는 영원한 흐름이죠. 무궁이란 결국 끝이 없다는 뜻이며, 이는 곧 우주의 본질이기도 합니다. 동학에서 자주 사용하는 '한울'이라는 표현 역시 '무한한 울타리'로서 끊임없이 확장하는 우주를 의미하죠. 「흥비가」의 "무궁한 이 울 속에 무궁한 내 아닌가"라는 마지막 라인은 결국 우주가 무한하듯이 그 속에 존재하는 나 또한 무한한 존재라는 깨달음을 선포한 것입니다.

최제우는 조선 제일의 사이키델릭 아티스트였습니다. 비록 너무 앞서 나간 탓에 죽음을 피하지 못했지만, 그가 남긴 불꽃은 이후 조선에 불어닥친 새로운 무브먼트의 씨앗이 되었죠. 그가 떠나고 30년 뒤, 그의 가르침을 따르던 전봉준 같은 추종자들이 죽창을 들고 평등과 민주를 향한 동학농민혁명을 일으킨 것이 그 증거입니다. 비록 1894년의 혁명은 실패로 끝났으나, 그 정신은 25년 뒤 다시 3·1운동으로 이어지며 조선 민족의 독립 의지를 전 세계에 알리는 결정적 동력이 되었습니다.

　사실 종교 지도자가 칼춤을 추고 노래하며 대중의 마음을 뒤흔든 사례는 유례를 찾아보기 힘듭니다. 그런 의미에서 그는 단순한 종교가를 넘어, 오늘날 전 세계를 사로잡은 K-POP과 한류의 정신적 원형이자 시원처럼 느껴지기도 합니다. 국립중앙박물관에 가면 실물로 보존된 『용담유사』를 만날 수 있습니다. 최제우가 처형된 후 그를 따르던 추종자들이 정부의 끈질긴 탄압 속에서도 스승의 가르침을 잃지 않기 위해 간절한 마음으로 엮어낸 기록이죠. 저는 그가 깨달음을 얻은 직후의 풍경을 상상해봅니다. 홀로 칼춤을 가다듬고 노래를 연습하며, 이 파격적인 메시지를 어떻게 대중에게 전달할지 치열하게 고민했을 그 아티스트적인 고뇌 말이죠. 결국 그 진심은 민중에게 통했고, 수많은 사람이 용담정으로 구름처럼 몰려들어 세상에 없던 새로운 공동체를 이루었습니다. 그곳에는 분명 함께 북을 치며 가락을 맞추는 연주자들이 있었을 것이고, 지금의 밴드와 같은 에너지가 소용돌이치고 있었을 겁니다. 이 신명 나는 저항의 에너지가 바로 우리 독립운동사의 깊고 단단한 뿌리가 되었습

HISTORY KEYWORDS

무궁화

한반도 전역에 자생하는 아욱과 식물로, 대한민국의 국화다. '영원히 피고 또 피어서 지지 않는 꽃'이라는 의미를 지니고 있다. 우리 민족은 고대부터 무궁화를 하늘의 꽃으로 귀하게 여겼으나, 일제강점기에는 민족정신의 상징이라는 이유로 일제에 의해 철저히 탄압받았다. 당시 독립운동가들은 무궁화를 보급하고 가꾸는 것을 독립 의지의 표현으로 삼았으며, 이러한 역사적 맥락 속에서 무궁화는 민족의 끈질긴 생명력과 독립 정신을 상징하는 꽃으로 자리 잡았다.

니다. 그 정신은 유유히 흘러 지금 우리가 숨 쉬고 있는 지금 이 자리까지 이어져왔을 테고요.

너무 숨가쁘게 달려온 것 같은데요. 정리하자면, 19세기 후반 일제와 서구의 침략 속에서 조선의 운명을 고민하던 이들은 서구화를 지향하는 '개화파'와 조선 민중의 고유한 정신적 원형을 토대로 우주적 질서를 꿈꾸는 '개벽파'로 나뉘어 있었습니다. 개화파는 서양의 우월한 기술과 기독교 문명을 수용해 나라를 구하려고 애썼고 나름의 방식대로 조선을 깊이 사랑했습니다. 반면 동학을 계승한 개벽파 리더들은 우리 고유의 정신과 평등한 가치를 민중에게 가르쳤죠. 이토록 결이 다른 두 세력이 조국의 독립이라는 목표 아래 서로 손을 잡고 협력했기에 비로소 3·1 운동이라는 통합이 가능했습니다. 서로 다른 주파수를 가졌던 이들이 하나의 울림으로 결합해 대한민국 임시정부를 세우는 뿌리가 되었죠. 그리고 이 뿌리의 한 축을 담당한 개벽파, 즉 동학의 창시자가 바로 서자 출신의 경계인 수운 최제우였고요.

저는 소위 말하는 메인스트림에 온전히 속하지 못하는 사람입니다. 박사가 아닌 석사이고, 양반이 아닌 상인의 자식이라는 점이 저를 늘 경계에 서 있게 했죠. 하고 많은 인물 중 최제우를 우리 테라피의 첫 번째 주인공으로 택한 이유도 바로 여기에 있습니다. 교과서나 텍스트 속에서 한두 줄로 축약되어 박제된 최제우와 그가 주창한 개벽사상 안에는, 실은 한국인과 한국사가 지닌 역동적인 정신은 물론 오늘날 한류가 세계만방으로 뻗어나갈 수 있었던 근원이 담겨 있기 때문이죠. 여러분께 이 무궁한 에너지를 꼭 전달하고 싶었습니다. 다음 테라피에서는 이 흐름과는 정반대 지점에 서 있지만, 역시 학교에서는 제대로 가르쳐주지 않았던 비운의 인물을 모시고 돌아오겠습니다. 끝으로, 최제우가 꿈속에서 상제와 문답을 나누며 '무극대도無極大道'의 원리를 깨닫는 과정을 담은 곡 「몽중노소문답가」의 가사 중 일부를 인용하며 마치겠습니다.

> 용담의 깊은 잠에 꿈 하나를 꾸었네
> 늙은이와 어린아이 길 위에서 만났네
> "어디서 오시는가"
> 아이가 물으니
> "하늘에서 내려와 도를 찾아왔노라"
> "그 도가 무엇인가"
> 늙은이 답하네
> "내 안의 한울님을 공경히 모시는 것"
> 무궁한 이 울 속에 무궁한 내 아닌가
> 꿈인지 생시인지 알 수가 없구나
> 춤을 추세 춤을 추세 칼을 들고 춤을 추세
> 노래하세 노래하세 우주를 노래하세
> 에헤야 에헤야 한울님이 내 안에 계시네
> 에헤야 에헤야 개벽의 세상이 열리네

01 최제우는 조선의 낡은 이성 중심 사회를 깨부수고 모든 인간의 내면에 신성이 깃들어 있다는 평등의 가치를 선포한 조선 제일의 사이키델릭 아티스트였다.

02 우주의 주파수와 나의 영혼을 정렬하여 무한한 자아를 발견하자는 최제우의 '개벽론'은 훗날 동학농민혁명과 3·1 운동으로 이어지는 우리 독립운동사의 뿌리가 되었다.

03 교과서에 박제된 고루한 지식이 아니라 춤과 노래, 주문(만트라)을 통해 민중의 무의식을 깨운 그의 무브먼트는 오늘날 전 세계를 흔드는 K-바이브와 한류 정신의 진정한 시원이라고 할 수 있다.

테라피

2

그들은 왜 광화문에서
태극기 대신
성조기를 흔들까?

독립

조국을 사랑한
검은머리 외국인,
서재필

조준호 PD

한국사 테라피의 첫 순서로 개벽의 사상을 노래한 선각자 최제우를 다뤘는데요. 최제우가 한국인이 근원적으로 지니고 있던 어떤 정신적인 가치에서 운동의 동력을 찾았다면, 분명 다른 방향에서는 외부의 힘이나 도움을 통해 한국을 개발시켜 독립시키자는 주장도 있었을 겁니다. 특히 트럼프 대통령의 미국을 바라보면서 가면 갈수록 한미 관계가 한국인의 삶과 정신에 미치는 영향이 참 크다고 느꼈습니다. 우리나라 역사를 돌아보면 솔직히 미국의 영향이 거의 절대적이었잖아요. 최근에는 시위 현장에서 태극기와 성조기가 함께 있는 모습을 보며 이 동맹 관계를 처음으로 만든 '최초의 설계자'는 누구일까 궁금해졌습니다. 이 질문에 답하기 위해 우리가 만나야 할 인물은 누구일까요?

개화와 서구화와 미국화는
같은 말일까?

광화문 광장에 가면 늘 태극기와 성조기를 양손에 하나씩 들고 이승만 대통령을 열렬히 추앙하는 분들이 계십니다. '친미'라는 이념의 대표적인 인물로 이승만을 꼽곤 하는데요, 하지만 이승만 대통령만큼이나, 어쩌면 그보다 더 한미 관계의 시작점에서 결정적인 역할을 한 인물들이 많았습니다. 그중 가장 중요한 인물은 바로 서재필입니다.

사실 '서재필'은 우리가 흔히 부르는 이름이고, 미국 이름은 필립 제이슨Philip Jaisohn입니다. 저는 이 필립 제이슨의 삶을 공부하며 '아, 이런 사람이 있었기에 지금의 내가 존재할 수 있었구나'라는 강렬한 연결감을 받았습니다. 어떻게 보면 대한민국 '건국의 아버지' 중 한 분이라고 할 수 있죠. 서재필은 사실 시대를 너무 앞서갔던 사람입니다. 한국이 미국과 함께 겪었던 100여 년의 역사를 한국계 미국인으로서 가장 먼저 통과하셨거든요. 원조 교포이자 원조 유학생, 그리고 지난 시간에 개벽파와 함께 다루었던 개화파의 원조라고 할 수 있습니다. 조선에서 태어난 '서재필'이 미국으로 건너가 '필립 제이슨'이 된 과정을 들여다보면 한국이 미국화된 과정을 압축해서 볼 수 있습니다.

이분의 인생은 정말 파란만장합니다. 최제우가 처형당했던 1864년, 서재필은 전라도 보성의 양반가에서 태어나 일찍이 과거에 급제합니다. 하지만 여기서 멈추지 않고 일본으로 유학을 떠나 신식 군사 교육을 받았습니다. 당시 일본은 메이지 유신으로 아시아에서 가장 먼저 서구화되어 군사력과 기술력 모두 조선보다 한참 앞서 있었죠. 일본에 건너간 서재필은 일본 군사들이 총을 비롯한 서양식 무기를 자유자재로 사용하는 모습에 큰 충격을 받아요. 조선은 아직 활이나 쏘는 구식 군대에 머물러 있는데, 일본은 벌써 단발령을 하고 양복을 입는 등 저만치 앞서가고 있었던 거죠. 조선의 리더였던 고종은 그때까지도 근대화에 별 관심이 없었습니다. 지도층의 무능에 절망한 서재필은 유학 후 귀국해 동지들을 모아 쿠데타를 계획합니다.

서재필이 김옥균, 박영효 등 일본에서 함께 서양 문물을 접한 동지들과 1884년 일으킨 정변이 바로 갑신정변甲申政變이에요. 서재필은 그때 갓 스무 살이었죠. 무모하리만치 급박하게 전개된 이 혁명은 놀랍게도 성공합니다. 하지만 갑신정변은 3일 천하로 끝납니다. 정부군의 추적을 피해 서재필과 동지들은 제물포(인천)로 도망가 일본인 소유의 배에 몸을 숨깁니다. 일본인들이 개화파였던 서재필을 지켜준 거죠. 당시 조선에서 외교 고문으로 일하던 독일인 묄렌도르프가 배에 올라와 서재필을 내놓으라고 했지만, 일본인 선장이 거부해서 안전하게 일본으로 도주할 수 있었죠. 여기에서도 독일과 일본 등 열강들이 조선이라는 허름한 국가를 두고 주도권을 다투는 살벌한 조짐이 느껴지죠? 서재필은 우여곡절 끝에 일본으로 도피했지만 조선에 남은 그의 가족들은 삼족을 멸하는 엄벌을 받았습니다. 아내와 자식 둘, 아버지, 어머니, 양아버지, 형제들까지 모두 죽었어요. 한 인간의 삶에서 얼마나 큰 비극이었을까요. 서재필은 일본에서도 새로운 삶을 도모할 방법을 찾지 못해 결국 미국으로 도망갑니다.

그런데 이쯤에서 한번 고민해보고 싶습니다. 대체 '개화'란 무엇이었을까요? 사실 그 당시 조선을 개화한다는 것은 솔직히 말해서 그냥 미국처럼 만들겠다는 거였어요. 서재필이나 김옥균 등 갑신정변을 주도했던 소위 '친일'로 분류될 수 있는 당대 지식인들도 말로는 '우리도 일본처럼 개화를 하자'고 주장했지만, 속뜻은 '일본처럼 되자'가 아니라, '미국이나 유럽 같은 서구 문명을 본받자'였다고 생각합니다. 그런데 그중에서도 개화파들에게 으뜸은 역시 미국이었습니다. 혁명에 실패하고 가족을 모두 잃은 서재필이 돌고 돌

갑신정변

1884년 김옥균, 박영효 등 급진 개화파가 중심이 되어 조선의 근대화를 목표로 일으킨 정변이다. 청나라에 대한 사대 관계 청산, 내각 제도 도입, 조세 제도 개혁, 그리고 모든 사람의 평등한 권리를 보장하는 신분제 폐지 등을 핵심 개혁안으로 내세웠다. 그러나 일본의 군사적 지원에 지나치게 의존하였다는 점과 민중의 광범위한 지지를 확보하지 못한 한계로 인해 3일 천하로 끝났다. 이후 정변을 주도한 김옥균은 10년의 망명 끝에 중국에서 살해당했고, 나머지 개혁파 세력들도 뿔뿔이 흩어졌다.

아 빈털터리로 미국 샌프란시스코에 도착한 것은 우연이 아니었죠. 이때가 1885년쯤이었을 겁니다. 지금 말로 하면 '정치적인 난민'이 었습니다. 여기시부터 한 인간의 삶에서 정말 슬픈 여정이 이어집니다.

당연히 그땐 미국에 조선인이 없었겠죠? 함께 혁명을 하다 도망친 동지들 외에는 곁에 아무도 없었습니다. 영어를 배우기도 참 힘들었죠. 서재필은 급한 대로 샌프란시스코에서 철도 공사 인부로 고용되어 힘겹게 돈을 벌고 밤에는 영어를 배웠습니다. 그러다 미국인 독지가 존 홀렌백이라는 사람을 만나 후원을 받게 됩니다. 그는 교회에 다니는 알아주는 부자였는데, 어느 날 우연히 서재필을 보곤 불쌍히 여긴 거예요. 당시 서재필은 비록 실패한 혁명가였지만, 국가 단위에서 어마어마한 일을 기획했던 패기 넘치는 인물이었습니다. 그래서 미국인들도 그를 만만하게 보지 않았던 거죠. 그리고 결정적인 연결고리가 하나 더 있습니다. 바로 종교, 즉 기독교입니다. 미국인들은 극동의 작은 나라 조선을 기독교화시키고 싶은 마음이 강했습니다. 마침 조선 지도층을 상대로 엄청난 거사를 일으킨 망명객이, 그것도 갓 스무 살의 나이에 쿠데타를 성공시킬 뻔했던 청년이 눈앞에 나타난 거죠. 홀렌백은 서재필을 잘 교육시켜서 선교사로 조선에 다시 보내야겠다는 야심을 품었을 겁니다.

그렇게 홀렌백의 도움으로 서재필은 미국 동부에 있는 고등학교에 입학합니다. 이미 20대 중반이었지만 처음부터 다시 공부를 시작한 거죠. 그곳에서 그는 라틴어, 수학, 영어, 그리고 미국의 역사와 민주주의를 배웠습니다. 영어를 못했지만 치열하게 독학해서 결국 졸업까지 해냈어요. 그리고 이후 정말 놀라운 일이 벌어집니다. 미국의 유력 가문 여성과 결혼을 해요. 당시 미국은 노예제도가 없

조선의 개화를 꿈꾸며 김옥균 등과 함께
혁명을 일으켰던 젊은 시절의 서재필

어진 지 30년밖에 안 됐고, 지금은 상상도 할 수 없을 정도로 인종차별이 심하던 시기였는데 말입니다. 대체 어떻게 가능했을까요? 서재필은 세임스 뷰캐넌 전 미국 대통령 사촌동생의 딸인 뮤리엘 암스트롱과 우연히 만나 가정교사가 된 후 결혼까지 합니다. 집안의 엄청난 반대가 있었죠. 조선이라는 알지도 못하는 나라에서 온 동양인과 결혼하려 하니 오죽했겠어요? 사연은 이랬습니다. 필립 제이슨이 서른 살, 뮤리엘이 스물세 살일 때 둘은 교회에서 만났습니다. 그때 뮤리엘과 그의 어머니가 열병을 앓았는데 제이슨이 왕진을 가서 치료해주다가 눈이 맞은 거죠. 어머니는 유색 인종 사위가 탐탁치 않았지만, 마침 당신도 최근 남편을 여의고 재혼을 한 터라 반대할 처지가 아니었다고 해요. 사회적 편견을 이겨낸 이 결혼은 당시 신문에도 기사가 났어요.

　근대 문명권에서 가장 외곽에 있던 나라에서 온 빈털터리 청년이, 그것도 영어 한마디 못 하던 사람이 미국에 와서 유력 가문의 사위가 되고 결국 의사까지 된 이야기. 이게 바로 서재필의 이야기입니다. 심지어 그는 주경야독해 의과대학까지 졸업해 'Medicinae Doctor'(의사 면허 소지자), 즉 MD가 됩니다. 한국인들이 산업화와 민주화를 겪으면서 얼마나 열심히 공부하고 일해서 성공했습니까? 서재필은 그걸 거의 100년 앞서서 혈혈단신으로 가장 먼저 이룩한 거죠. 그렇게 서재필은 미국에서 10여 년간 의사 일을 하며 편안하게 살았습니다. 그런데 1895년의 어느 날, 조선으로부터 연락이 옵니다. 조선의 고종이 서재필을 본국으로 초청한 것이죠.

너희는 아직
나를 받아들일 준비가 되지 않았다

서재필 입장에선 얼마나 황당했을까요? 나라를 바꾸기 위해 쿠데타까지 일으켰더니 가족을 몰살하고 미국으로 내쫓고는, 이제 와서 개화를 도와달라며 자신을 초빙하다니요. 위기의 심각성을 느낀 조선 정부로서도 국가 개혁을 믿고 맡길 수 있는 전문가가 서재필밖에 없었던 겁니다. 고종은 그를 조선의 개화를 책임질 중추원 고문으로 초빙합니다. 중추원은 왕에게 직속으로 조언을 할 수 있는 특별 고문 기관이었죠. 하지만 서재필은 이미 미국 시민권까지 취득한 상태였습니다. 1890년대에 이미 시민권을 얻어 완전한 미국인이 되어 있었거든요. 이름도 서재필에서 필립 제이슨으로 바꿨죠. 이 영어 이름에도 조국에 대한 애증이 서려 있습니다. 서재필을 거꾸로 하면 '필재서'인데, 이 발음을 영어식으로 차용한 게 바로 필립 제이슨이었죠.

　서재필은 결국 조선인이 아닌 미국 시민 자격으로 고종의 초대를 받습니다. 엄청난 사건이었죠. 처음에는 자기를 또 죽이려는 것인가 의심했지만, 함께 혁명을 일으켰던 동지 박영효가 미국까지 직접 건너와서 설득했습니다. 결국 1896년 1월 서재필은 고종으로부터 사면을 받고 조선에 귀국합니다. 말 그대로 금의환향이죠. 서재필의 귀환 모습은 서울에 있는 조선인들에겐 엄청난 충격이었어요. 양복을 빼입고 미국인 보디가드들을 대동하고 왔다고 합니다. 그 순간에도 죽을까 봐 두려웠던 거죠. 자신을 죽이려는 자객들이 미국까지 왔었고, 혁명의 주모자 김옥균은 실제로 중국에서 암살당했으니까요.

　아내도 함께 입국했는데 이를 보고 조선 사람들은 '역적 서재필이 백인 여자를 데리고 말을 타고 들어온다'며 수군거렸다고 합니다. 아내의 키가 너무 커서 구설수도 있었죠. 놀라운 건 필립 제이슨이 돌아와서 조선말을 안 했다는 사실입니다. 까먹었다면서 영어로만 이야기했어요. 심지어 고종을 만날 때도 통역관을 통해서만 대화를 나눴습니다. 당시에는 왕 앞에서 안경을 벗는 것이 예의였어요. 심지어 외교 고문으로 조선과 수많은 열강들 사이에서 막강한 영향력을 행사했던 묄렌도르프도 고종 앞에서는 안경을 벗었는데, 필립 제이슨은 안 벗었습니다. 고종은 당연히 '멘붕'이었겠죠. 쿠데타를 일으켰던 역적이 이제 자신의 부름으로 개화의 선봉장으로 귀국했는데 왕에게 맞먹으려고 들었으니 오죽 답답했을까요. 필립 제이슨은 이렇게 말했다고 합니다. "나는 너의 신민이 아니라 미국 시민이다. 당신과 평등한 신분으로 자문을 하러 왔을 뿐이다." 이를 보고 조선 사람들은 서재필이 미국에 건너가 미개한 오랑캐가 되었다며 비난했죠.

그러거나 말거나 서재필, 아니 필립 제이슨은 그동안 미국에서 보고 들은 경험들을 바탕으로 조국을 개화시키기 위한 사업을 착수합니다. 그것이 바로 독립문 건설과 《독립신문》 창간입니다. 그는 우선 청나라 사신을 맞이하기 위해 지어진 영은문을 철거하고 그 자리에 독립문을 세웠습니다. 서재필은 "더 이상 조선은 청나라의 속국이 아니다"라고 선언하며 영은문을 허물었죠. 그리고 독립문 건설을 홍보하고 조선의 개화 정책을 알리기 위해《독립신문》을 창간합니다.《독립신문》은 한쪽 면은 한국어, 다른 쪽 면은 영어입니다. 왜냐하면 그 신문을 만든 사람이 미국인이니까요. 참 아이러니컬하죠? 한국의 독립을 주장하는 신문인데 정작 그 신문을 만든 주체는 미국인이라는 사실이요. 이 신문의 목적은 명확했습니다. '미국의 독립 정신이란 무엇인가?', '자유의 뜻은 무엇이고 민주주의와 인권 같은 개념들이 무엇인가?' 서구에서 유래한 근대의 개념들을 《독립신문》을 통해 순한글로 백성들에게 널리 알린 거죠.

서재필의 활동은 대략 1895년부터 시작됐는데, 고종도 처음엔 지켜보다가 갈수록 그의 급진적인 주장들이 부담되기 시작했습니다. 자기가 조선의 왕인데, 백성이 주인이 되는 민주주의나 의회 같은 제도를 주장하니 아무래도 싫었던 거죠. 그래서 결국 몇 년 안 돼서 서재필은 이렇게 말합니다. "너희 조선인들You koreans이 아직 나를 받아들일 준비가 되지 않았다. 그렇기 때문에 나는 떠난다." 정확히 "You koreans"라고 말했어요. '너희들'이라고 말입니다. 그리고 실제로 그는 미련 없이 조선 땅을 떠납니다.

1896년부터 1898년까지의 짧은 동행이었지만 그래도 서재필은 조국 조선에 많은 것을 남겼습니다. 《독립신문》과 독립협회를 통해 이승만, 안창호 같은 후배 독립운동가들에게 엄청난 영감을 주었고, 조선 민중들에게도 '자유'와 '독립'이란 무엇인지에 대해 자각할 수 있는 지적 토대를 만들어줬죠. 하지만 거기까지였습니다. 그는 조선에는 희망이 없다고 생각하고 필라델피아에서 사업을 벌여 큰돈을 벌었습니다. 제이슨앤컴퍼니Jaisohn&Company라는 회사를 세워 문구, 가구 등을 파는 아주 큰 가게를 운영했죠. 이대로 서재필과 조국 조선과의 인연은 끝나는 걸까요? 그렇지 않습니다. 아직 한 번의 계기가 또 남아 있어요. 그가 마지막으로 조선 민족에게 기대를 걸게 된 사건이 있습니다. 바로 3·1 운동입니다.

서재필은 필라델피아에서 수천 킬로미터 떨어져 있는 조국의 민중들이 거리에 쏟아져나와 만세 시위를 펼치는 것을 보고 감격했습니다. '이제 됐구나. 드디어 조선이 준비를 마쳤구나!' 아마 이렇게 생각하지 않았을까요? 저는 그를 직접 만나진 못했지만 아마 3·1 운동을 보며 이렇게 말했을 것 같습니다. "내가 그토록 주창했던 '독립'의 정신을 이제야 이해하는구나. 내가 갑신정변을 했던 1884 년도에도 몰랐고, 독립협회를 만들고《독립신문》을 발행했던 1896 년도에도 몰랐던 것들을 1919년 3월 1일이 되어야 깨닫는구나. 드 디어 조선 민족이 일어났구나."

그런데 또 놀라운 일이 벌어집니다. 저는 이게 인간적으로 너 무 감동적인데, 서재필이 미국에서 번 돈을 다 털어서 독립운동 자 금으로 댑니다. 필라델피아에서 이승만 같은 교포들을 모아 해외 독 립운동을 시작한 거죠. 자기 사비를 털어 돈을 대주면서《코리아 리 뷰Korea Review》라는 신문도 만들었습니다. 미국인들에게 조선에서 벌어지고 있는 일제의 침탈을 계속 폭로했어요. 서재필은 그 누구보 다 열성적으로 조선의 독립을 세상에 알렸습니다. 자신이 스무 살 무렵에 꿈꾸었던 조국의 개화와 진정한 자립에 대한 간절한 바람을 이제 모든 조선인과 공유할 수 있다는 사실에 얼마나 감격스러웠을 까요?

독립협회와 독립신문

1896년 서재필 등이 중심이 되어 설립한 사회정치 단체와 그 기관지 다. 독립협회는 만민 공동회를 개최하여 민중이 직접 정치적 목소리를 내는 토대를 마련하였으며 자주독립, 자유 민권, 자강 개혁을 3대 강 령으로 삼았다. 《독립신문》은 최초의 순한글 민간 신문으로서 정보의 독점을 타파하고 민중에게 근대적 시민 의식을 보급하는 데 결정적인 역할을 하였다. 이는 위로부터의 개혁이 아닌, 민중의 자각을 통한 아 래로부터의 근대화를 시도한 중요한 사례로 평가받는다.

1895년 중국의 사대질서를 상징했던 영은문을 없애고
그 자리에 세워진 독립문

진정한 미국의 정신이란?
'독립 정신'

하지만 독립은 바로 실현되지 않았고, 일제의 가혹한 탄압이 시작됐습니다. 모든 재산을 조선 독립을 위해 써버린 뒤 서재필은 다시 가난하게 살았습니다. 딸과 함께 난방도 못 뗄 정도로 어렵게 살았죠. 그후 긴 시간이 흘러 1945년 조선은 마침내 해방을 맞이했습니다. 이때 서재필은 승전국 미국의 입장에서 아주 매력적인 대한민국의 초대 대통령 후보감이었습니다. 한국인이면서 동시에 미국인이었으며 무엇보다 미국을 그 누구보다 사랑했죠. 본인은 정작 하고 싶어 하지 않았지만 미군정은 이승만 아니면 서재필, 이 둘 중 한 명을 대통령으로 밀고 싶었습니다. 그런데 전쟁까지 불사하려 했던 강경한 반공주의자 이승만은 미국조차 부담스러웠어요. 그에 반해 서재필은 상대적으로 온건한 자유주의자였고 분열보다는 통합을 선호하는 성향이었죠. 그래서 미군정도 처음에는 서재필을 지지했습니다. 하지만 서재필은 이미 나이가 너무 많았고 정치에도 큰 뜻이 없었습니다.

1948년 해방 후 조선의 정세가 그 어떤 시대보다 혼란스러운 때, 서재필은 자신이 만들었던 독립문에 50여 년 만에 돌아와 연설을 합니다. 그때도 영어로 했습니다. 그뒤 라디오에서 감동적인 명연설을 한 번 더 합니다. 저도 공부하다 우연히 발견하고는 소름 돋았던 자료인데, 1949년에 서재필이 건강이 좋지 않아 조선에 직접 오지 못하고 필라델피아에서 녹음해서 라디오로 보낸 음성 파일입니다. 옛날 교포 발음이라 알아듣기 어려울 수 있어요. 왜냐하면 이분이 19세기 조선말을 구사하는데, 도중에 미국으로 이민을 가서 지금의 한국어와는 살짝 다르거든요. 일종의 '미국 사투리'가 살짝 섞여 있습니다.

> 이건 서재필이가 미국에서 말하는 것이요. 필경 조선
> 자주독립은 조선 사람 손에 따른 것이올시다. 불란서가 미국을
> 도와서 자주독립을 만들었지만 만일 미국 사람들이 자기
> 직분들을 안 할 것 같으면 암만 불란서가 미국을 도와주어도
> 자주독립이 못 될 것이올시다.

미국이 프랑스의 도움을 받아 영국으로부터 독립해 자주 독립국이 되었듯이 우리도 미국의 도움으로 자주 독립국이 되었잖아요? 하지만 종국에는 결국 미국인들이 프랑스 군대 도움 없이 스스로 독립을 해냈듯이 조선도 스스로의 힘으로 독립을 해야 한다는 뜻입니다. 연설은 계속 이어져 남과 북이 갈라져 싸우는 상황에 대해서도 충고를 던집니다.

> 합하면 조선이 살 테고, 만일 나누면 조선이 없어질 것이요.
> 조선이 없어지면 남방 사람도 없어지는 것이고, 북방 사람도
> 없어지는 것이니 우리가 죽을 일을 할 도리가 있습니까? 살
> 도리를 하십시오.

그리고 이 말을 하고 나서 바로 다음 해에 한국전쟁이 터졌으니 얼마나 가슴이 아팠을까요? 인생의 온갖 풍파를 겪으면서 날 선 마음이 많이 누그러져 진심을 담아 조선인들에게 마지막 안부를 전했지만 그의 절실한 바람은 결국 현실이 되지 못했습니다. 그 마음

에 얼마나 깊은 애증이 있었을까요. 미국에서는 차별이란 차별은 다 당하고, 정작 고국 조선인들에게는 제대로 이해도 받지 못한 채 그 서러운 삶을 버텨왔으니까요. 이 연설을 했을 당시인 1948년은 이미 남한과 북한이 갈라져 대한민국과 조선민주주의인민공화국이라는 두 국가가 만들어진 상태였고, 1949년에는 삼팔선 근처에서 계속 크고 작은 전투들이 벌어지고 있었습니다. 이미 전쟁의 기미가 보였던 거죠. 그래서 '제발 너희끼리 싸우지 마라', '나라를 생각해라', '민족을 먼저 생각해라'라고 간절히 염원하신 겁니다.

　　어떤가요? 서재필은 한 사람의 인생으로 봤을 때도 파란만장한 삶을 살았지만, 그의 삶은 한국사를 압축한 것 같기도 합니다. 저는 지금이야말로 서재필의 충고가 다시 필요하다고 생각합니다. 남북뿐 아니라 우리 사회 내부에서도 갈라져서 서로 싸우며 '죽을 도리'를 하고 있잖아요. 부자와 빈자, 서울과 지방, 여자와 남자, 나이 든 사람과 젊은 사람… 그래서 서재필이 말했던 미국의 정신, 즉 독립 정신이 무엇인지 되새기며 조선인들에게 던졌던 "살 도리들을 하십시오, 조선 사람이 합심해야 조선이 살고 안 그러면 죽습니다"

미국 독립전쟁

1775년부터 1783년까지 북아메리카 13개 식민지가 영국 본토의 압제에서 벗어나 주권 국가를 건설하기 위해 벌인 전쟁이다. '대표 없는 곳에 세금 없다'는 구호를 바탕으로 개인의 자유와 평등을 향한 투쟁을 전개하였다. 1776년 발표된 독립선언서는 모든 인간의 천부인권을 명시하며 근대 민주주의의 가치 체계를 정립하였다. 이 전쟁의 승리는 세계 최초의 민주 공화국 수립으로 이어졌으며, 이후 프랑스 혁명을 비롯한 전 세계의 자유주의 및 독립운동에 깊은 영향을 미쳤다.

라는 당부를 꼭 여러분과 나누고 싶었습니다.

한국에서는 흔히 친미냐 반미냐, 친중이냐 반중이냐로 세계를 나누고, "좌파는 미국을 싫어하고 우파는 미국을 좋아한다"는 식의 이분법적 인식이 강하게 작동합니다만, 미국이라는 나라는 그렇게 단순하게 규정될 수 있는 존재가 아닙니다. 미국의 핵심 정신은 바로 '독립 정신'이라고 생각합니다. 미국은 독립전쟁으로 시작된 나라이며, 미국이라는 나라 자체가 국민이 스스로 주인이 되어 단결하고 나라의 방향을 결정한다는 개념을 역사상 처음으로 분명하게 보여준 사례였죠. '내가 주인이 되어 이 나라의 문제를 결정하겠다'는 선언, '영국의 왕이 아니라 아메리카 식민지의 주민들이 세금을 얼마나 낼지, 어떻게 투표할지를 직접 정하겠다'고 나선 것이 바로 미국의 정신입니다. 그리고 필립 제이슨은 조선에도 바로 이 정신이 필요하다고 보았습니다. 왕이나 소수의 지배자가 아니라, 백성 스스로가 주인이 되어 나라의 운명을 결정해야 한다는 것, 이것이 그가 미국에서 배운 독립 정신이었죠.

그런데 오늘날의 한미 관계는 어떤가요? 태극기와 성조기를 함께 흔드는 분들의 주장은 무엇인가요? 2026년, 오늘날 우리가 '미국처럼 된다'는 것이 무엇을 의미하는지 이 '오리지널 코리안 아메리칸' 필립 제이슨의 삶을 통해 숙고해볼 수 있을 겁니다. 서재필 그리고 필립 제이슨의 삶을 관통하는 궤적은 결국 의존이 아니라 자립으로 나아가는 처절한 투쟁이었습니다. 그가 우리에게 남긴 진짜 숙제는 단순히 미국을 좋아하느냐 싫어하느냐의 수준이 아닙니다. 트럼프 시대 각자도생의 요구 앞에서 당황하지 말고 '이제는 너희가 주인이 되어 너희 문제를 결정하라'는 100년 전 필립 제이슨의 일침을 떠올려야 합니다. 미국을 맹목적으로 추종하거나 배척하려 하지 말고 우리 스스로 '살 도리'를 해야 합니다. 그것이 바로 이 비운의 선구자가 평생을 바쳐 조국에 전하고 싶었던 마지막 진심일 테니까요.

침을 떠올려야 합니다. 미국을 맹목적으로 추종하거나 배척하려 하지 말고 우리 스스로 '살 도리'를 해야 합니다. 그것이 바로 이 비운의 선구자가 평생을 바쳐 조국에 전하고 싶었던 마지막 진심일 테니까요.

01 가족을 잃은 비극을 뒤로하고 미국인이 되어 돌아온 서재필은 고종 앞에서도 안경을 벗지 않고 영어로 대화하며, 조선의 신민이 아닌 대등한 '미국 시민'으로서 민주주의와 독립 정신을 전파했다.

---

02 서재필은 조선의 개혁 의지가 없다는 것을 깨닫곤 '너희 조선인(You Koreans)'이라며 냉소적으로 떠나기도 했으나, 3·1 운동에 감격해 전 재산을 독립운동에 쏟아부으며 조선이 스스로 주인이 되는 '미국식 독립 정신'을 심어주려 평생 노력했다.

---

03 남북 분단과 사회적 갈등 속에서 '합하면 살고 나누면 죽는다'고 경고했던 서재필의 육성은, 좌와 우 그리고 친미와 반미를 떠나, 강대국에 의존하기보다 우리 스스로 주인이 되어 '살 도리'를 찾아야 한다는 진정한 독립의 의미를 되새긴다.

테라피 3

외국인의
한국 사랑은
한국인만의 국뽕일까?

한글

한국인보다 한국인을
더 사랑한 미국인,
호머 헐버트

조준호 PD

지난 시간에는 한국 최초의 검머 외국인, 비운의 독립운동가 서재필 박사 이야기를 통해 우리가 어떻게 미국이라는 문명을 접촉했는지 탐구할 수 있었습니다. 그래서 이번에는 반대로 우리 한국 문화가 해외로 수출된 첫 장면을 찾아보고 싶습니다. 특히 세계적으로 한류의 인기가 대단해지면서 한국 문화가 외국으로 거꾸로 흘러 들어가는 현상을 여러 차례 목격하고 있잖아요? 그래서 궁금해졌습니다. 과연 처음으로 한국의 역사와 문화를 정말 '찐'으로 알아봐준 사람은 누구일까? 또 외국 사람들이 우리 한국을 좋아하는 본질적인 이유는 무엇일까? 이런 의문을 해소하기 위해 우리가 떠나야 할 시점은 언제일까요?

한국 원어민 교사의 원조,
한국학을 창시한 외국인

제가 대학원에 다니던 10년 전에만 해도 한류가 지금처럼 대단하지는 않았습니다. 영국 옥스퍼드대학에서 공부하던 시절 가수 싸이가 강연을 하러 온 적이 있었는데, 정말 엄청난 충격이었습니다. 브루스 리 이후 동양인이 이렇게 선풍적인 인기를 끈 적이 있었을까 싶었죠. 그리고 불과 10년 사이에 한국 문화의 힘이 세계적인 지배력을 갖게 된 현상은 반드시 설명해내야 할 하나의 미스터리입니다.

실제로 몇 년 전까지만 해도 해방촌의 외국인 커뮤니티나 상점들을 보면 과거 미군 기지 주변 특유의 분위기가 남아 있었거든요. 동남아 여행지에서 흔히 보듯 외국인들이 술에 취해 머물며 토착 문화에 대한 존중 없이 인종차별이나 성차별적 시선을 드러내던 일종의 기지촌 정서가 강했습니다. 하지만 미군 기지가 이전하고 시대가 변하면서 최근 해방촌을 채운 외국인들의 결은 완전히 달라졌습니다. 한국 문화에 대해 깊은 존중을 품고 있고, 진심으로 한국어를 배우고 싶고 우리 문화가 좋아서 찾아온 친구들이 대다수죠.

지난 테라피에서 조선인이 미국인이 된 첫 사례라고 할 수 있는 필립 제이슨을 이야기했다면, 오늘은 그 반대편의 역사를 살펴보려 합니다. 바로 미국인으로 태어났으나 조선에 건너와 누구보다 뜨겁게 '조선인'으로 살았던 인물이죠. 최초는 아닐지 몰라도 그 상징성만큼은 단연 독보적인 분인데요. 누구일까요? 저는 친근하게 '할보형'이라고 부르기도 합니다. 바로 호머 베잘렐 헐버트 박사입니다.

헐버트는 저와는 아주 특별한 인연이 있습니다. 제가 졸업한 다트머스대학의 130년 선배님이시거든요. 학교에서 역사를 전공하던 시절, 도서관 아카이브에서 우연히 헐버트와 관련된 다양한 자료들을 접하며 그의 존재를 알게 되었습니다. 한국과는 아무런 관련도 없는 미국인이 자기네 나라 독립운동이 아니라 한국의 독립운동에 투신했다는 사실이 당시 제겐 큰 충격이었죠. '미국인이 대체 왜 남의 나라 독립운동에 그토록 헌신했을까?' 호기심에 빠져 그를 깊이 파고들기 시작했습니다. 굵직한 이력만 말씀드리면, 그는 한국 최초의 원어민 교사라고 할 수 있습니다. 19세기 후반 조선 정부의 요청으로 육영공원 교사로 처음 한국에 온 그는 한국 문화에 완전히 사랑에 빠져서 '한국학'의 기틀을 닦게 됩니다. 한국 역사책도 직접 두 권이나 집필했는데, 훗날 미국에서 한국 역사를 공부할 때 필독서로 널리 읽혔죠. 바로 『한국사The History of Korea』와 『대한제국 멸망사 The Passing of Korea』라는 책입니다.

그리고 더 중요한 사실은 그가 한글에 완전히 매료되었다는 점입니다. 한국어가 유창해진 것은 물론이고 한글을 언어학적으로 깊게 연구하기 시작했죠. 헐버트의 전공이 언어학이었을까요? 아닙니다. 그는 신학을 전공했고 뼛속까지 선교사 집안 출신이었습니다.

선교 활동도 병행했지만 그는 한국의 역사와 전통, 특히 언어와 관습에 완전히 매혹되었습니다. 그야말로 원조 '한류 팬'이라고 할 수 있죠. 한류라는 개념조차 없던 시절에 한국에 와서 마치 덕후처럼 우리 역사와 한글을 탐구한 것입니다. 그렇게 탄생한 것이 바로 최초의 한글 교과서입니다. 정말 놀라운 일 아닌가요? 당시 조선의 양반들조차 한글로 책을 쓸 생각을 하지 않던 시대에 푸른 눈의 미국인이 직접 한글로 교과서를 집필한 것입니다.

앞서 최제우의 삶을 소개하면서 이야기했듯이 당시 양반들은 한자로만 글을 썼거든요. 한글은 언문言文이라고 불리며 여성이나 평민, 천민들이나 쓰는 낮은 글자로 여겨졌습니다. 지식인이라면 마땅히 한문으로 글을 써야 한다는 인식이 지배적이었기 때문에 한글로 책을 쓰는 사실 자체를 부끄럽게 여겼습니다. 한글로 교과서를 만든다? 상상조차 하기 힘들었죠. 학문을 배우려면 마땅히 천자문부터 떼야지, 무슨 한글로 교과서를 쓰느냐는 분위기가 팽배했으니까요. 그런데 헐버트는 자기 나라 글도 아닌 '한글'을 갖고 학생들을 가르치고자 직접 교과서를 집필했습니다. 바로 '선비(士)와 백성(民) 모두가 반드시 알아야 할 지식'이라는 뜻의 『사민필지士民必知』입니다. 이 책은 세계 각국의 강역과 풍속을 담은 일종의 지리학 교과서였습니다. 양반의 전유물이었던 지식을 한글을 통해 모두에게 나누려고 했던 것이죠.

조선이 민주화가 되려면
한글을 써야 한다

당시 양반들은 중국 문화가 최고라고 믿었습니다. 중국이 세상의 중심이며 조선의 지식인이라면 마땅히 한자로 중국의 사상을 노래해야만 격이 산다고 생각했죠. 하지만 헐버트에게는 그런 문화적 편견이 전혀 없었습니다. 그는 민주주의 국가인 미국에서 왔기 때문에 평범한 백성들이 지식을 얻고 힘을 갖는 것을 무엇보다 중요하게 여겼거든요. 그런 그의 눈에 비친 한글은 그야말로 경이로움 그 자체였습니다. 이 글자를 체계적으로 살펴본 헐버트는 '세상에 이렇게 위대한 알파벳이 존재할 수 있는가?'라며 감탄을 금치 못했다고 합니다. 우리가 우리 것을 무시하고 있을 때, 밖에서 온 이방인이 오히려 그 가치를 일깨워주며 한류의 원석을 처음으로 알아본 것이죠.

　사실 한국인이 스스로 한글이 위대하다고 말하면 자칫 '국뽕'이나 과한 민족주의처럼 들릴 수 있잖아요? 저도 어렸을 때부터 그런 이야기를 워낙 많이 들어서 오히려 거부감이 있었는데, 헐버트의 글을 접하며 한글을 완전히 다시 보게 됐습니다. 헐버트는 모든 백성이 글을 읽고 문화를 누리려면 무엇보다 글이 쉬워야 한다고 믿었습니다. 수만 개의 글자를 외워야 하는 한자는 배움의 장벽이 너무 높았으니까요.

　반면 한글은 소리를 그대로 담아내는 표음 문자이자 고도로 과학적인 알파벳이었습니다. 유럽의 사례만 봐도 알 수 있잖아요. 과거에는 로마자(알파벳)가 있었음에도 상류층의 귀족이나 지식인들은 자기네끼리만 통용되는 라틴어로 권력을 독점했죠. 평민들은 성경조차 읽지 못했습니다. 하지만 근대화 과정에서 성경이 각 나라의 언어로 번역되고 대중화되면서 비로소 국민들이 지식을 얻고 힘을 갖는 민주화의 기틀이 마련되었죠. 헐버트는 조선의 한글이 이미 그 자체로 서구의 민주화 동력이 되었던 '국어Vernacular'의 역할을 완벽히 수행할 수 있는 문자라고 단번에 알아봤습니다.

헐버트는 조선의 민주화가 더딘 이유가 양반들의 지식 독점과 일반인들은 도저히 접근할 수 없을 정도로 어려운 한자에 있다고 보았습니다. 백성과 여성이 세상 돌아가는 이치를 모른 채 정치에서 철저히 소외된 조선의 현실을 목격한 그는, 지식을 널리 퍼뜨릴 기적 같은 도구로 한글에 주목했습니다. 이미 민중 사이에서 쓰이고 있고 배우기도 쉬운 한글이야말로 말과 글을 하나로 묶어 누구나 눈을 뜨게 할 열쇠라고 확신한 것이죠. 그는 조선이 미국처럼 민주적이고 아름다운 나라로 거듭나려면 권위의 상징인 한자를 버리고 반드시 한글을 전면에 내세워야 한다고 주장했습니다. 이런 신념을 담아 펴낸 『사민필지』는 단순히 지리학 지식을 전달하는 것을 넘어, 한글을 통해 평등한 정보 공유의 시대를 열고자 했던 헐버트식 민주주의의 실천이었습니다.

헐버트는 한국 문화 자체가 이미 충분히 아름답고 훌륭한데, 왜 이 좋은 말을 그대로 글로 표현하지 못하느냐며 안타까워했습니다. 그래서 정말 역설적이게도 푸른 눈의 미국인이 앞장서서 한글 쓰기 운동을 시작하는 진풍경이 벌어졌죠. 당시 조선의 양반들은 '저 서양인은 대체 왜 저렇게 한국말을 잘하는 거야?'라며 의아해했을 것입니다. 실제로 헐버트는 한국에 온 지 불과 3년 만에 한국어를 유창하게 구사할 정도로 숙달했으니까요. 하지만 그 순간에도 조선의 양반들은 기득권을 유지하느라 한글을 애써 외면하고 있었죠.

THE KOREAN LANGUAGE.

BY

HOMER B. HULBERT.

FROM THE SMITHSONIAN REPORT FOR 1903, PAGES 805–810.

(No. 1538.)

WASHINGTON:
GOVERNMENT PRINTING OFFICE.
1904.

호머 헐버트가 한국어의 우수성을 고찰한 논문
「THE KOREAN LANGUAGE」가 수록된
미국 스미스소니언협회의 1903년 연례보고서 제본 책자

독립운동가 헐버트,
'이건 인간이 할 짓이 아니다'

그렇다면 헐버트는 도대체 왜 조선에 왔을까 하는 의문이 생길 겁니다. 당시 헐버트는 미국인 지식인으로서 조선 정부의 공식 초청을 받아 이 땅을 밟았습니다. 바로 육영공원이라고 불리는, 왕족과 양반 자제들에게 영어를 가르치던 근대식 공립 교육기관의 원어민 교사로 초빙된 것이죠. 한마디로, 조선 정부가 미국 정부에 공식적으로 요청해서 모셔온 '오리지널 대치동 원어민 강사'였죠. 그런데 영어를 가르치러 온 이 양반이 도리어 한글을 쓰자고 역으로 주장하기 시작했습니다. 한글 교과서까지 만들어 팔기 시작했고, 심지어 정식 출판사까지 운영했습니다. 1889년에 집필되어 1890년에 출간된 이 책은 수많은 조선 사람이 읽었는데, 흥미롭게도 이 책을 보고 하와이 이주를 결심한 사람들까지 생겨났다고 합니다. 책을 통해 미국이라는 나라의 존재를 알게 되었고, 하와이 사탕수수밭에서 일하면 돈을 많이 벌 수 있다는 정보를 얻게 된 것이죠. 결국 이 책의 영향으로 당시 수천 명의 조선인이 하와이로 이주하게 되었습니다.

　　헐버트가 조선에 온 가장 본질적인 이유는 선교였습니다. 마침 헐버트의 친척이 미국 정부의 교육부장관으로 재직 중이었는데 그때 조선의 원어민 강사 초빙 요청을 받은 겁니다. 그래서 조카에게 "이번에 네가 조선에 가서 선교도 할 겸 영어를 가르쳐보면 어떻겠냐?"라고 권유했고, 그렇게 우연찮은 계기로 선교를 위해 조선 땅을 밟게 된 것이죠.

　　그런데 그 이후의 행보가 훨씬 중요합니다. 1886년에 처음 입국했던 헐버트는 1891년 돌연 미국으로 돌아가버립니다. 당시 조선의 상황에 일종의 환멸을 느꼈던 거죠. 영어를 가르치러 왔는데 나라는 극도로 낙후되어 있고 영어를 배우겠다는 의지도 박약한 데다, 국가의 미래 비전을 세우고 주도적으로 개화를 이끌 국왕조차 아무런 생각이 없어 보였으니까요. 큰 실망을 품고 떠났던 그를 다시 불러들인 건 친구이자 미국 감리회 선교사 헨리 아펜젤러였습니다. 친구의 간곡한 권유로 다시 조선 땅을 밟은 헐버트는 이때부터 이전과는 전혀 다른 인연을 맺게 됩니다. 바로 고종 황제와 매우 친밀한 관계가 된 것이죠. 1895년 일본 낭인이 궁궐에 침입해 명성황후를 시해한 을미사변 이후, 고종은 두려움에 떨었습니다. 자신의 목숨을 지키기 위해 미국인 선교사들에게 도움을 요청했습니다. 일본이 미국인은 함부로 죽이지 못한다는 것을 알았기 때문이죠. 그래서 헐버트는 언더우드 등과 함께 고종의 침소 앞에서 권총을 들고 불침번을 섰습니다. 이를 계기로 고종과 헐버트는 인간적인 연을 맺게 되었습니다. 이후 약 10년 동안 헐버트는 고종과 긴밀하게 협력하며 조선의 독립을 위해 투신합니다.

　사실 이제부터는 단순한 한류 팬 정도의 수준이 아닙니다. 한국에 영어 교사로 왔다가 한국 문화와 사랑에 빠졌고, 인간적인 연까지 깊어진 상태에서 일제가 자행하는 부조리를 정면으로 목격하게 됐죠. 사실 헐버트도 처음에는 일본을 긍정적으로 보았습니다. 애초에 조선에 온 목적이 이 나라를 미국처럼 민주적이고 개방적으로 개화시키는 것이었기에, 먼저 근대화를 이룬 일본을 모델로 삼아야 한다고 생각했거든요. 말하자면 을미사변 전까지만 해도 일종의 친일적 성향을 띠었던 셈입니다. 하지만 일국의 국모를 대놓고 살해한 을미사변을 목격하며 그 생각이 완전히 바뀝니다. 조선의 개화를 바라던 미국인의 시선으로 봐도 일제의 만행은 도를 넘은 것이었고, 도저히 인간이 할 짓이 아니라고 판단한 것입니다.

　　남의 나라 왕비를 처참히 살해하고 시신을 훼손하는 등 정말 끔찍한 짓을 저질렀으니까요. 더 나아가 헐버트는 일제가 조선 백성들에게 하는 짓을 목격했습니다. 제가 헐버트가 남긴 수많은 기록을 거의 다 읽어봤는데, 그가 보기에도 일본군이 조선 땅에서 백성들에게 가하는 행위들이 정말 파렴치했다는 거죠. 헐버트는 조선 백성들을 단순히 긍휼과 계몽의 대상으로만 바라보진 않았습니다. 인간적으로 굉장히 큰 사랑을 품고 있었죠. 그와 관련된 미담도 정말 많습니다. 대체 이러한 그의 심경 변화의 근원은 무엇이었을까요? 저는 민족과 국가를 넘어선 '인류애'라고 생각합니다. '어떻게 인간(일본인)이 다른 인간(조선인)에게 이토록 잔인할 수 있는가?'라는 근원적 물음과 함께 헐버트의 태도가 180도 바뀌었습니다. 일본이 명백히 잘못을 저지르고 있다고 확신하게 된 헐버트는 이때부터 자신의 모국인 미국은 물론, 전 세계를 향해 조선의 독립을 주장하는 메시지를 끊임없이 타전하기 시작합니다.

　　1905년 이완용 등이 나라를 팔아먹은 을사조약이 강요되었을 때, 고종은 이 조약의 부당함을 알리고 도움을 요청하기 위해 헐버

HISTORY KEYWORDS

을미사변

1895년 일본 공사 미우라 고로의 지휘 아래 일본 군인과 낭인들이 경복궁에 침입하여 명성황후를 살해하고 시신을 불태운 야만적 사건이다. 일본이 조선의 내정에 깊숙이 개입하고 친러파 세력을 축출하기 위해 감행하였다. 이 사건은 조선 전 민중에게 커다란 충격을 주었으며, 전국적으로 항일 의병 운동(을미의병)이 일어나는 직접적인 계기가 되었다.

트를 특사로 워싱턴에 급파합니다. 헐버트 역시 미국인으로서 자신의 조국이 민주주의와 인권의 가치를 수호하는 나라인 만큼 당연히 조선을 도와줄 것이라고 확신하며 떠났습니다. 당시 루스벨트 대통령은 러일전쟁의 평화 협정을 이끌어낸 공로로 노벨 평화상까지 받았지만, 그 이면에서는 일본과 '가쓰라—태프트 밀약'이라는 비밀 약속을 주고받은 상태였죠. 일본이 조선을 점령하는 대신 미국은 필리핀을 차지한다는, 철저히 제국주의적인 야합이었습니다.

　　조선인들은 물론 전 세계 그 누구도 이 비밀스러운 합의를 알지 못했고 훗날에야 진실이 밝혀졌습니다. 하지만 헐버트와 고종은 미국을 여전히 조선의 운명을 도와줄 진정한 친구라고 굳게 믿고 있었습니다. 1882년 조선과 미국 사이에 맺은 조미수호통상조약 때문이었습니다. 이 조약에는 '제3국이 한쪽 정부에 부당하게 대우할 경우 양국은 서로 돕는다'는 이른바 거중조정居中調整 조항이 명시되어 있었습니다. 고종은 이 약속을 근거로 미국이 조선의 위기를 외면하지 않을 것이라고 굳게 믿었습니다. 하지만 현실은 냉혹한 문전박대였습니다. 루스벨트 대통령은 헐버트를 만나주지도 않았습니다. 이미 일본과 비밀리에 거래를 마친 뒤였으니까요.

　　헐버트는 여기서 말로 다 할 수 없는 충격을 받았습니다. 자신이 믿어왔던 민주주의 국가 미국이 그 가치를 저버린 채 평화를 위해 급파된 특사도 만나주지 않는 현실을 도저히 받아들일 수 없었을 겁니다. 조선으로 돌아온 그는 여기서 멈추지 않고 유럽으로 향합니다. 1907년 만국평화회의가 열리는 네덜란드 헤이그에 고종의 특사 자격으로 파견된 것이죠. 그는 이준, 이위종, 이상설 등 이른바 헤이그 특사 3인방과 긴밀히 협력하며 을사조약의 부당함과 일제의 침략성을 세계만방에 알렸습니다.

이 사건으로 분노한 일제는 고종을 강제로 폐위시켰고, 조선으로 돌아온 헐버트 역시 강제 추방을 당했습니다. 미국인이었기에 차마 죽이지는 못했지만, 일본 입장에서는 눈엣가시 같은 존재였을 겁니다. 일제는 대체 이 미국인이 왜 남의 나라 일에 이토록 날뛰며 고종과 친하게 지내는지 도무지 이해할 수 없었을 거예요. 1886년 영어 교사로 비교적 가벼운 마음으로 입국했던 청년이 한국 문화와 사랑에 빠져 한글을 연구하고, 나라의 독립을 위해 싸우다가 결국 1907년 이 땅에서 쫓겨나게 된 것입니다.

대한제국 멸망사, '한국 문화는 반드시 다시 일어설 것이다'

그는 쫓겨난 뒤에도 펜을 멈추지 않았습니다. 앞서 말한 저서 『대한제국 멸망사』의 서문에서 '이 책을 고종 황제에게 바치며, 조선이 언젠가는 반드시 다시 일어설 것'이라고 예언했습니다. 한국의 문화가 다시 꽃피울 것이라는 확신이 있었기 때문이죠. 헐버트가 이토록 한국의 부활을 믿었던 이유는 단순히 한글이나 「아리랑」이 아름다워서만이 아니었습니다. 그는 무엇보다 한국인의 '평화주의'에 주목했습니다. 일본과 다른 여러 나라를 다 다녀봤지만, 침략을 당하면서도 이렇게까지 순수하게 평화를 사랑하는 사람들은 처음 봤거든요. 조선인들의 비폭력적인 마음가짐이 얼마나 고귀한지 깨달은 그는 제국주의자들의 식민주의보다, 고통 속에서도 평화를 지키려는 조선인들의 마음이 훨씬 더 아름답고 위대하다고 믿었습니다.

침략당하고 고통받는 와중에도 조선인들이 결국 하는 일은 춤

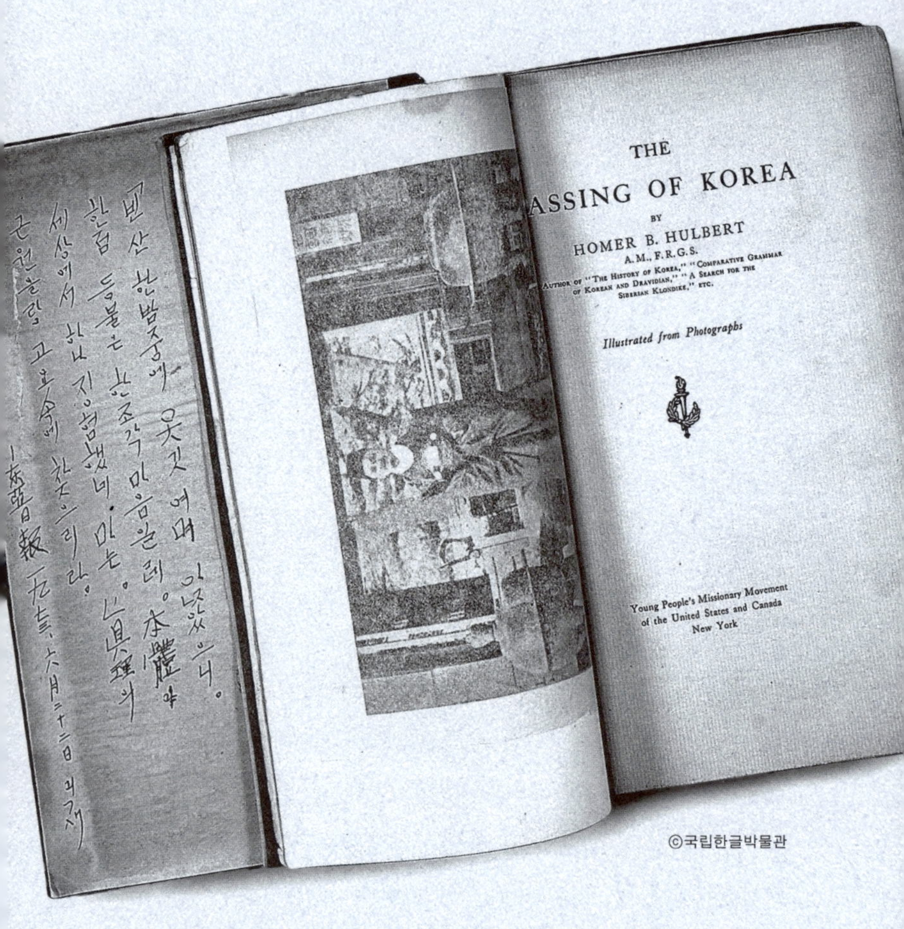

1906년에 발행된 호머 헐버트의 『대한제국 멸망사』

추고 노래를 부르는 것이었습니다. 참고로, 헐버트는 조선에서 구전으로만 내려오던 아리랑을 인류 역사상 처음으로 악보에 옮겨 적은, 즉 최초로 채보採譜한 인물이기도 합니다. 그는 아리랑을 깊이 연구해 논문까지 발표했죠. 헐버트가 오늘날 '한국학의 아버지'라고 불리는 이유는 명확합니다. 그전까지 조선의 양반들이 하찮게 여기며 거들떠보지도 않았던 평민들의 문화, 즉 한글과 아리랑 같은 민중의 자산을 서구적 방법론으로 체계화하고 그 가치를 세상에 알렸기 때문입니다.

헐버트가 한국에 남긴 유산은 이밖에도 많습니다. 그중 가장 혁신적인 것은 바로 '한글 가로쓰기'의 도입입니다. 본래 한글은 한자의 영향을 받아 위에서 아래로, 오른쪽에서 왼쪽으로 쓰는 세로쓰기 방식이었으나, 헐버트는 이를 영어처럼 왼쪽에서 오른쪽으로, 위에서 아래로 쓰는 가로쓰기 방식으로 바꿀 것을 주장했습니다. 그는 한글이 소리글자인 만큼 서구의 알파벳처럼 가로로 썼을 때 가장 효율적이고 근대적인 문자가 될 수 있다고 확신했습니다. 헐버트는 한글에 띄어쓰기를 처음 도입한 인물이기도 합니다. 원래 한

HISTORY KEYWORDS

아리랑

우리 민족의 희로애락을 담아 전국적으로 전승되어 온 대표적인 민요다. 특정한 작곡자나 작사자 없이 민중의 입을 통해 전해지며 지역에 따라 정선아리랑, 진도아리랑, 밀양아리랑 등 다양한 형태로 발전하였다. 일제강점기에는 망국의 한과 항일 의지를 담은 노래로 불리며 민족적 결속력을 강화하는 매개체가 되었다. 2012년 유네스코 인류무형문화유산으로 등재되었으며, 한민족의 정체성과 공동체 의식을 상징하는 문화적 자산으로 평가받는다.

자처럼 칸을 채워 쓰던 한글에 띄어쓰기를 제안하자 처음엔 낯설어 했지만, 결과적으로 독해를 훨씬 쉽게 만들었죠. 특히 1886년 설립된 배재학당에서 1893년부터 교사로 봉직하며 당시 제자였던 주시경 선생에게 가로쓰기와 띄어쓰기의 도입 필요성을 설득했습니다. 헐버트는 아직 띄어쓰기의 개념조차 없던 한국 지식인들에게 '장비가 말을 타고'라는 예시를 들며 띄어쓰기가 필요한 이유를 명쾌하게 증명했습니다. 그 덕분에 주시경과 이승만 같은 걸출한 제자들이 그의 가르침을 받아 한글 현대화의 기틀을 닦을 수 있었죠. 하지만 우리는 국어 교과서에서 이런 사실을 배우지 않습니다. 미국인이 주도했다는 점이 민족주의적 관점과 충돌하기 때문이죠. 사실《독립신문》도 서재필이 만들었지만 실무는 주시경과 헐버트가 도맡았습니다. 한글판은 주시경이, 영문판은 헐버트가 썼고 인쇄 역시 헐버트의 삼문출판사에서 총괄했습니다.

　　우리가 배우거나 접하는 대부분의 역사 서술은 좌와 우, 진보와 보수, 선과 악의 이분법으로 모든 것을 분류하려고 합니다. 여러분이 보시기에 헐버트 같은 인물은 이런 프레임에서 어디에 놓이는 것 같나요? 그의 삶과 선택을 이분법으로 갈라서 설명할 수 있을까요? 미국인으로 태어나 변방의 작은 나라에 왔다가 그 나라의 언어에 깊이 매료되어 교과서까지 쓰고 심지어 외세 침략에 맞서 치열하게 독립운동에 투신한 사람. 네모난 박스 안에 가둘 수 없는 삶을 살다 죽은 헐버트에 대해 또 다른 독립운동가 안중근은 이렇게 말했습니다. "헐버트라는 사람은 조선인이라면 하루도 잊어서는 안 되는 사람이다."

　　해박한 지식과 역사 의식을 지녔던 헐버트는 일제의 부조리와 미국의 부당함을 목격한 후, 대한제국의 독립이 국제법에 근거한 정

COMMAS OR SPACING.

BACON says, "Some books are to be tasted, others to be swallowed, and some few to be chewed and digested." But a Korean book written in Enmun sans commas sans spacing is a most tasteless, unswallowable and indigestible affair.

It may be argued that the native novels, such as they are, are written without any marks by which a reader may tell whence a word cometh and whither it goeth. True; but are missionaries under any obligation not to improve the Korean method in the matter? As it is an average Korean in reading an Enmun book, makes some ridiculous mistakes An instance: A man reading the well known Historical Novel of Three States (Sam Kuk Chi) read the sentence 장비가 말을 타고 (Chang-bi rode on a horse) into 장비 가말을 타고 (Chang-bi rode in a sedan chair). Such a mistake would be easily avoided if commas or spacing were introduced, separating words one from another.

Moreover, the books which have been, and may be, written by a missionary naturally contain words, phrases and sentences brand new from the writer's creative brain. Pack, then, these terms, perfectly meaningless to an uninitiated Korean into monotonous columns of Enmun, line upon line, precept upon precept—why, the wonder is, not that the Korean cannot read the new books well, but that he can read them at all. In short, the use of commas or, better still, of spacing, will prove a great help to Koreans and a greater help to foreigners. Try it!—T. H. Y.

1896년 힐버트가 《Korean Repository》 1월호에 실은
한글의 띄어쓰기를 권장하는 글의 일부

당한 권리임을 강조했습니다. 그는 일본이 국제법을 위반했으며 을사조약 또한 원천 무효라고 주장했죠. 이러한 논리는 헤이그 특사 파견의 발판이 되었고, 당장은 실패했으나 이후 3·1 운동으로 이어지는 비폭력 국제법 중심의 독립운동 줄기를 형성했죠. 1919년 3·1 운동 당시에도 헐버트는 미국에서 이승만, 서재필 등과 함께 조선의 독립을 적극적으로 지원했습니다.

헐버트의 한국 1줄 요약
: 한국인들은 언제 어디서나 즉흥적으로 노래를 한다

외국인의 평가를 통해 굳이 우리나라의 문화를 '올려치기'할 필요는 없다고 생각합니다. 우리 자체만으로도 충분히 잘하고 있고 대단하니까요. 솔직히 말씀드리자면, 헐버트의 삶을 엿보며 저는 그제야 한글에 대한 자부심이 생겼습니다. 그동안 아무 생각 없이 매일 사용했던 한글이었는데, 정작 미국인이 좋다고 하니 그제야 '진짜 좋은 건가?' 싶었던 거죠. 참 웃기지 않나요?

저는 오늘날 한류가 세계적 열풍 속에서 꿈틀거리고 있는 이유의 대부분은 한글 덕분이라고 생각합니다. 지금 여러분이 보고 읽고 느끼고 있는 이 한글 말이에요. 심지어 한글은 오늘날 디지털 미디어 환경에서도 압도적으로 유리하죠. 한자로 키보드를 친다고 상상해보세요. 헐버트가 말했듯 로마 알파벳은 생긴 지 1500년이나 지났지만, 조선의 한글은 창안된 지 겨우 500년밖에 안 된, 굉장히 현대적이고 과학적인 문자 체계입니다.

하지만 헐버트가 진심으로 반한 지점은 따로 있다고 생각합니다. 바로 평화를 사랑하는 민족성이죠. 미국이나 중국에 비하면 한국의 역사는 단 한 번도 광활한 영토나 막대한 군사력을 가진 적이 없었어요. 기껏해야 춤추고 노래 부르는 민족이었죠. 헐버트는 한국인들이 즉흥적으로 노래하는 모습이 영국의 낭만파 시인 윌리엄 워즈워스 같다며 조선인은 모두 워즈워스라고 했습니다. 논 갈다 막걸리 마시고 갑자기 판소리를 하는 한국인의 '프리스타일 바이브'를 발견한 것이죠. 경복궁 재건 때 생사가 오가는 고된 현장에서도 아리랑을 부르며 고통을 견디고, 일제의 핍박과 양반의 무시 속에서도 꿋꿋이 노래와 춤으로 현실을 잊으려 했던 조선인의 진짜 힘과 멋을 그는 가슴 깊이 새겼습니다.

우리 책 제목에 '테라피'라는 단어가 들어간 것처럼 조선이라는 민족은, 그리고 한국사에는 상처와 트라우마가 많습니다. 일본이 와서 황후를 죽이는 걸 보고도 아무것도 못 했을 정도면 민족 전체에 정말 큰 트라우마죠. 원래 상처를 입으면 자존감이 떨어져서 스스로 가치 있는 존재라고 믿기 힘든데, 이때는 누군가의 인정과 공감이 필요합니다. 헐버트 같은 인물의 이야기를 듣다 보면 저도 개인적으로 일종의 치유가 되는 것 같아요. 여러분은 어떤가요? 그가 우리도 몰랐던 우리의 가치를 발견해줬으니까요.

저 역시 미국 다트머스 유학 시절 동양인이라는 이유만으로 은근히 차별을 받고 무시를 당했습니다. 그런데 헐버트 할아버지 이야기를 통해 유학생으로서의 한이 치유되었죠. '나는 지금 여기서 이렇게 고생하고 있는데, 이 형은 무려 130년 전에 조선에 가서 우리나라를 이렇게 사랑했네'라는 생각에 자존감과 긍지가 생겼거든요. 그 덕분에 나 자신을 더 사랑하고 나의 조국을 사랑하는 힘을 얻게 되었습니다.

모든 힐링이나 테라피는 관계 속에서 이루어질 수밖에 없는 것 같습니다. 애초에 우리가 입은 상처도 일본의 무시, 중국의 압박, 미국의 배신 같은 관계에서 비롯된 것이니까요. 이런 때일수록 위축되지 않고 '너희 정말 멋있어!'라고 이미 오래전 한국사의 가치를 발견해준 이름들을 떠올리며 테라피를 해보자고요. 오늘 나눈 이야기가 많은 분에게 위로가 되었으면 합니다.

01 지금으로부터 130년 전 조선에 처음 온 헐버트는 한글에 가로쓰기와 띄어쓰기를 최초로 도입하고, 구전되던 아리랑을 악보로 그려낸 한국학의 아버지로서 우리 문화의 기틀을 닦았다.

02 그는 『대한제국 멸망사』라는 책을 통해 조선의 부활을 예언했으며, 미국의 제국주의 행보를 비판하고 을사조약의 무효성을 국제법으로 주장하며 헤이그 특사 파견을 도운 독립운동의 숨은 주역이다.

03 핍박 속에서도 노래와 춤으로 고통을 승화시키는 한국인의 평화주의를 가장 아름답다고 치켜세워준 헐버트는, 한국인도 몰랐던 한류를 예견하고 한국사의 상처를 치유해준 최초의 외국인이었다.

테라피

4

세계에 한국의 정신을 알린
한국 예술사
최대 아웃풋은 누구일까?

한류

한류를 예견한
전자 무당,
백남준

조준호 PD

요즘 어딜 가나 한류 이야기뿐입니다. 특히 BTS 같은 그룹은 이제 단순한 아이돌을 넘어 전 세계 문화의 중심에 서 있죠. 시간이 갈수록 한류의 기세는 꺾일 줄 모르고 오히려 더 정교하게 확장되는 것 같습니다. 이런 현상을 지켜보다 보니 문득 근원적인 궁금증이 생기더라고요. 과연 이 파도의 시작점은 어디였을까? 지금 우리가 누리는 이 화려한 문화적 영광을 가능하게 한 '한류의 아버지'나 '한류의 어머니'라고 부를 만한 선구자는 대체 누구였을까 하는 점 말이죠. 이번에는 좀 더 본격적으로 한국인의 에너지를 가장 처음 세상에 알린 한국인을 탐구해보고 싶습니다. 한류라는 열매의 뿌리를 내린 인물은 누구일까요?

20세기 한국 예술의 최대 아웃풋, 소니 비디오 카메라를 든 예술가

한류의 기원을 찾으려면 반드시 마주쳐야 할 거대한 산이 하나 있습니다. 이 사람을 한마디로 정의하자면, 20세기 한국 예술이 배출한 '최대 아웃풋'이라고 할 수 있죠. 과연 누구일까요? 우리가 지금은 한류라는 이름으로 세계를 누비고 있지만, 불과 수십 년 전만 해도 세계 문화의 중심부에서 인정받는 한국 예술가는 정말 손에 꼽을 정도였습니다. 당대 서구 예술계와 어깨를 나란히 했던 인물로 음악계의 윤이상 선생 정도를 떠올릴 수 있겠지만, 대중적 인지도와 예술적 혁신성, 그리고 시대의 패러다임을 바꾼 영향력 면에서 단 한 명을 꼽으라면 단연 이 사람입니다. 그 인물은 바로 백남준입니다.

　조금 낯선 이름일 수도 있는데요. 백남준은 단순한 비디오 아티스트를 넘어, 전 세계가 열광하는 지금의 'K─바이브'가 어떤 지형 위에서 놀아야 할지를 미리 설계한 선구자였습니다. 1932년에 태어난 백남준은 1950년대에 전쟁을 피해 일찌감치 한국을 떠나 일본과 독일에서 유학하며 실력을 쌓았습니다. 이후 미국 뉴욕에서 본격적으로 활동하며 당대 최고의 전위 예술가들과 교류했죠. 우리에게는 존 레넌의 파트너로 잘 알려진 요코 오노를 비롯해 요제프 보이스, 존 케이지 같은 전위 예술의 개척자들과 '플럭서스Fluxus'라는 그룹을 이끌었고, 전설적인 뮤지션 데이비드 보위와도 깊은 친분을 유지했습니다.

　그의 영향력은 예술계에만 머물지 않았습니다. 미디어 학자 마셜 매클루언 같은 당대 최고의 지식인은 물론, 록펠러재단 같은 재계의 거물들과도 긴밀하게 소통하며 문화와 자본을 아우르는 막강한 세계적 인맥을 자랑했죠. 명실상부 20세기 한국 예술가 중 세계 무대에서 가장 큰 획을 남긴 인물입니다. 정치권과도 긴밀하게 소통했던 백남준은 1980년대 한국으로 돌아온 뒤에는 1988년 서울 올림픽을 기점으로 국내 예술계를 진두지휘하며 문화적 역량을 넘어 정치적 영향력까지 발휘했습니다. 한국이라는 작은 나라에서 대체 어떻게 이토록 위대한 예술적 존재가 탄생하게 되었는지 궁금하지 않나요? 지금부터 백남준의 삶과 그가 한국사에 남긴 유산을 설명해볼게요.

　백남준은 사실 집안이 엄청난 부자였다는, 조금은 얄미우면서도 범접하기 힘든 배경을 가지고 있습니다. 아버지가 큰 섬유 공장을 운영해 일제강점기 당시에도 부유한 환경을 누렸거든요. 1930년대 서울 경성에서 태어난 그는 매우 유복한 집안에서 성장하며 당대 일반 민중들은 꿈도 꿀 수 없었던 서양식 근대 문물과 서구화된 신식 교육을 온몸으로 받아들였습니다. 그러다 1950년 한국전쟁이 발발하자마자 온 가족과 함께 홍콩을 거쳐 일본으로 건너갔습니다. 그곳에서 도쿄대학을 졸업한 뒤 다시 독일 베를린으로 떠나 본격적으로 음악을 공부했죠. 흔히 그를 비디오 아트의 창시자이자 미술가로만 기억하지만, 사실 백남준의 예술적 뿌리는 음악이었습니다.

그는 독일에서 전위적인 음악과 행위 예술에 심취해 있었고, 아방가르드 음악의 창시자로 불리는 존 케이지와 깊은 교분을 쌓았습니다. 그 과정에서 뜻이 맞는 예술가 친구들과 함께 아방가르드 예술 집단을 결성하여 전 세계를 무대로 활발하게 활동하며 독보적인 명성을 쌓아나갔어요. 비디오 아트를 본격적으로 선보이기 전에도 그는 음악을 매개로 한 실험 예술과 행위 예술을 활발히 펼쳤습니다. 당시 가장 큰 반향을 일으켰던 작품 중 하나로 〈오페라 섹스트로니크〉를 꼽을 수 있는데요. 비록 제가 그 현장을 직접 보지 못해 완벽히 전달하기는 어렵지만, 당시 예술계에 엄청난 충격을 준 퍼포먼스였다고 해요. 유명 첼로 연주가 샬럿 무어먼에게 나체로 첼로를 연주해달라고 주문했다고 합니다. 백남준은 그녀의 나체 연주 장면을 촬영한 뒤 해당 영상이 송출되는 텔레비전을 무어먼이 실제로 첼로 연주를 하는 무대 위에 올려 마치 무어먼이 자신의 벌거벗은 몸을 악기처럼 연주하는 것처럼 연출했죠.

백남준은 〈오페라 섹스트로니크〉 이후에도 세상을 놀라게 한 충격적인 작품들을 잇달아 선보였습니다. 그의 기괴하고 역설적인 행위들은 겉으로 보기에 말도 안 되는 짓처럼 보였을지 모르지만, 그 이면에는 서양 근대 문명의 자본주의와 산업 사회가 추구하는 가치에 대항하려는 뚜렷한 의도가 있었습니다. 그는 돈보다는 축제를, 정신적인 관념보다는 육체적인 실재를, 이데아적인 이상보다는 몸의 감각을 표현하고자 애썼습니다. 지나치게 이성적이고 합리적인 것만 쫓는 서양 문명의 한계를 극복하기 위해, 가장 비이성적인 행위를 통해 우리 안에 잠재된 원초적인 고대의 야만성, 즉 인류의 원형성을 회복하려고 했습니다.

　이러한 독창적인 철학을 구현할 가장 한국적인 자원으로 백남준은 바로 '굿'을 선택했습니다. 이는 1930년대 한국에서 태어나 보고 자란 무속 신앙을 예술의 원형이라 믿었기 때문이죠. 그는 샤머니즘적 리추얼을 어떻게 현대적으로 재해석할지 치열하게 고민했습니다. 백남준은 자신의 모든 작업을 일종의 '굿'으로 여겼고, 스스로를 '전자 무당'이라고 칭했어요. 1960년대 미국 맨해튼의 마천루 숲 사이에서, 바쁜 산업 문명의 질서에 갇혀 살던 사람들에게 백남준은 굿의 파격적인 에너지를 선보였습니다. 견고한 일상에 균열을 내고, '과연 이렇게 사는 게 맞는 것일까? 우리에게 잃어버린 본질이 있지 않을까?'라는 질문을 던졌죠.

　백남준은 현대를 살아가는 사람들에게 어떤 '충격'을 주려고 했던 것 같아요. 그리고 그와 비슷한 생각을 하는 전위 예술가들이 플럭서스라는 이름으로 모였죠. 플럭서스라는 이름은 라틴어로 '흐름'을 뜻하는데 만물은 고정된 것이 아니라 끊임없이 생성되고 변화하며 진화한다는 의미를 담고 있습니다. 모든 것이 유동적이라는 철학적 바탕 위에 전개된 백남준의 작업들은 당시 평단과 예술가들에

플럭서스

1960년대 초부터 70년대에 걸쳐 일어난 국제적인 전위 예술 운동이다. '변화', '흐름'을 뜻하는 라틴어에서 유래하였으며, 예술과 일상의 경계를 허물고 삶 자체를 예술로 전환하려는 시도를 전개하였다. 고정된 형식의 예술 작품보다는 이벤트, 퍼포먼스, 실험적 음악 등을 통해 관객의 참여를 유도하였다. 백남준을 비롯한 전 세계 예술가들이 참여하였으며, 현대 설치 예술과 미디어 아트의 사상적 기반이 되었다.

게 대단히 신선한 매력으로 다가갔고 이를 통해 그는 세계적인 명성을 떨치게 되었습니다.

한류의 본질은 치유
'이게 나의 영혼이고 나의 뿌리다'

백남준이 직시한 화두는 산업 문명의 공허함이었습니다. 그는 예술을 왜 하느냐는 물음에 '인생이 별거 없으니까 한다'고 답하곤 했죠. 산업 문명이 가져온 가장 큰 병폐 중 하나가 바로 이러한 허무함이었고, 실존주의가 등장한 배경 역시 이와 궤를 같이합니다. 그는 '돈을 많이 벌고 성공한다고 해서 정말 행복해지는가?'와 같은 근본적인 질문을 어린 시절부터 끊임없이 던졌던 것 같습니다.

　당시 가장 앞서가는 학자 및 예술가들과 교류하며 백남준은 21세기를 넘어 30세기까지 내다보는 미래학자적 면모를 보였습니다. 그는 마치 공상과학 영화의 한 장면처럼 끊임없이 미래를 상상하는 데 익숙했고, 이러한 탁월한 상상력이 그를 비디오 아트의 창시자로 이끌었죠. 특히 백남준이 일본에서 유학하던 시절 절친한 친구 중 이데이 노부유키가 있었는데 그는 훗날 소니의 고위 임원이 되었습니다. 그 덕분에 백남준은 세계 최초의 휴대용 비디오 카메라를 가장 먼저 손에 넣은 '얼리 어댑터'가 될 수 있었죠. 산업 문명의 최첨단을 달렸던 백남준은 그 한계를 누구보다 명확히 꿰뚫어 볼 수 있었고, 기술이 진보한 다음 단계에서 인류에게 어떤 일이 벌어질지에 대해 세계에서 가장 예민하게 고민할 수 있었습니다.

　만약 백남준이 서양 예술가들을 흉내 내는 데 그쳤다면 그에

1959년 다름슈타트 음악제에
작곡가 윤이상과 함께 참석한 27살의 백남준

게서 특별한 '엣지'를 찾기는 어려웠을 겁니다. 하지만 그는 서구의 방식을 답습하기보다 자신의 뿌리를 인정하고, 동양인만이 가질 수 있는 독자적인 강점을 전면에 내세웠습니다. 이러한 태도가 플럭서스 같은 흐름 속에서 그의 가치를 알아보는 이들을 매료시킨 핵심이었고요. 이는 백남준이 의도적으로 틈새시장을 공략한 결과일 수도 있지만, 당시 시대적 분위기와 맞물려 자연스럽게 형성된 것이기도 합니다. 1960년대 당시 플럭서스에 소속된 서구 예술가들이나 히피들은 기존 물질문명의 한계를 느끼며 동양 철학에 깊이 심취해 있었거든요.

　　백남준은 평생 술과 담배를 멀리하고, 자동차를 타거나 운전조차 하지 않았으며 철저한 불교도의 삶을 살았습니다. 그가 선불교 철학에 깊이 심취하게 된 계기는 아이러니하게도 플럭서스의 동료였던 미국인 예술가들의 추천 덕분이었습니다. 그들은 종종 백남준에게 선불교Zen Buddhism를 한번 공부해보라며 권유했죠. 서양인이 동양인에게 동양 철학을 추천한 셈입니다. 좀 웃기죠? 한국에 살다가 서구화, 즉 개화를 갈망하며 외국으로 유학을 떠난 사람들을 보면 대다수가 정작 자신들의 뿌리라고 할 수 있는 동양 철학에는 별다른 관심을 보이지 않습니다. 그래서 1950년대에는 미국의 앨런 긴즈버그 같은 비트 세대나 히피 문화에 매료된 이들이 오히려 동양인들보다 동양 철학을 훨씬 더 열성적으로 공부했습니다. 그들은 이미 서양의 근대 문명과 산업 사회, 자본주의가 지닌 물질 중심적 세계관의 한계를 뼈저리게 느끼고 있었기 때문이죠. 물질문명의 대안을 찾는 과정에서 서양인들이 먼저 동양 철학에 주목했고, 백남준역시 선불교를 공부해보라는 미국인 친구들의 권유를 계기로 자신의 뿌리를 다시 한번 깊이 탐험하기 시작했습니다.

　　이러한 세계관은 백남준의 대표작인 〈TV 부다〉에 잘 녹아 있습니다. 과천 국립현대미술관의 〈다다익선〉 같은 작품에서도 한국적인 영감과 재료가 적극적으로 활용되었습니다. 만약 그가 계속 한국에 살았더라면 당시의 한국적 가치들을 이토록 귀중하게 여기지 못했을지도 모릅니다. 오히려 일찍 고국을 떠났기에 어린 시절 경성에서 목격한 1930~1940년대의 경험들이 성인이 된 후 예술적 자양분이 될 수 있었겠죠. 사실 무당이나 굿 같은 문화는 1950~1960년대의 근대화와 1970년대 이른바 '미신 타파 운동'을 거치며 우리 스스로 미개하다는 이유로 지워버린 것들이었습니다. 굿이나 선불교 같은 우리의 것들을 우리가 나서서 애써 잊으려고 했을 때, 백남준은 오히려 편견 없이 '미신'이라고 낙인찍힌 것들을 자신의 예술로 받아들였습니다. '이게 나의 영혼이고 이게 나의 뿌리다'라는 말이 바로 여기에서 나온 것이죠. 심지어 백남준은 종종 자신이 단군의 자손이라고 말하고 다녔다고 합니다.

　　'한의학'만 봐도 한국에서는 종종 미신이나 사이비 취급을 받기도 하지만 편견 없이 접하는 외국인들이나 해외 교포들은 그 가

HISTORY KEYWORDS

선불교

대승 불교의 한 갈래로, 복잡한 이론이나 경전 공부보다 명상과 참선을 통한 내면의 깨달음(견성)을 중시하는 종교 체계다. 인도에서 시작되어 중국을 거쳐 한국, 일본 등 동아시아로 전파되며 독자적인 문화를 형성하였다. '문자나 언어에 얽매이지 않는다'는 불립문자(不立文字)를 강조하며, 일상의 매 순간이 수행의 과정임을 역설한다. 동양 특유의 비움과 절제의 미학을 정립하였으며, 현대 서구 철학 및 예술 분야에도 깊은 영감을 주었다.

치를 완전히 새롭게 발견하곤 하죠. 결국 백남준처럼 외부의 시선으로 우리를 바라볼 때 우리가 무심코 지나쳤던 전통적인 자원들이 얼마나 대단한지 다시 깨닫고 재조명할 수 있는 기회가 생기는 것 같습니다. 우리 책 제목의 '테라피'가 시작되는 지점도 바로 여기라고 생각하고요. 누구에게나 한恨이 있듯, 역사에도 마찬가지로 복잡하게 얽힌 트라우마가 서려 있죠. 우리가 공동체로서 겪어온 수많은 경험들 속에는 우리도 모르는 사이에 박힌 집단적 트라우마가 누적되어 있고, 이게 때로는 역사를 아주 일방적이거나 편향적으로 보게 만들기도 합니다.

보통 트라우마를 겪으면 너무 고통스러우니까 아예 기억을 꽉 잠가버리거나 눌러놓곤 하잖아요. 자꾸 되살아나는 끔찍한 기억을 잊으려고 술이나 담배, 도박 같은 다른 것에 의지하며 회피하는 경우도 많고요. 그런데 가만히 보면 우리 한국인들이 역사를 기억하고 대하는 방식 역시 이런 트라우마에서 스스로를 보호하려는 일종의 방어 기제처럼 느껴질 때가 참 많습니다. 식민 지배나 전쟁, 분단과 독재 같은 외부의 폭력적인 경험들은 우리에게 깊은 상처를 남겼습니다. 그 과정이 너무 고통스러웠기에 한국사의 뿌리나 역사를 온전하게 마주하지 못하고 방어 기제 뒤로 숨어버리는 것이죠. 하지만 백남준처럼 경계에 서서 한 발짝 떨어져 살았던 사람들의 시선을 빌려온다면, 이 상처를 치유할 실마리를 찾을 수 있을지도 모릅니다. 1910년대의 일제강점기와 1950년대의 6·25 전쟁을 모두 겪고 타국을 떠돈 디아스포라로서, 백남준이 자신의 뿌리를 얼마나 치열하게 고민했겠어요. 이런 경계인의 시선이 때로는 억눌린 기억을 해방하고 우리 자신의 존재를 더 객관적으로 바라보게 해주는 힘이 되어주는 것 같습니다.

미래를 내다 본
전자 무당

조금만 더 깊게 들어가볼까요? 한류 현상이 21세기에 이토록 폭발적으로 꽃피울 수 있었던 이유는 인터넷이라는 토양 덕분이라는 점에 공감하실 겁니다. 이 작은 나라의 문화가 전 세계로 뻗어나간 건 디지털혁명 없이는 불가능했을 테니까요. 그런데 놀랍게도 인류 역사상 인터넷의 등장을 가장 먼저 예견한 사람이 바로 백남준입니다. 그는 '인터넷'이라는 단어가 생기기도 전인 1974년에 이미 '일렉트로닉 슈퍼하이웨이Electronic Superhighway'라는 개념을 제시했습니다. 미래에는 정보가 빛의 속도로 흐르며 전 세계를 연결할 것이라고 내다봤거든요. 단순히 기술적 예측에 그치지 않고, 이 네트워크가 인간을 어떻게 연결해야 하는지 도덕적·정치적 가이드라인까지 고민했다는 점에서 그를 단순히 비디오 아티스트로만 부르기엔 정말 아깝죠. 시대를 앞서간 철학가이자 사상가, 그리고 온몸으로 미래를 그려낸 행위 예술가 그 자체였다고 생각합니다.

　　백남준은 1974년 록펠러재단에 『탈산업사회를 위한 미디어 계획Media Planning for the Postindustrial Society』이라는 제안서를 제출합니다. 바로 이 제안서에 'Electronic Superhighway'라는 개념이 처음 등장하죠. 유복한 환경에서 자라 자본의 흐름을 이해했던 그는 록펠러 같은 큰손들을 상대로 세련된 비즈니스 제안을 던질 줄 아는 천재적인 수완가이기도 했습니다. 이 제안서는 단순히 예술 지원금을 받기 위한 수단을 넘어, 기술이 인류를 어떻게 연결하고 변화시킬지에 대한 사상가적 통찰이 담긴 미래 선언문이었습니다. 제안서의 첫 문장은 이렇게 시작합니다.

The 21st century is now only 26 years away.

"21세기가 이제 26년밖에 남지 않았다." 21세기가 된 지 26년이 지난 지금 읽으니 정말 강렬하지 않나요? 당시에는 방송국이 특정 주파수를 독점해서 일방적으로 송출하는 아날로그 방식의 초단파(VHF) 방송이 지배적이었지만, 백남준은 이미 TV를 예술의 도구로 다루며 그 너머를 보고 있었죠. 이 에세이의 결론에서 그는 소수의 방송국이 정보를 독점하는 시대를 지나 누구나 정보를 주고받을 수 있는 거대한 네트워크가 지배할 탈산업사회의 미래를 설계합니다. 지금 보면 너무나 당연한 말 같지만 지금으로부터 무려 반세기 전에 적힌 글이라는 점을 생각하면 평범하지가 않죠.

백남준이 보기에 당대 지식인들이나 정부 관료들은 참 한심했을 것 같아요. 다들 TV를 '바보상자'라고 비하하면서 무시하기 바빴으니까요. 하지만 백남준은 이 미디어의 위력이 앞으로 인류의 삶을 송두리째 바꾸리라는 것을 정확히 꿰뚫어 보고 있었거든요. '이 귀한 걸 왜 이렇게 계획도 없이 엉망으로 방치하느냐'는 답답함이 록펠러재단에 제안서를 쓰게 만든 원동력이 되었을 겁니다. 백남준이 보기에 당시 TV 정책은 아무런 철학 없이 그저 기업들의 돈벌이 수단으로만 방치된 엉망진창인 상태였으니까요. 오늘날 유튜브를 비롯한 전 세계의 디지털 미디어 환경이 알고리즘에 휘둘리며 난장판이 된 것처럼, 그는 이미 그때 미디어 산업의 무계획성을 통렬하게 비판했습니다. "지금도 이 모양인데, 앞으로 도래할 탈산업사회에서 훨씬 더 강력해질 광대역 통신망Broadband이 깔리면 대체 얼마나 큰 혼란이 올까?"라며 차가운 경고를 날렸죠.

우리가 지금 'SK브로드밴드'처럼 흔하게 쓰는 바로 그 'Broad

band(광대역)'라는 개념을 백남준은 이미 이때부터 언급했어요. 앞으로는 정해진 시간에 방송국이 일방적으로 쏴주는 콘텐츠를 받아먹기만 하는 시대는 끝장난 거라고 단언했습니다. 누구나 직접 영상을 찍어 서로 주고받는 '쌍방향 텔레커뮤니케이션'이 가능해질 것이라고 믿었거든요. 광대역 통신망의 시대가 완성되면 시간이나 장소, 정해진 주파수에 얽매이지 않고 언제 어디서든 연결되는 세상이 열린다고 예견했습니다. '인터넷'이나 '디지털혁명' 같은 말은 아예 존재하지도 않았어요. 심지어 단순한 예측을 넘어서 '지금부터 당장 준비해야 한다'고 목소리를 높였죠. 이 기술이 우리에게 엄청난 기회가 될 수도 있지만, 제대로 준비하지 않으면 그만큼 끔찍한 부작용을 낳을 수도 있다는 걸 본능적으로 직감했던 겁니다.

　　재밌는 건 당시 미국 사회의 반응이었어요. 설문 조사를 해보면 백인들은 TV를 아주 질색했거든요. 'TV는 멍청하다', '책 읽을 시간을 뺏는다'라면서 말이에요. 요즘 우리가 스마트폰을 보면서 '뇌가 녹는다', '집중력이 떨어진다'고 걱정하는 것과 판박이죠? 그의 제안서에 따르면, 1974년 당시 미국인들의 하루 평균 TV 시청 시간이 무려 6시간 30분이나 됐다고 하니까요.

　　그런데 흥미롭게도 흑인들은 정반대의 반응을 보였대요. TV가 주는 교육적인 가치가 정말 크다고 반겼던 거죠. 백인들 입장에서는 자기들만 누리던 교육과 정보 수신이라는 특권이 TV를 통해 사방으로 퍼지니까, 오히려 하향 평준화된다고 느끼며 안 좋게 본 거죠. 그런데 그런 기회조차 없었던 흑인들이나 소외 계층에게 TV는 평소 구경도 못 하던 지식과 정보를 습득할 수 있는 정말 마법 같은 도구였죠. 백남준은 여기서 TV가 가진 엄청난 '민주적인 힘'을 읽어낸 거예요. 정보가 특정 계층에 고이지 않고 고속도로처럼 뚫려버리면,

결국 세상의 위계질서가 근본부터 흔들릴 걸 알아본 거죠.

심지어 이런 아이디어도 냈죠. 당시 미국에선 인종 간 차별을 없애려고 흑인 학생들을 백인 학교로 강제로 전학을 보내는 '버스통학Busing' 정책 때문에 갈등이 엄청났거든요. 그런데 백남준은 굳이 애들을 물리적으로 이동시켜서 싸우게 만들지 말고, 각자의 학교에 있는 TV를 서로 연결해서 화면으로 먼저 마주 보게 하라고 주장한 거예요. 지금 우리가 스마트폰 하나로 지구 반대편 문화를 실시간으로 즐기는 것처럼, 백남준은 이미 그때 '서로 연결되어 소통하면 인류의 갈등과 분열을 치유할 수 있다'는 미디어의 긍정적인 힘을 믿었던 거죠.

하지만 그와 동시에 경고도 잊지 않았어요. TV가 무계획 속에 방치됐던 것처럼, 앞으로 올 텔레커뮤니케이션 사회도 제대로 준비하지 않으면 초국가적 괴물이 탄생할 수 있다고 경고했습니다. 그래서 우리가 기술을 두려워할 게 아니라, 오히려 따뜻하게 품고 긍정하면서 선제적으로 영리하게 계획을 세워야 한다고 1974년도에 설파를 한 겁니다. 이건 단순히 한국인 중에서 앞선 수준이 아니라, 전 세계 지성사를 통틀어 가장 독보적이고 앞서간 통찰이라고 봐요.

백남준은 시대를 앞서간 생태주의자이기도 했습니다. 박물관에서 백남준의 작품들을 볼 때마다 '웬 고철 덩어리들을 저렇게 많이 쌓아두셨나' 싶을 때가 있었거든요. 알고 보니 생태주의 예술의 면모들이었죠. 기술을 만지는 사람이 기술을 통해 어떻게 하면 환경을 보호하고 지구를 살릴지 고민했다는 사실에 소름이 돋았습니다. 저의 최근 저서가 『기계살림』인데요, 백남준은 수십 년 전에 이미 '기계로 지구를 살리는' 그 깊은 고민을 시작했던 거죠. 1968년에 전 세계의 지식인들이 모여 '로마 클럽'이 결성됩니다. '지구는 유한하기 때문에 인류는 무한 성장을 지속할 수 없다'는 아주 상식적이고도 뼈아픈 경고를 날렸죠. 하지만 우리가 사는 자본주의 산업 사회는 여전히 매년 GDP가 성장해야만 한다는 무한 성장의 논리로 굴러가고 있잖아요. 결국 GDP를 높인다는 건 물질을 더 많이 찍어내고, 더 많이 팔고, 또 더 많이 버려야 한다는 뜻인데, 백남준은 오래전부터 이런 물질 중심적인 방식으로는 지구가 버텨낼 수 없다는 걸 정확히 꿰뚫어 보고 있었습니다.

백남준이 보기에 당시의 무한 성장 논리는 이미 1974년에 수명이 다한 상태였어요. 보통 생태주의자나 환경주의자라고 하면 기술을 일단 싫어하고 보잖아요? 우리가 잘 아는 헨리 데이비드 소로우처럼요. 1860년대에 활동했던 이 양반은 미국 내추럴리즘의 아버지이자 초월주의자로 불리는데, 월든 호숫가에 가서 혼자 통나무집 짓고 살면서 기술을 온몸으로 거부했던 사람이죠. 그 어떤 자연도 파괴하지 않고 숲속에서 혼자 채집하며 살아가는 삶을 찬미했는데, 이런 '자연으로 돌아가자'는 흐름이 오늘날까지도 환경운동과 생태

기계살림

기계를 단순한 도구가 아니라, 인간의 삶과 함께 숨 쉬는 존재로 바라보는 관점이다. 기계는 사람의 노동을 대신해주고, 위험을 줄이며, 문명의 확장을 가능하게 해왔지만 동시에 자연 파괴와 과잉 생산의 핵심 원인이 되기도 했다. 기계살림은 더 빠르고 더 많이 만드는 기술이 아니라, 오래 쓰고 덜 망가지며 사람과 환경을 함께 지키는 기술을 지향한다. 이는 기계를 소비의 대상이 아니라 책임의 대상으로 인식하는 태도이며, 기술 문명에 대한 새로운 윤리적 질문을 던지는 개념이다.

주의의 주류를 이루고 있는 것 같아요.

　그런데 백남준은 그런 소로우의 태도를 대놓고 비웃었습니다. 당시 소로우는 전화나 전보 기술을 보면서 '테네시랑 메인에 있는 사람을 연결해준들, 정작 둘이서 나눌 이야기가 무엇이 있겠습니까?'라며 기술이 발전할수록 인간은 오히려 더 소외되고 외로워질 것이라고 주장했죠. 하지만 백남준은 소로우처럼 기술을 거부하고 숲으로 돌아가는 게 답이 아니라고 내다봤습니다. 그가 록펠러 재단에 보낸 제안서에서 강조했던 것도 '이동Movement'의 패러다임 전환이었어요. 산업 사회에서는 사람들이 일하고 소통하기 위해 자동차나 기차를 타고 끊임없이 직접 움직여야 했고, 그 과정에서 엄청난 에너지를 쓰고 환경을 파괴했죠. 그는 산업 사회의 본질을 석탄이나 석유 같은 화석 연료를 태워 물건과 사람을 물리적으로 이동시키는 시스템으로 정의했습니다. 그래서 백남준은 탈산업사회의 새로운 패러다임으로 '교통을 대체하는 완전히 새로운 방식의 커뮤니케이션'을 제시했습니다. 실제 고속도로를 달리는 대신 앞서 말한 일렉트로닉 슈퍼하이웨이를 통해 '정보Information'를 주고받으면 굳이 에너지를 써가며 몸이 움직이지 않아도 소통이 가능하다는 논리

HISTORY KEYWORDS

로마클럽

1968년 이탈리아 로마에서 결성된 국제적인 민간 싱크탱크다. 인류와 지구 환경의 미래를 연구하기 위해 과학자, 경제학자, 교육자 등이 모여 조직하였다. 1972년 발표한 보고서 '성장의 한계(The Limits to Growth)'를 통해 자원 고갈, 환경 오염, 인구 폭발 등의 문제로 인해 지구의 물리적 성장이 한계에 다다랐음을 경고하였다. 현대 환경 운동과 지속 가능한 발전 담론을 이끌어낸 선구적인 기구로 평가받는다.

였죠.

　백남준은 이런 기술을 잘 활용하면 에너지를 아끼는 것은 물론, 산업 사회의 굴레인 '무한 성장'의 논리를 깨부수고 탈성장 사회로 나아갈 수 있다고 굳게 믿었습니다. 그가 예견한 일렉트로닉 슈퍼하이웨이의 세상은 사람들이 물리적으로 덜 움직이면서도 정보로 더 깊게 연결되는 넓은 의미의 공간이었죠. 그리고 이는 백남준 특유의 선불교적 가치관과도 맞닿아 있습니다. 기술이 인간을 더 바쁘게 몰아세우는 게 아니라, 오히려 아등바등 움직이지 않고도 앉은 자리에서 소통하며 칠다운Chill-down 할 수 있는 선禪적인 삶의 토대를 마련해줄 수 있다고요.

한류와 인터넷,
시민에서 망민으로

저는 백남준의 대표작으로 〈일렉트로닉 슈퍼하이웨이〉를 꼽고 싶어요. 저 역시 전문가가 아니라서 그의 방대한 작품 세계를 다 알지는 못하지만, 이 작품과 그 속에 담긴 메시지는 정말 강렬한 감동을 주거든요. 1995년, 수많은 TV들을 연결해서 미국 50개 주를 형상화한 이 대형 설치물은 현재 워싱턴 DC 스미소니언미술관에 소장되어 있죠. 실제로 보면 정말 압권입니다. 이 작품은 그가 기술을 매개로 전 세계인의 마음과 신명을 하나로 잇는 디지털 굿판을 벌이겠다는 예술가적 선언이었습니다.

　이 지점에서 한류와 백남준의 예술 세계를 연결해보면 그 의미가 아주 분명해집니다. 한류는 그 자체가 본질적으로 디지털 현상인데, 흔히 말하는 4차 산업혁명보다는 '1차 디지털혁명'이라고 부르는 것이 훨씬 정확할 것 같아요. 산업 사회의 주체가 도시에 사는 시민Citizen이었다면, 탈산업 사회(디지털 사회)의 주체는 네트워크에 사는 네티즌Netizen이기 때문입니다. 네티즌을 우리말로 풀면 결국 망민網民, 즉 연결망 속에 사는 사람들이라는 뜻인데 중국에서는 그렇게 부르고 있죠. 결국 백남준이라는 전자 무당이 예견하고 깔아놓은 그 망 위에서, 전 세계 망민들이 한류라는 콘텐츠를 타고 실시간으로 소통하며 새로운 문명을 만들어내고 있는 것이죠.

'시티즌'과 '네티즌'의 결정적인 차이는 소통의 구조에 있습니다. 도시에 모여 사는 시민은 국가나 기업 같은 중앙 권력이 일방적으로 보내주는 메시지를 수신하는 위치에 머무르며, 그 전달 방식 또한 중앙 집권적이고 일방향적일 수밖에 없습니다. 반면에 네트워크에 사는 사람들인 네티즌, 즉 망민은 중심이 없는 망 위에서 살아가기 때문에 모두가 송신자인 동시에 수신자가 됩니다. 산업 사회의 시민이 중앙의 메시지를 따라 움직였다면, 디지털 사회의 네티즌은 스스로 연결되고 소통하며 수평적인 관계를 맺는 주체가 됐죠.

네트워크 안에서는 모두가 각자의 중심이 됩니다. 지금 우리 책의 씨앗이 된 유튜브 채널 SPNS TV 역시 그러한 '각자의 중심' 중 하나죠. 저 또한 저만의 중심이 있고, 이 수많은 중심들이 거미줄처럼 얽혀 있는 것이 바로 우리가 말하는 월드 와이드 웹(WWW)의 본질입니다. 과거 프랑스혁명 때 시티즌들이 자신의 인권을 창조주Creator인 신으로부터 부여받았다고 믿었다면, 오늘날 네티즌들은 스스로가 직접 콘텐츠와 가치를 만들어내는 크리에이터가 됨으로써 신의 권능을 얻게 되었죠. 그리고 이런 새로운 세상에서 한국의 아티스트들이 만들어내는 한류는 말 그대로 '한국의 흐름', 즉 코리

2008년 작가가 생전에 바랐던 '백남준이 오래 사는 집'이라는 주제로 개관한
용인 백남준아트센터에 전시된 작품들

안 플럭서스Korean fluxus와 같습니다. 백남준이 활동했던 플럭서스 운동의 핵심은 정해진 틀에 맞춰 군인처럼 똑같이 사는 산업 사회의 방식을 거부하고, 각자가 고유한 흐름이 되어 서로 교류하며 진화하는 생태계죠. 결국 과거 예술가들이 꿈꿨던 그 예술적 영성이, 오늘날 한류라는 이름의 역동적인 디지털 흐름을 통해 전 세계 망 위에서 계승되어 구현되고 있는 것입니다.

　　이것이야말로 21세기를 살아가는 우리에게 닥친 가장 핵심적인 문명 전환의 변수라고 생각합니다. 지금 우리는 산업 사회에서 디지털 사회로 넘어가는 변곡점에 서 있는데, 최근 계엄이나 탄핵 국면에서 보여준 유튜브의 폭발적인 힘이 이를 증명하죠. 유튜브를 통해 누구나 스스로 채널링을 한다는 것이 구체적으로 무엇을 뜻하는지, 또 이 탈중심적인 힘이 사회를 어떻게 재구성하는지에 대해 이제는 진지한 사회적 논의가 필요합니다. 그런 점에서 백남준은 단순한 예술가를 넘어, 기술을 통해 권력을 분산시키고 영혼을 연결하려 했던 선구자로서 우리에게 소중한 영감을 주는 한국인입니다.

한국사의 원형을 추적하는 이번 책에서 14가지 테라피의 키워드 중 한 자리를 백남준의 철학으로 채웠다는 점을 조금 의아하게 여기는 독자들도 있을 것 같네요. 하지만 굿에서 드러나는 신기神氣처럼 백남준은 이성이나 합리에 갇히지 않고 직관적이며 육체적인 행위를 통해 거침없이 무언가를 표현해냈고, 이는 한국인의 정신적 원형과 무척 흡사하죠. 어찌 보면 용담사에서 무극대도를 깨달은 최제우가 춤을 추고 노래를 부르며 개벽을 이야기한 것과도 같은 맥락입니다. 살았던 시대는 달랐지만 어쩌면 두 사람의 몸과 마음 속에는 같은 피가 흐르고 있었던 것이 아닐까요?

　　더 중요한 것은 결과나 물질적 성과보다 축제^{Festivity} 그 자체를 목적으로 삼는 태도입니다. 굿이라는 것도 결국 잔치이자 놀이잖아요. 백남준은 이러한 예술 철학을 플럭서스라는 흐름 속에서 실험하며 마치 한류를 베타테스팅 했던 것은 아닐까요? 저는 한류의 씨앗을 백남준이 가장 먼저 발견했다고 생각합니다. 그리고 오늘날 한국이 더 이상 스스로를 창피해하지 않고, 오히려 자부심을 가질 수 있는 시기가 되었기 때문에 비로소 그 씨앗이 꽃을 피우고 있는 것이라고 믿어요. 사실 이 문화적 원형은 우리 안에 늘 있었지만, 그동안 남의 눈치를 보고 억압당하고 차별받으면서 우리의 철학과 삶의 방식을 스스로 지워왔을 뿐이죠. 이제는 당당히 우리의 멋과 흥을 우리의 이름으로 세계에 전할 수 있게 됐고요. 바로 그 점에서 저는 한국인들의 내면에 자리 잡은 열등감과 죄의식이 조금씩 치유되기 시작했다고 생각합니다. 이런 자랑스러운 시대를 여러분과 함께 나눌 수 있어서 정말 기쁩니다.

01 1932년 서울에서 태어나 한국전쟁의 풍파 속에서 일본과 독일로 건너가며 경계 없는 예술 세계를 구축한 백남준은 세계 최초로 'Electronic Superhighway'라는 개념을 제시함으로써 '전자 무당'을 자처했다.

02 그는 산업 사회의 수동적인 '시티즌(시민)'을 넘어, 스스로가 중심이자 송신자가 되어 수평적으로 연결되는 '네티즌(망민)'들이 주도하는 디지털혁명의 시대를 예언했다.

03 최근 전성기를 맞이한 한류의 뿌리에는 백남준이 실험했던 디지털 굿판의 흥과 멋이 자리하고 있으며, 더 나아가 오늘의 한류는 한국인의 문화적 원형인 신기神氣가 만나 결합해 탄생한 코리안 플럭서스의 확장이 아닐까?

테라피
5

무엇이 그를
나라를 팔아먹게
만들었을까?

매국

조선시대
비운의 베타메일,
이완용

조준호 PD

최근에 도쿄에 다녀온 적이 있는데요. 일본이라는 나라는 개인의 자율성과 타인에 대한 배려가 공존하는 그 특유의 '밸런스'가 참 대단하더라고요. 그러다 보니 자연스럽게 한일 관계를 고민하게 됐는데, 사실 우리가 일본의 영향을 많이 받았음에도 불구하고 우리 안에는 '일본을 좋아하면 안 된다'는 일종의 자기검열이 작동하잖아요? 한국인만큼 일본의 문화나 취향을 사랑하는 사람이 없을 텐데, 한편으로는 정말 극단적이고 무조건적인 '혐일'도 공존하죠. 한때 일본에 여행을 가는 것만으로도 친일파, 매국노로 취급하고 유니클로 같은 일본 브랜드에 대한 불매운동까지 일어났으니까요. 그래서 오늘 묻고 싶은 질문은 바로 '친일'입니다. 사실 한국인들은 대화 중에 친일이라는 단어만 나와도 부끄러움과 수치심을 느끼게 되는데, 우리 마음속에 깊이 박힌 이 부정적인 파동을 어떻게 치유할 수 있을까요?

'친일파는 무조건 나쁠까?'
일본어를 못하는 친일파

이 책의 궁극적인 목적은 결국 치유에 있습니다. 우리 민족에게 가장 깊은 상처이자 트라우마, 그리고 '한恨'으로 남은 사건은 누가 뭐래도 역시 일제강점기의 경험일 거예요. 다행히 이제 우리에게는 과거를 직시할 수 있는 힘과 자부심이 생겼습니다. 최근 헌법재판소 판결문에서 '대한 국민'이라는 표현을 마주했을 때 가슴이 웅장해졌습니다. 지난 세기 동안 한국인들은 스스로를 대한 국민이라고 부르기조차 힘들 만큼 큰 상처를 겪었기 때문일 겁니다. 하지만 이제는 비로소 그 아픈 역사를 있는 그대로 꺼내볼 때가 되었어요. 사실 한국사 테라피를 기획하며 가장 다루고 싶었던 주제가 바로 일제강점기와 한국전쟁이었습니다. 오늘의 질문을 시작으로, 한국사의 치유를 위한 대화를 본격적으로 풀어보겠습니다.

가장 유명한 친일파이자 매국노의 대명사, 그야말로 친일파의 아이콘이라고 하면 역시 을사오적의 리더 격인 이완용이겠죠. 그런데 이완용이 '나쁜 놈'의 대명사인 건 알겠는데 그가 왜 나쁜지 그 이유를 구체적으로 알고 있나요? 실제로 이완용은 나라를 팔아넘긴 대가로 막대한 부를 쌓고 죽기 전까지 호의호식하며 살았죠. 그는 우리나라 근현대사에서 부정할 수 없는 배신과 탐욕의 결정체로 군림하고 있습니다. 하지만 단순한 증오와 혐오만으로는 얻을 게 별로 없습니다. 이완용이 왜 그런 선택을 했고, 그런 선택이 왜 잘못됐는지를 이해해야만 진정한 테라피에 이를 수 있겠죠.

사실 우리나라에는 정부가 공식 인증한 '친일파 명단(인명사전)'이 나와 있습니다. 누가 언제 어떤 행위로 친일파가 되었는지 선과 악의 관점에서 분명하게 구분하고 있죠. 하지만 역사학자의 시각으로 깊이 들어가보면 인간이라는 존재는 그렇게 단순하지 않고 훨씬 복잡합니다. 이완용은 물론 누가 봐도 명백한 친일파지만, 많은 이들이 모르는 사실이 있습니다. 그가 독립협회 회장이었으며 독립문 건립에 조선인 중에서 가장 많은 돈을 후원했다는 점, 심지어 독립문의 현판을 쓴 사람이 이완용이라는 설이 유력하다는 사실들 말이죠. 나라를 팔아먹은 매국노가 독립협회 회장이었다니, 선뜻 이해하기 힘든 대목이죠?

더 모순적인 사실은 이완용이 정작 일본어를 전혀 못했다는 점입니다. 흔히 친일파라고 하면 일본어에 능통했을 것 같지만, 그는 우리가 상상하는 전형적인 친일파의 이미지와는 완전히 딴판이었습니다. 이완용은 일본인과 대화할 때조차 철저히 영어로만 소통했고, 심지어 이토 히로부미와 이야기를 나눌 때도 영어를 사용했습니다. 주미 대한제국 공사관에서 근무하며 미국에서 생활했던 이완용은 영어가 매우 유창했죠. 일본이 한국을 병합한 후 일본의 고위 관료이자 귀족으로 살아가면서도 그는 죽을 때까지 일본어를 배우지 않았습니다.

　　이완용의 생애를 찬찬히 뜯어보면 그 이유를 어느 정도 이해할 수 있습니다. 우리가 '친일파'라는 하나의 이름으로 누군가의 선택과 고민을 묶어버리면, 역사를 통해 얻을 수 있는 귀한 통찰을 놓치기 쉽습니다. 이완용이라는 인물 역시 편견을 내려놓고 그의 입장에서 들여다보면, 적어도 본인에게만큼은 논리적으로 타당했던 지점들이 보일 것입니다. 그리고 이 '논리'를 이해할 때 친일이라는 매국 행위에 대해 더 현명하게 반박할 수 있지 않을까요? 한국사에 왜 이런 인물이 탄생했는지 그 논리를 정확히 이해해야만 비극의 재발을 막을 수 있으니까요.

이완용과 서재필
같은 조건, 다른 선택

이완용은 서재필과 비슷하게 몰락한 양반 집안에서 태어났죠. 알고 보면 두 사람은 1882년 과거 급제 동기일 정도로 당대 최고의 똑똑한 엘리트들이었습니다. 하지만 서재필이 갑신정변으로 가족을 모두 잃는 비극을 겪었다면, 이완용에게는 그와는 결이 다른 개인적인 트라우마가 있었습니다. 바로 열 살이라는 어린 나이에 집안을 잇기 위해 양자로 입양된 경험이죠.

　　이완용은 조선의 유교적인 가부장 시스템 안에서 깊은 내면의 상처를 입은 인물로, 친부의 손에 이끌려 흥선대원군의 측근이자 실세였던 이호준의 집안으로 입양되었습니다. 어린 시절부터 양아버지에게 인정받아 후계자 자리를 지켜야 한다는 강박과 배다른 형제들과의 생존 경쟁 속에서 극심한 압박을 겪으며 성장한 이완용은, 그 과정에서 대의보다는 처세와 권력을 통해 가문을 보존하라는 양부의 가르침을 평생의 숙명으로 삼게 되었습니다. 서재필과는 달리 철저한 성리학적 세계관에 갇혀 서양 문물에는 무관심했던 그는 양반으로서의 기득권과 신분 질서, 재산을 지키는 것을 최우선으로 여긴 지독한 수구파로 성장했고, 이러한 폐쇄적인 사고방식은 급변하는 세계 정세 속에서 그를 오직 안위만을 계산하는 기회주의자로 만들었습니다.

물론 당시 상황이 그랬다고 해서 모두가 매국을 선택한 것은 아닙니다. 서재필은 일본에서 개화 문물을 보고 혁명을 꿈꿨지만 결코 친일파가 되지 않았고 오히려 친미파의 길을 걸었죠. 반면 이완용은 과거 급제 후 1887년 주미 조선 공사관 직원으로 부임해 3년 동안 미국에 머물며 영어를 완벽히 익혔고, 일찍이 신식 문물을 접하며 미국 대통령과 직접 대화할 기회까지 가졌습니다. 하지만 그는 미국에 매료되었을지언정 서재필이 지향했던 미국의 정신인 민주주의나 공화주의는 철저히 거부했습니다. 양자로 들어가 온갖 눈치를 보며 어렵게 과거에 급제해 사회적 지위를 얻었는데, 백성이 주인이라는 사상이 얼마나 위험천만해 보였겠어요? 민주주의의 ‘민’ 자만 들어도 그는 경기를 일으켰을 겁니다. 자신의 기득권을 위협하는 위험한 발상이었기 때문이죠. 결국 그가 미국에서 얻어온 것은 새로운 시대정신이 아니라, 세계 정세를 읽는 기민한 안목과 유창한 영어뿐이었습니다.

1890년 조선으로 돌아온 이완용은 청일전쟁과 더불어 우리 역사에 씻을 수 없는 상처인 을미사변을 목도하게 됩니다. 일본 낭인들이 궁궐에 난입해 왕의 부인을 시해한 이 충격적인 사건 속에

조선총독부 중추원 고문, 조선귀족원 회원,
일본제국군인후원회 평의원 등을 역임했던 이완용

서, 이완용은 고종을 러시아 공사관으로 피신시키는 아관파천을 주도적으로 기획합니다. '아관俄館'은 러시아 공사관을 뜻하고, '파천播遷'이란 임금이 전란 등의 급박한 사유로 도성(한양)을 떠나 다른 곳으로 피란하는 사태를 뜻합니다. 당시 아관이 있던 정동 일대에는 서양 외교관과 선교사들이 모여 살며 이른바 '정동파'라는 세력을 형성하고 있었는데, 미국 근무 경험과 유창한 영어를 갖춘 이완용 역시 자연스럽게 이 흐름에 합류했죠. 청나라가 힘을 잃은 상황에서 일본을 견제할 유일한 대안은 러시아라는 판단 아래, 철저한 기회주의자였던 그는 당시의 대세였던 러시아에 몸을 맡긴 것입니다.

러시아는 부동항 확보와 북한 지역의 목재 자원 등 경제적 이권을 노리며 조선 진출을 꾀하고 있었습니다. 이완용은 이 점을 놓치지 않고 러시아 공사관에 '우리가 일본에 넘어가면 당신들의 이권도 끝이니, 내가 고종을 데리고 공사관으로 피신하겠다'는 파격적인 제안을 던집니다. 러시아 공사관 안에 왕이 머물게 되면 일본으로서도 침범 시 러시아와의 전쟁을 각오해야 하기에 함부로 움직이지 못할 것이라는 계산이었죠. 고종은 신변의 안전을 보장받고, 러시아

HISTORY KEYWORDS

아관파천

1896년 2월, 고종이 경복궁을 떠나 러시아 공사관으로 거처를 옮긴 사건이다. 을미사변 이후 신변에 위협을 느낀 고종이 러시아의 힘을 빌려 일본의 영향력에서 벗어나고자 감행하였다. 약 1년 동안 대한제국의 정치는 러시아 공사관에서 이루어졌으며, 이 과정에서 친일 내각이 무너지고 친러 세력이 등용되었다. 그러나 러시아를 비롯한 열강에게 광산 채굴권, 삼림 채벌권 등 수많은 이권이 넘어가는 계기가 되었으며, 국가의 주권과 위신이 크게 훼손되는 결과를 초래하였다.

는 일본을 효과적으로 견제할 수 있다는 이해관계가 맞아떨어지면서 이완용이 기획한 아관파천은 결국 성공을 거두게 됩니다. 정말 창피한 일이지만, 고종은 1896년 2월 11일 이완용과 함께 왕의 체통 따위는 내던져버린 채 상궁이 타는 가마에 몸을 숨겨 다른 나라의 영토인 러시아 공사관으로 도망치듯 피신했습니다. 이 비극적이고 우스꽝스러운 '국왕 피신 작전'을 성공시킨 공로로 이완용은 왕의 두터운 신임을 얻습니다. 이후 1897년 2월 20일까지 무려 1년 9일간 조선의 왕은 경복궁을 비우고 아관에서 머물게 되죠.

이완용은 당시 독립문을 세우고《독립신문》을 발행하던 독립협회의 주축이자 정동파의 일원으로서 나라의 개혁과 개화를 논하고 있었지만, 그 이면을 들여다보면 결코 러시아나 미국을 진심으로 지지한 것이 아니었습니다. 그에게 외세를 이용한 일본 견제나 왕의 보호는 결국 자신의 권력을 공고히 하고 더 높은 자리로 올라가기 위한 철저한 생존과 처세 수단 그 이상도 이하도 아니었습니다. 이런 의미에서 그는 '친일'파도 '친러'파도 아닌, 철저한 '친자신'파였다고 볼 수 있습니다. 자신이 속한 대한제국의 질서를 지키고 싶어했고, 양반이라는 기득권을 사수했으며, 그 안에서 자신의 권력과 재산을 보호하는 것이 일생일대의 미션이었죠.

이 시기까지만 해도 그는 일본을 좋아하기는커녕 오히려 일본을 견제하기 위해 러시아에 기댄 전형적인 친러파이자 독립협회 회장이었습니다. 그가 독립협회를 이끌며 '우리나라는 폴란드처럼 타국의 노예가 되어선 안 되며 반드시 미국처럼 되어야 한다'라고 역설했던 연설문을 읽다 보면, 그 시절 지식인들이 상상했던 조선의 독립이라는 꿈이 얼마나 다채로웠는지 알 수 있습니다. 다만 이완용이 바랐던 독립의 모습은 서재필이 꿈꾼 민주공화국은 아니었습니

1896년 2월부터 약 1년간 고종이 칩거했으나,
1950년 한국전쟁 때 파괴되어 형체만 남은 러시아 공사관의 모습

다. 이완용은 왕의 권위를 유지하는 입헌군주제라는 틀 안에서 서양의 문물을 받아들여 나라의 체급을 키우고, 결과적으로 자신의 부와 명예까지 유지하고 싶었던 것이죠.

'이렇게 된 이상 미국 공사관으로 간다' 안중근, 이토 히로부미, 이완용이 공유한 '공포'라는 감정

1900년경 양아버지가 세상을 떠나면서 이완용의 삶에 큰 변곡점이 생깁니다. 그가 엄청난 수구파였다는 증거가 여기서 극명하게 드러나는데, 어떤 면에선 지독할 정도로 고전적인 양반의 모습을 보여주죠. 조선에서 진정한 양반이라면 부모상에 삼년상을 치르는 게 기본이었기에, 이완용은 1900년부터 1904년까지 정계에서 완전히 사라져 아버지 무덤 옆을 지킵니다. 서재필이 유교의 온갖 구습을 타파의 대상으로 보고 삼년상 따위는 거들떠보지도 않았던 것과는 정반대의 행보죠. 이완용은 조선을 통째로 들어 일본에 넘길 정도로 국가에 대한 충성심과 애정이 희박했지만 그 누구보다 성실히 조선의 국가 이념인 성리학을 신봉했습니다. 미국에서 3년을 살며 영어를 유창하게 구사하면서도 끝까지 기독교를 거부하며 이승만이나 서재필처럼 개신교인이 되지 않았습니다. 매우 역설적인 인물이죠. '나는 양반이고 유교를 따르는 조선의 수구파다'라는 정체성이 확고했기에, 친부도 아닌 양아버지를 위해 삼년상을 고집하며 가문의 대를 잇는 정통성에 집착했던 것입니다.

　1904년경, 이완용은 삼년상을 마치고 수구파의 리더로서 정계에 화려하게 복귀합니다. 그런데 그가 돌아온 세상은 완전히 바뀌어 있었습니다. 바로 러일전쟁이 터진 것이죠. 10년 전 아관파천 때만 해도 감히 러시아에 덤비지 못했던 일본이, 그사이 몰라보게 강해져 러시아를 꺾어버리는 대사건이 벌어집니다. 이건 정말 말이 안 되는 사건이었습니다. 극동의 작은 섬나라 일본이 당시 세계 열강들 사이에서도 순위를 다투던 초강대국 러시아 함대를 격파했다? 이 사건은 동양 국가가 서양 근대 국가를 이긴 최초의 전쟁이었기에, 일본의 '급'을 단숨에 서구 열강과 어깨를 나란히 하는 위치로 수직 상승시켰죠.

사실 1903년에 영국은 산업화에 성공한 일본과 영일동맹을 맺어주었습니다. 조선이나 중국과는 급이 안 맞는다며 외면했었는데 말이죠. 그 힘을 바탕으로 일본이 백인 국가인 러시아를 서양식 전쟁으로 이겨버리니, 전 세계에 어마어마한 지각 변동이 일어난 겁니다. 오죽하면 우리가 잘 아는 안중근 의사조차 당시에는 일본의 승리를 두고 '동양의 희망'이라며 크게 기뻐했을 정도였으니까요. 독립운동의 상징인 안중근 의사가 일본의 승리에 환호했다는 사실이 지금 우리에겐 참 이상하게 들리죠. 하지만 당시 안중근에게 시급했던 건 단순히 일본의 위협을 넘어, 서구 열강이라는 오랑캐들이 동양 전체를 집어삼키려는 문명적 위기였습니다. 동양인으로서 자존심이 상해 있던 차에 일본이 보여준 승리는 그에게 새로운 희망으로 다가왔습니다. 뒤에서 자세히 다루겠지만, 실제로 안중근은 하얼빈 의거를 일으킨 행동가일 뿐만 아니라 동양평화론을 주창한 위대한 사상가였습니다. 재미있는 건 안중근의 이 사상이 일본의 정치가이자 을사늑약을 주도한 이토 히로부미의 생각과 궤를 같이한다는 사실입니다.

안중근과 이토 히로부미는 한국과 중국과 일본 동양 3국이 연합해 지금의 유럽연합(EU) 같은 공동체를 구성함으로써 서구의 침략에 맞서야 한다는 일종의 범아시아주의적 연대 의식을 공유했어요. 이토 히로부미 역시 안중근, 이완용처럼 서구에 대한 '공포'를 느끼던 인물이었기 때문이죠. 서구 열강이 동양의 마을들을 초토화하는 참상을 목격하고는 정신을 차려 영국 유학을 떠났고, 일본에 돌아와 근대화를 이끌었죠. 그 역시 한국과 중국과 일본이 힘을 합쳐야 한다고 믿었지만, 비극적이게도 그 방식은 일본을 중심으로 한 식민 지배로 이어지고 말았습니다. 어쨌든 러일전쟁 당시만 해도 안중근은 동양의 힘이 증명되었다며 진심으로 기뻐하던 분위기였습니다.

그런데 흥미롭게도 이완용은 이 상황을 전혀 다르게 받아들였어요. 동양의 승리에 환호하기는커녕, 특유의 예민한 촉으로 이렇게 미래를 내다봤죠. '이러다 정말 일본이 조선을 병합하겠구나. 그럼 내 입지는 어떻게 되는 거지?'라며 자신의 안위부터 걱정하기 시작한 겁니다. 친일과 매국이라는 프레임을 빼고 보면 정치가로서 정말 뛰어난 촉이죠. 이때 그가 떠올린 아이디어는 자신이 이미 10년 전 한 번 실행에 옮겼던 '작전'이었습니다. 러시아는 이미 일본에게 패배해 힘을 잃었고, 영국은 일본과 한편이니 기댈 곳이 되지 못했습니다. 결국 남은 선택지는 단 하나, 미국뿐이었죠. 유창한 영어 실력을 갖춘 이완용은 이번에는 고종을 미국 공사관으로 피신시키는 이른바 '미관파천'을 다시 한번 치밀하게 기획하기 시작합니다.

이완용은 미국 측과 긴밀히 접촉한 뒤 고종에게 달려가 호기롭게 제안합니다. 아마 이렇게 말했을 겁니다. "폐하, 10년 전 제가 아관파천을 성공시켰던 일을 기억하시지요? 이번엔 미국입니다. 제 영어 실력과 인맥을 동원해 미국 공사관으로 모시겠습니다!" 하지만 그가 놓친 건 냉혹한 국제 정세의 흐름이었습니다. 이미 미국은 일본과 가쓰라—태프트 밀약을 맺고 손과 발을 모두 맞춰둔 상태였죠. '미국은 필리핀을 지배하고, 일본은 조선을 지배한다'는 비밀 구두 합의, 기억 나시죠? 이완용이 아무리 유창한 영어로 미국 공사관의 문을 두드려봐야 씨알도 안 먹히는 상황이었고, 결국 이 미관파천 계획은 처참하게 실패하고 맙니다. 왕 앞에서 체면은 구겨질 대로 구겨졌고, 자칫하면 고종의 눈 밖에 나 권력의 중심에서 완전히 밀려날 절체절명의 위기에 몰렸죠.

양아버지라는 든든한 배경마저 사라진 상황에서 믿을 구석이 없어진 이완용은 곧바로 일본으로 향합니다. 원래 그에게 왕을 지킨다는 건 결국 자신을 지키기 위한 수단이었는데, 미관파천의 실패로 왕을 지킬 카드마저 사라지자 주저 없이 선택지를 바꾼 것이죠. '왕을 못 지킨다면 나라도 살아야겠다'는 생각으로 일본에 모든 것을 의탁한 이완용은 결국 1905년 우리가 '을사늑약'이라고 부르는 제2차 한일협약(을사조약)을 주도합니다. 대한제국의 외교권을 완전히 박탈해버린 이 조약으로 인해 조선은 명목상의 국호만 남았을 뿐 스스로 아무것도 결정할 수 없는, 사실상 독립국 지위를 상실한 껍데기 국가가 되어버렸습니다.

그로부터 2년 뒤인 1907년, 이완용은 마침내 이토 히로부미에 의해 내각 총리대신으로 임명됩니다. 이토 히로부미가 '조선 신하들 중 제일 말이 잘 통한다'며 그를 앉힌 건데, 이때도 두 사람은 영어로 대화를 나눴습니다. 이로써 이완용은 을사오적을 넘어 한국사에 명실상부한 친일과 매국의 대명사로 등극하게 됩니다. 그의 치부는 정말 악랄했는데, 왕보다 돈이 많다는 소문이 돌 정도로 엄청난 부를 쌓았습니다. 실제로 그는 왕 다음가는 조선 최고의 자산가였으며, 일제강점기 내내 나라를 판 대가로 막대한 땅과 돈을 긁어모으며 호의호식했죠.

서재필의 동지이자 훗날 자신도 친일의 길을 걷게 되는 윤치호조차 당시의 이완용을 향해서는 '원칙도 신념도 없는 쓰레기 같은 기회주의자, 인간 말종'이라며 경멸을 쏟아냈습니다. 이완용의 악명은 후대의 평가가 아니라 당대 조선 백성들에게도 이미 하늘을 찌를 정도였죠. 그런데 참 묘한 것은, 그가 나라를 팔아 얻은 막대한 부를 쌓아두고도 정작 본인의 생활은 검소했다는 점입니다. 화려한 성찬 대신 샌드위치로 끼니를 때우며 돈을 아꼈던 그는, 1910년 한일합병 이후 일본의 귀족(후작)으로서 부귀영화를 누리다 1926년 천수를 다하고 눈을 감았습니다.

결국 이완용을 친일파나 매국노라고 부를 때 우리가 반드시 직시해야 할 지점은 그의 변화하는 인생 전체입니다. 그가 수구파에서 친러파로, 다시 친러파에서 친미파를 거쳐 순식간에 친일파로 갈아타며 끝내 성공을 거머쥐었던 그 영악한 태세 전환의 과정 말

HISTORY KEYWORDS

을사조약

1905년 일제가 대한제국의 외교권을 박탈하기 위해 강제로 체결한 조약이다. 정식 명칭은 '한일협약'이나, 고종 황제의 비준 절차를 거치지 않았고 일제의 군사적 위협 아래 강압적으로 이루어졌기에 '을사늑약'이라고도 불린다. 이 조약으로 인해 통감부가 설치되어 일본이 대한제국의 내정과 외교를 사실상 장악하게 되었으며, 대한제국이 일제의 식민지로 전락하는 결정적인 계기가 되었다. 이에 항거하여 민영환 등은 자결로 뜻을 표했고, 전국 각지에서 을사의병이 일어나는 등 거센 저항 운동이 전개되었다.

이죠. 서서히 변화해가는 이 매국의 과정 속에서 '친일'이라는 행위가 갖는 진정한 위험성을 포착할 수 있기 때문입니다. 단순히 일본에 나라를 팔아먹었다는 사실이 나쁜 게 아니라, 기회주의적으로 강자에게 야합하는 그 근성이 정말로 위험하다는 것임을 놓쳐선 안 됩니다.

　그는 일본이라는 나라에 매료되었거나 그 문화를 사랑해서 손을 잡은 것이 결코 아니었습니다. 일본을 배우려 하지도 않았고 잘 알지도 못했으며, 그저 당시 가장 강력한 '힘'이 일본에 있었기에 그 흐름에 올라탄 것뿐이죠. 죽는 순간까지도 일본어를 배우지 않고 꼿꼿하게 양반으로서의 자의식을 유지했던 점을 보면, 그는 일본인이 되고 싶었던 것이 아니라 일본이라는 격랑을 타고 자신의 가문과 기득권이라는 섬을 지키려 했던 '오리지널 수구파'였습니다.

트라우마의 이해
윤석열과 이완용

사실 친일파 중에는 나름의 신념을 가지고 친일을 주장했던 이들도 많았습니다. 나중에 더 깊이 나누겠지만, 당시 친일은 개화라는 절박한 시대적 과제와 맞물려 있었거든요. 일본이 먼저 서양을 본떠 근대화에 성공했고 심지어 러시아까지 꺾었으니, 우리도 일본을 모델 삼아 개화해야 한다는 논리였습니다. 그런 맥락에서 본다면 안중근 의사조차 러일전쟁 승리 직후까지는 일본의 행보에 기대를 걸었던, 엄밀한 의미의 '전략적 친일'의 범주에 있었다고 볼 수도 있습니다. 분명 충격적인 지점이겠지만 부정할 수 없는 역사적 팩트입니다. 이처럼 안중근의 삶 역시 단순히 독립운동가와 친일파의 이분법으로 평가하기에는 지나치게 복잡한 면모가 있습니다. 우리 사회에서 안중근과 이완용을 각각 선과 악의 전형으로 보기에 이런 주장을 입 밖으로 내기는 쉽지 않지만, 정작 안중근이 일본을 긍정할 때 이완용은 오히려 자신의 안위를 위해 일본을 경계했다는 사실은 역사의 지독한 아이러니가 아닐 수 없습니다.

이완용의 삶을 따라가다 보면 그의 선택들이 적어도 본인의 세계관 안에서는 지극히 합리적이었다는 사실을 깨닫게 됩니다. 근현대사 인물 중에서 이완용처럼 일관적으로 살다 죽은 사람도 드물죠. 이는 대한민국의 군 통수권자의 자격으로 계엄을 발동했다가 결국 감옥에 갇힌 검사 출신 대통령 윤석열의 삶과도 겹쳐지는 면이 많습니다. 어쩌면 그 사람도 평생 대한민국 검사의 자격으로 누군가를 수사하고 응징하며 사회적 보상을 받아온 방식대로 자신만의 애국을 실천한 것일 수도 있으니까요. 사실 이완용을 '친일파'라는 레이블 안에 가두는 것 자체가 어불성설이에요. 그 사람은 일본을 사랑한 게 아니라, 그저 압도적인 힘에 기생해서 자기 안위를 챙

HISTORY KEYWORDS

친일 청산

해방 이후 일제강점기에 일제와 협력하며 민족에게 고통을 주었던 반민족 행위자들의 죄를 묻고 그 잔재를 척결하려 한 역사적 과업이다. 1948년 반민족행위특별조사위원회(반민특위)가 구성되어 활동을 시작하였으나, 이승만 정부의 비협조와 친일 세력의 방해로 인해 실질적인 처벌로 이어지지 못한 채 해체되었다. 이는 한국 근현대사에서 역사 정의를 바로세우지 못한 미완의 과제로 남아 있으며, 사회 전반에 걸친 권력 구조와 가치관 형성에 깊은 영향을 미쳤다.

긴 정치적 난민이자 비겁한 베타 메일에 가깝거든요. 진짜 원칙과 신념을 가지고 일본을 좋아해서 일본어까지 마스터한 '찐 친일파'들과는 근본부터 다릅니다. 이완용은 창씨개명조차 제대로 안 하고 자기 이름을 일본식 발음으로 부르는 시늉만 했을 정도로 일본이라는 나라에 관심이 없었어요. 평생 일본어도 제대로 못 해보고 죽은 사람을 어떻게 일본과 친한 사람이라고 부르겠어요?

　　우리가 이완용의 친일 행적의 뿌리를 어린 시절 입양 트라우마에서 찾거나, 히틀러의 광기를 미대 낙방 같은 개인사로 분석하는 것은 그들에게 면죄부를 주기 위함이 아니라, 극악무도한 선택 이면에 숨겨진 해괴하고 뒤틀린 배경을 있는 그대로 이해하려는 시도입니다. 그리고 '과거의 이해'는 트라우마 치료의 가장 기본이죠. 저는 한국 사람들이 이완용을 두고 어쩌다 그런 사람이 되었는지 그 복잡하고 슬픈 맥락을 가감 없이 드러내고 이야기할 수 있을 때, 비로소 한국사의 해묵은 상처와 분열된 사회를 치유할 수 있는 실마리가 풀릴 것이라고 생각합니다.

과연 이완용 같은 삶에서도 배울 게 있을까요? 팩트만 놓고 보면, 그는 평생 욕은 먹었을지언정 마지막 순간까지 잘 먹고 잘살았습니다. 그게 가능했던 유일한 이유는 신념 따위는 버리고 오직 이익과 출세, 권력 유지라는 목표를 위해 수구에서 친러, 친미, 친일로 끊임없이 갈아탄 베타 메일 특유의 처세술 덕분이었죠. 사실 각자도생이 일상이 된 지금의 무한 경쟁 사회에서도 이런 방식이 꽤나 잘 먹히는 게 현실이라 씁쓸하기도 합니다.

　　하지만 스스로에게 한번 물어보자고요. 조선 최고의 부자가 되었던 이완용의 삶이 과연 우리가 진정으로 지향해야 할 목표일까

대한제국의 마지막 황태자 영친왕과 이완용,
그리고 이토 히로부미가 함께 찍은 사진

요? 돈과 권력만 챙기면 그만인 인생이 정말로 바람직할까요? '이완용은 친일파인가?'라는 질문에 대해 저는 이런 질문들을 다시 돌려주고 싶습니다.

요? 돈과 권력만 챙기면 그만인 인생이 정말로 바람직할까요? '이완용은 친일파인가?'라는 질문에 대해 저는 이런 질문들을 다시 돌려주고 싶습니다.

01 이완용은 일본을 사랑한 '신념형 친일파'가 아니라, 서자 출신의 베타 메일이라는 출생의 한계와 유년기 입양 트라우마로 형성된 기득권 집착에 충실했던 철저한 '기회주의적 출세가'였다.

02 독립운동가 안중근이 동양평화론에 입각해 일본을 긍정했을 때, 나라를 통째로 일제에 팔아넘긴 이완용이 오히려 자신의 안위를 위해 일본을 경계했다는 사실은 역사의 지독한 아이러니이다.

03 '욕을 먹어도 돈만 많으면 성공'이라는 성공 지상주의의 비참한 원형을 보여주는 이완용의 삶을 통해 우리는 한 인물의 복잡한 서사를 직시할 때 비로소 분열된 역사의 치유가 시작될 수 있다는 사실을 깨닫는다.

테라피

6

한국과 일본은
친구가
될 수 있을까?

평화

나라를 위해
몸부림친 두 남자,
안중근과 이토 히로부미

조준호 PD

제게 일본인 친구들이 몇 명 있는데요. 친구들을 만나보면 다들 참 착하고 배려심도 깊어서 개인적으로는 금방 친해지곤 합니다. 예의도 바르고요. 그런데 참 신기하죠. 개인 단위에서의 관계는 이렇게 좋은데, 한국과 일본이라는 국가 단위의 관계로 마주하면 우리 안에 깊이 박힌 반일 감정이 불쑥 고개를 드니 말입니다. 그래서 오늘 제가 던지고 싶은 질문은 이겁니다. "과연 한국과 일본은 진정한 친구가 될 수 있을까?" 한국과 일본의 사이가 이렇게 꼬여버린 결정적인 계기는 물론 일제강점기일 텐데요. 특히 각자의 나라에선 영웅이자 서로에겐 철천지원수인 안중근과 이토 히로부미가 하얼빈에서 마주쳤던 그 사건을 빼놓을 수 없을 것 같아요. 오늘 이 두 남자의 비극적인 운명을 정면으로 마주하고 나면, 100년 넘게 이어진 이 갈등을 치유할 테라피 포인트를 찾을 수 있지 않을까요?

우리는 그들을,
그들은 우리를 용서할 수 있을까?

모든 치유의 시작은 관계로 인해 발생한 상처를 들여다보는 일에서 출발합니다. 사랑받지 못했거나, 믿었던 이에게 배신을 당했거나, 혹은 참혹한 폭력 속에 소중한 이를 잃었을 때 생기는 깊은 흉터 말이죠. 지난 시간에 우리 역사 최고의 빌런으로 이완용을 꼽았지만, 사실 그는 앞잡이였을 뿐 그 뒤에서 몰래 판을 짰던 진짜 몸통은 따로 있었습니다. 바로 이토 히로부미죠. 재미있는 건 이토 히로부미가 기획하고 설계한 한일합병 프로젝트가 1910년 한일병합조약으로 결실을 맺었지만, 정작 병합의 주도자였던 이토는 1년 전인 1909년 죽는다는 사실입니다. 그는 1910년 일제강점기 이후 식민지 조선에 부임한 총독도 아니었고 그 뒤로도 수많은 악랄한 총독들이 거쳐 갔지만, 한국인들의 뇌리 속에는 제국주의 일본의 '끝판왕 빌런'은 이토 히로부미라는 인식이 박혀 있죠.

일본에서 이토 히로부미는 어떻게 평가받고 있을까요? 그는 일본의 근대화를 이끈 불세출의 영웅으로 추앙받습니다. 마치 우리에게 안중근 의사가 불멸의 영웅인 것처럼 말이죠. 메이지 유신을 이끈 주역이자 일본 최초의 총리이며, 일본 헌법을 기초한 근대 국가의 아버지로 통하고 있고요. 불과 30년 전까지만 해도 일본의 1000엔권 지폐 모델이 바로 이토 히로부미였으니, 그들에게는 우리나라의 세종대왕이나 퇴계 이황 같은 위인 중 한 명인 셈입니다. 안중근 역시 한국사에서 갖는 위상은 말할 것도 없을 정도로 대단하죠. 그의 삶은 영화나 뮤지컬로도 끊임없이 제작될 만큼 이순신 장군과 더불어 영웅의 대명사로 꼽힙니다. 심지어 일본에는 안중근을 모시는 신사가 있을 정도로 그를 숭모하는 일본인들도 적지 않습니다.

오늘 여러분과 나누고 싶은 테라피는 바로 이겁니다. 그렇다면 이웃 나라의 영웅과 우리나라의 영웅, 심지어 두 영웅 중 한 명이 다른 한 명을 죽여버린 이 역사적 기억을 공유하는 두 나라가 과연 친구가 될 수 있을까요? 친구가 된다는 건 결국 화해를 의미하고, 화해를 하려면 서로 공유하고 공감할 수 있는 공통된 서사가 필요하거든요. 우리가 싸웠다는 건 결국 현상을 보는 관점이 달랐다는 뜻입니다. 상대방이 봤을 때는 내가 잘못한 것이고, 내가 봤을 때는 상대방이 잘못한 것이니까요. 물론 실제로 한 명이 잘못했을 수도 있습니다. 하지만 상처를 치유하려면 과거의 기억을 꺼내보면서 상대방을 용서하고, 무엇보다 나 스스로를 용서할 수 있어야 합니다.

이토 히로부미는 대체 어떻게 일본에서 영웅이 되었을까요? 지난 시간 이완용이 어쩌다 그런 선택을 했는지 따져봤듯이, 이토 히로부미가 어쩌다 일본의 영웅이 되었는지, 그리고 그가 이웃나라인 조선을 왜 그토록 병합하려고 했는지 들여다볼 필요가 있습니다. 과연 일본의 영웅과 한국의 영웅은 우리가 생각하는 것처럼 정말 서로 협력할 수 없는 사이였을까요? 저는 이 질문을 여러분께 꼭 던져보고 싶었습니다.

군사 작전인가,
개인적 살인인가?

우선 20세기 초 동아시아 지각에 거대한 변동을 준 안중근의 이토 저격 사건부터 시작해보죠. 우리는 교과서에서 1909년 하얼빈역에서 안중근이 이토를 총으로 쏘아 죽였다고 배웁니다. 그런데 이게 글로 쓰면 쉽지 총으로 사람을 쏘아 죽인다는 게 보통 쉬운 일은 아닙니다.

안중근은 어렸을 때부터 총을 아주 잘 쏘는 명사수였다고 합니다. 그런데 사실 그는 이토 히로부미가 어떻게 생겼는지도 잘 몰랐습니다. 하얼빈역에서 저격하기 직전까지도요. 당시에는 사진이 흔치 않았으니 지금처럼 구글 검색으로 얼굴을 확인하고 저격할 수 있는 상황이 아니었죠. 하얼빈역에서 기다리면서도 대체 누가 이토인지 확신하지 못하다가, 누군가 '이토'라고 불렀을 때 반응하는 그 찰나를 포착해서 1초의 머뭇거림도 없이 방아쇠를 당겼다고 합니다. 엄청난 순발력과 고도의 사격 기술이 갖춰지지 않았다면 결코 성공할 수 없었겠죠. 참고로, 당시 이 사건은 러시아 땅에서 일어났기 때문에 원래대로라면 일본의 재판을 받을 필요도 없었습니다. 이토가 러시아 사람들을 만나고 오던 길에 안중근이 방아쇠를 당긴 것이니까요.

안중근은 이토 히로부미를 거꾸러뜨린 직후 현장에서 "코레아

우라!"를 세 번 외칩니다. '대한 만세'라는 뜻이죠. 흔히 러시아어로 알려져 있지만, 사실 당시 국제 공용어였던 에스페란토라는 설이 유력합니다. 이게 왜 중요하냐 하면, 안중근이 단순히 원수에 대한 분노로 방아쇠를 당긴 게 아니라는 증거거든요. 자신의 행위가 국제법적으로 어떤 무게를 갖는지, 세계만방에 어떤 메시지로 읽힐지를 사전에 철저히 계산하고 쏜 정치적 결단이었다는 뜻입니다.

안중근은 재판정에서도 당당했습니다. 자신이 단순한 암살자가 아니라 일제에 항거하기 위해 조직된 조선의 항일 의병부대 '대한의군' 중장의 자격으로, 즉 대한제국 정식 군대의 장군으로서 우리 영토를 강점한 불법 침략자의 수장을 쏜 것이라고 못 박았죠. 그는 을사조약 자체가 국제법적으로 무효이며 불법이라는 점을 분명히 했습니다. 이건 당시 고종 황제와 헐버트의 입장과도 일치하는 부분이었어요. 안중근이 이런 날카로운 국제법적 인식을 가질 수 있었던 건 헤이그 특사였던 이상설 선생에게서 깊은 가르침을 받았기 때문입니다. 그의 총성은 '개인적 분노로 악인을 처단하겠다'는 사적인 복수가 아니라, 대한제국의 한 군인이 전쟁의 한복판에서 적국의 수장을 타격한 엄연한 교전 행위였음을 전 세계에 선포한 것입니다.

HISTORY KEYWORDS

헤이그 특사

1907년 고종 황제가 을사늑약의 부당함을 국제 사회에 알리기 위해 네덜란드 헤이그에서 열린 제2회 만국평화회의에 이준, 이상설, 이위종을 파견한 사건이다. 비록 열강의 외면으로 회의 참석은 무산되었으나, 일제의 침략상을 세계에 폭로하는 계기가 되었다. 이 사건을 빌미로 일제는 고종을 강제 퇴위시키고 한일 신협약을 체결하며 침략의 수위를 높였다.

안중근은 일본의 거센 압박 속에 일본 재판부로 넘겨져 일본 법에 따라 재판을 받게 됩니다. 일본은 다른 한국인이나 외국인 변호사의 조력은 원천 봉쇄한 채, 오로지 자기들이 붙여준 일본인 국선 변호사만 허용했죠. 그렇게 안중근은 일본인 변호사의 도움을 받으며 일본인 판사 앞에 서서 스스로를 변론하는 시간을 가졌습니다. 일본으로서도 자신들이 근대적인 법치 국가라는 정당성을 세계에 보여줘야 했거든요. 비록 사형이라는 결론은 이미 정해져 있었을지언정, 겉으로는 그럴듯한 사법 재판 절차를 거치는 형식을 취했던 겁니다.

뤼순형무소의 차가운 창살 안에서도 안중근은 꺾이지 않았습니다. 오히려 그곳에서 이토 히로부미가 저지른 15가지 죄목을 세상에 당당히 공표하죠. 자신이 왜 이토를 죽였는지, 그리고 그게 왜 정당한지를 조목조목 나열했어요. 보통의 정신력을 가진 사람이었다면 제정신으로 그 감옥에서 숨쉬는 것도 힘들지 않았을까요? 그런데 그가 지적한 15가지 죄목들을 찬찬히 뜯어보면 우리가 흔히 짐작하는 독립운동가로서의 분노 그 이상의 복잡한 맥락이 읽힙니다. '아니, 안중근이 대체 왜 이런 주장까지 했을까?' 싶은 의문이 드는 묘한 지점들이 꽤 있거든요. 이 부분은 뒤에서 자세히 살펴볼게요.

재판의 결론은 사형이었습니다. 일본의 논리는 명확했어요. '이건 군인 대 군인의 교전이 아니라, 비겁한 암살이다'라는 거였죠. 일본의 눈에 안중근은 그저 체제를 위협하는 테러리스트에 불과했습니다. 한국의 주권 자체를 인정하지 않았으니, 그의 행위를 국제법상 정당한 전쟁 행위가 아니라 게릴라 반란군이나 반국가 세력이 저지른 단순 범죄로 몰아갔습니다. 안중근의 군인 신분을 부정함으로써 그의 거사를 법적 근거가 없는 폭력으로 격하시킨 것이죠.

©한국학중앙연구원

1909년 하얼빈 의거 후 뤼순 감옥으로 이송되어
촬영된 것으로 추정되는 안중근의 사진

　　당시 대한제국 황제였던 순종은 이토가 죽은 뒤에도 그가 구축해둔 철저한 감시 시스템 아래 있었기 때문에 안중근을 '나쁜 사람'이라고 말했지만, 일반 국민들과 독립운동가들에게 그의 거사는 너무나 영웅적인 행위였습니다. 다만 국제법상으로 안중근의 행위가 테러가 아닌 군사 행위임을 입증하려면 실제 군대 소속이라는 근거가 필요했습니다. 그래서 안중근은 대한의군 의병 부대의 '김두성 장군'의 명령을 따랐다고 주장했습니다. 하지만 김두성이라는 인물은 지금까지도 정체가 밝혀지지 않아 가상의 인물일 가능성이 큽니다. 안중근의 어릴 적 이름이 몸에 점이 일곱 개 있어 '응칠'이었던 것처럼, '김두성金斗星'이라는 이름도 실은 북두칠성에서 따와 일제를 골탕 먹이려고 만든 가상의 장군이었다는 설이 유력하죠.

　　안중근은 군인의 신분으로 이토를 저격한 것인가, 아니면 개인의 자격으로 살인을 저지른 것인가? 이 부분은 아직까지도 불명확합니다. 명령 체계가 정확히 어떠했는지는 불분명할지라도 안중근이 군인이었다는 사실은 변함이 없습니다. 다만 쟁점은 이 행위가 군복을 입고 정정당당하게 맞붙은 전쟁이 아니라 '암살'의 형식을 띠었다는 점입니다. 민간인들이 뒤섞인 기차역에서 평복 차림으로 총을 숨기고 있다가 저격했기 때문이죠. 그래서 이를 적국에 침투한 스파이나 정보 요원이 수행하는 특수 군사 행위로 볼 여지도 충분하기 때문에 지금까지도 이 지점을 두고 국제법적으로나 역사적으로 논쟁이 이어지고 있습니다.

"일본의 리더십을 따르자?"
유럽에는 EU, 아시아에는 AU

저는 국제법적인 잣대도 중요하지만, 안중근이 실제 재판에서 했던 변론과 죽는 순간까지 감옥에서 집필한 자서전 『안응칠 역사』, 그리고 『동양평화론』이라는 두 책에 주목하고 싶습니다. 그는 『동양평화론』을 완성하고 죽을 수 있게 해달라고 일본 재판부에 요청했고, 당시 판사는 안중근의 인성에 감탄해 시간을 주겠다고 약속까지 했었죠. 결국 일본 정부의 압력 때문에 그 약속을 깨고 바로 사형을 집행하긴 했지만 재판 당시 판사와 변호사, 그리고 간수들 사이의 분위기는 한마디로 '이 사람 진짜 멋지다!'는 것이었습니다. 그에게는 적도 감탄할 만큼의 고유한 바이브가 있었죠.

이는 사실 안중근이 일본인들의 문화적 맥락을 아주 영리하게 파고든 것이기도 합니다. 일본인들은 전통적으로 사무라이 정신, 즉 국가나 민족에 대한 충성을 위해 기꺼이 자신을 내던지는 희생정신을 숭상했거든요. 안중근은 대의를 위해 자기 목숨을 바쳐 스스로를 희생한 인물이었기에, 비록 적국이었을지언정 일본인들로서는 그 기개에 깊은 경의를 표할 수밖에 없었던 것이죠.

이제 안중근이 꼽은 이토 히로부미의 15가지 죄목과 안중근의 꿈을 담은 책 『동양평화론』을 좀 더 자세히 살펴볼게요. 그가 남긴 글들을 보면 안중근이 단순히 일본에 대한 민족주의적 원한 때문에 이런 거사를 치른 것이 아님을 알 수 있습니다. 물론 침략에 대한 깊은 분노도 있었겠지만, 그의 주장에 담긴 핵심은 더 거시적이었습니다. 한국과 일본이 같은 황인종으로서 하나의 공동체를 이루어 진정한 친구가 되어야 하는데, 이토 히로부미가 그 연대를 가로 막고 두 민족을 갈라놓았다는 것이죠. 사실 이토와 안중근이 꿈꿨던 이상은 크게 다르지 않습니다. 그들은 둘 다 범아시아주의를 주장했죠. 한국과 중국과 일본이 속한 동아시아 모두가 친구가 되어야 한다고 둘 다 믿었습니다. 하지만 서로가 택한 친구가 되는 방식이 달랐죠.

지금부터 『안응칠 역사』에 나오는 이토의 15가지 죄목을 살펴볼게요.

1) 대한제국의 명성황후를 시해한 죄

2) 대한제국의 황제(고종)를 폐위한 죄

3) 강압적으로 을사조약과 정미 7조약(한국의 외교권 및 사법권 박탈 조약)을 체결한 죄

4) 무고한 한국인을 학살한 죄

5) 정권을 강제로 빼앗은 죄

6) 철도, 광산, 산림, 하천 등의 국토 자원을 마음대로 빼앗은 죄

7) 제일은행권 지폐를 마음대로 발행하여 사용한 죄

8) 한국 군대를 해산시킨 죄

9) 교육을 방해하고 신문 발행 권리를 금지시킨 죄

10) 한국 청년들의 외국 유학을 금지시킨 죄

11) 교과서를 압수하고 불태워버린 죄

여기까지는 일반적으로 우리가 생각하는 일본이 저지른 나쁜 짓에 대한 '팩트'입니다.

12) 한국인들이 일본인의 보호를 받고자 한다고 세계에

거짓말을 퍼뜨린 죄

안중근이 꼽은 죄목 중 하나는 이토가 헤이그 특사의 행보를 방해하며 '조선인들이 일본의 지배를 원한다'라고 국제 사회에 기만한 사실입니다. 물론 이완용 같은 일부 친일파들은 그렇게 주장했을지 모르지만 대다수 민초의 뜻은 전혀 달랐으니까요. 이토는 한국인의 진심을 왜곡하고 전 세계를 상대로 거짓말을 유포했죠.

그리고 여기서부터는 조금 놀라운 내용입니다.

13) 현재 한국과 일본 사이에 분쟁이 끊이지 않고 살육이 계속되는데도, 한국이 태평하고 무사한 것처럼 천황을 속인 죄

즉, 이토가 자신의 상관인 메이지 천황에게 한국과 일본 사이가 좋다고 거짓말을 했다는 것입니다. 이게 갑자기 무슨 말일까요? 정작 일본 천황은 한일 관계와 동양 평화가 우선순위였을 수 있는데, 이토가 거짓말로 이를 속여 동양의 평화를 훼손했다는 논리입니다. 실제로 러일전쟁 당시 일본 천황은 '동양의 평화를 수호하고 대한의 독립을 유지하는 것이 우리의 명분'이라고 선포했습니다. 당시 안중근 의사는 물론이고 호머 헐버트 같은 서양인들, 심지어 동학도들까지도 일본이 러일전쟁에서 이기기를 바랐습니다. 일본이 내건 '동양 평화'라는 명분을 믿고 기꺼이 일본 편에 섰던 것이죠.

이는 분열된 아시아의 결집과 서양 문명에 대한 항거를 위해 같은 황인종인 일본인들이 백인 열강들의 군대를 이겨주길 바라는 간절한 마음 때문이었습니다. 당시 조선과 일본의 지도층 모두에게 서양은 공포 그 자체였고, 일본인들 역시 그 두려움 때문에 필사적으로 개화와 서구화에 매달렸으니까요. 안중근은 일본 천황이 내건 동양 평화라는 명분을 진심으로 믿고 반겼습니다. 그래서 1909년 이토를 저격하고 재판을 받을 때까지도 '천황은 평화를 지키겠다고 공언했는데, 왜 너는 그 뜻을 어기고 침략을 일삼느냐?'라는 논리로 이토를 압박했습니다.

　　일본의 내부 정치까지 파고들어 '너희의 원칙에서도 이건 명백히 잘못된 일이다'라고 일침을 가한 셈입니다. 일본 재판부 앞이었던 만큼 전략적인 의도도 있었겠지만, 안중근은 일본을 증오했던 것만큼이나 실제로 일본 천황이 공언했던 동양 평화의 약속이 지켜지기를 진심으로 바랐습니다. 그래서 14번째 죄목은 더욱 분명하게 '동양 평화를 파괴한 죄'라고 명시했습니다. 사실 이것이 안중근이 이토 히로부미를 저격할 수밖에 없었던 가장 본질적 이유였다고 생각합니다.

14) 동양의 평화를 파괴한 죄

그리고 마지막 15번째는 이겁니다.

15) 일본 현 천황의 아버지인 효명 고메이 전 천황을 살해한 죄

　　효명 고메이 천황 살해 사건은 실은 일종의 음모론이기도 한데, 메이지 천황의 아버지 효명 고메이가 30대 중반의 비교적 젊은 나이에 갑자기 세상을 떠난 배후에 이토 히로부미 세력의 암살이 있었다는 설이 나돌았어요. 비록 역사적으로 명확히 증명하기는 어렵지만, 안중근은 재판정에서 이를 직접 거론하며 이토를 정치적으로 재차 압박했습니다.

이러한 재판 과정의 이야기는 안중근의 자서전인 『안응칠 역사』에 상세히 기록되어 있습니다. 그는 감옥에서 집필한 『동양평화론』을 통해 앞으로 동아시아가 평화를 향해 나아가야 할 구체적인 비전까지 재판관들에게 제시했습니다. 그 주장은 명료합니다. 청나라·일본·조선의 삼국이 공동의 주권을 갖는 영역을 뤼순에 만들고, 그곳에서 공동의 군대와 은행, 화폐를 운용하는 일종의 대연합을 구성하자는 것이었죠. 특히 당시 가장 앞서 개화했던 일본의 리더십을 인정하고 그들을 본받아 삼국이 하나로 뭉쳐 서양 열강의 침략을 막아내자는 것이 안중근이 꿈꾼 '동양평화론'의 핵심이었습니다.

안중근은 죽음을 앞둔 순간까지도 일본과 한국은 친구여야 하며 우리는 본래 같은 편이라는 신념을 굽히지 않았습니다. 세 나라가 독립된 주체로서 힘을 모아 지금의 유럽연합과 같은 '아시아연합(AU)'을 결성하고, 이를 통해 서구 열강의 침략에 맞서는 것이 그가 설계한 동양평화론이었습니다. 하지만 이토 히로부미는 안중근의 대의와 기대를 저버린 채 조선을 일본의 식민지로 만들려 했죠.

일본 개화의 설계자, 이토 히로부미

여기까지는 안중근의 시선에서 본 역사입니다. 이제부터는 이토 히로부미라는 인물의 삶을 한번 들여다보죠. 그는 원래 아주 가난한

농민의 아들로 태어났지만, 이완용이 그랬던 것처럼 사무라이 집안으로 입양되어 신분을 얻었습니다. 이토 히로부미를 이해하는 데 가장 중요한 포인트는 그가 일본의 변방이라고 할 수 있는 조슈번 출신이라는 점입니다. 흥미롭게도 안중근 역시 황해도 해주 출신으로, 당시 조선반도에서는 서북쪽, 즉 만주와 중국에 접한 변방이라며 무시당하던 지역 사람이었습니다. 다른 점이 있다면 안중근은 번듯한 양반 가문 출신이었던 반면, 이토 히로부미는 가난한 평민으로 살다 사무라이의 길을 걷게 된 극적인 배경을 가지고 있다는 사실이죠.

조슈번 지방은 지리적 특성상 일찍부터 서구 문물이 밀려들던 곳이었습니다. 일본 내에서도 변방이었기에 외세의 배들이 접근하기 좋았고, 그곳에는 일본 개화의 선구자로 불리는 요시다 쇼인이라는 인물이 살고 있었습니다. 요시다 쇼인은 1850년대 매튜 페리 제독이 함대를 이끌고 일본에 나타나 개항을 요구했을 때, 당시 실권자였던 도쿠가와 막부의 엄명을 어기면서까지 페리를 직접 만나려 시도했죠. 그만큼 개화에 열려 있던 급진적인 사상의 지식인이었습니다.

당시 일본은 메이지 천황이 중심이 아니라, 도쿠가와 막부라는 봉건적인 사무라이 지도자들이 나라를 다스리던 시대였습니다. 그들은 서양에서 들어온 미국 함대를 두 눈으로 직접 보고도 나라를 걸어 잠근 채 쇄국을 고집하며, 서양 오랑캐들과 싸워야 한다고 주장했습니다. 이런 폐쇄적인 문화 때문에 이토 히로부미 역시 어린 시절에는 존왕양이尊王攘夷, 즉 왕을 받들고 오랑캐를 배척한다는 중국 고대의 관념에 따라 철저한 양이론자 사무라이로 살았습니다.

하지만 수재들만 입학했던 요시다 쇼인의 학교(쇼카손주쿠)에서 공부하며 이토 히로부미는 서구 문명을 배워야겠다는 결심을 굳히게 됩니다. 이에 중앙 정계에서 철저히 외면받고 있던 조슈번의 지도자들은 이토를 비롯해 장래가 촉망되는 청년 다섯 명을 선발해 유학길에 오르게 합니다. 번 차원에서 자금을 모아 '우리 지역이 살아남으려면 막부 사무라이들 말만 믿고 서양과 싸울 게 아니라, 직접 가서 배워야 한다'라고 판단한 것이죠. 당시 해외로 나가는 행위 자체가 엄격한 국법 위반이었음에도 불구하고, 조슈번은 이들을 영국으로 밀항시켜 유학을 보내주는 파격적인 결단을 내립니다.

이토 히로부미는 영국 런던의 UCL University College London 출신입니다. 공교롭게도 저 역시 2012년 UCL에서 교환학생으로 역사를 공부했으니, 그가 저의 대선배인 셈이죠. 영국은 옥스퍼드와 케임브리지라는 두 대학이 500~600년 동안 교육을 독점하다시피 했는데, 제러미 벤담이라는 공리주의 철학자가 그 견고한 벽을 깨고 세운 학교가 바로 UCL입니다. 귀족만 갈 수 있었던 앞선 두 대학과 달리 UCL은 처음부터 평민에게 문을 열었고, 동양인 학생을 최초로 받아들인 대학이기도 했습니다. 그 첫 번째 동양인 유학생이 바로 이토 히로부미였다는 사실이 저에게는 굉장히 놀라웠고, 그에 대한

HISTORY KEYWORDS

요시다 쇼인

막부 말기 일본의 사상가이자 교육자로, 메이지 유신의 정신적 지주로 평가받는 인물이다. 그는 쇼카손주쿠를 통해 이토 히로부미 등 유신의 핵심 인물들을 배출하였다. 그러나 일본의 국력을 키워 주변국을 침략해야 한다는 '정한론'과 '대동아공영권'의 사상적 뿌리가 된 인물로서, 일본 제국주의의 이론적 배경을 제공했다는 양면적인 평가를 받는다.

궁금증을 갖게 된 결정적인 계기가 되었습니다. 어쨌든 이토를 포함한 '조슈 5인'은 대영제국의 중심에서 공부하며 엄청난 속도로 개화하게 됩니다.

그렇게 이토 히로부미는 개화의 큰 뜻을 품고 일본으로 돌아와 1880~1890년대에 이르기까지 메이지 유신을 진두지휘했습니다. 일본의 관점에서 보자면 그는 서재필이나 이승만 같은 개화파의 독보적인 리더였고, 누구보다 먼저 서양 문명의 위력을 실감한 인물이었습니다. 1868년부터 이어진 메이지 유신은 치열한 내전을 거쳐 낡은 도쿠가와 막부를 무너뜨리고, 메이지 천황을 정점으로 하는 서구식 입헌 군주제 국가를 세우는 변혁이었죠. 이 과정에서 이토 히로부미는 일본 신하들 중 영어를 가장 유창하게 구사하고 서구 문명에 가장 먼저 눈을 뜬 독보적인 젊은 인재였습니다. 결국 그는 일본 역사상 최초의 총리 자리에 오릅니다. 천황이 존재하긴 했지만 실질적인 국정의 최고 책임자였으니, 우리로 치면 건국의 아버지라고 불리는 이승만 같은 상징적인 존재가 된 셈입니다.

일본 최초의 총리가 된 이토 히로부미는 이후 유럽 전역을 돌며 일본의 기틀이 될 헌법 연구에 매진했습니다. 당시 독일 프로이센의 헌법을 모델로 삼았는데, 이는 황제의 권위를 유지하면서도 민주주의와 의회 정치, 법치주의 같은 근대적 시스템을 결합하려던 프로이센의 방식이 일본의 실정에 가장 잘 맞는다고 판단했기 때문입니다. 결국 일본 헌법은 프로이센을 모방해 탄생하게 되었고, 이것이 훗날 한국 헌법에도 깊은 영향을 주었습니다. 오늘날까지도 한국 법학도들이 일본을 거쳐 독일로 유학을 떠나는 뿌리 깊은 흐름이 바로 이 지점에서 시작됐죠.

게다가 그는 본래 사무라이 집안 출신이 아니었기에 정통 사무라이들이 가진 호전적인 정체성이 상대적으로 옅었습니다. 오히려 서양과 무모하게 싸우지 말자는 신중론에 가까웠죠. 영국 유학 중 고향 조슈번 사람들이 유럽 연합 함대와 전쟁을 벌이려 한다는 소식을 듣자마자 황급히 귀국해, 유학을 보내준 어른들 앞에 엎드려 간절히 만류했을 정도입니다. "어르신들이 세상을 몰라도 너무 모르셔서 그럽니다. 유럽인들과 싸우면 안 됩니다. 다 망합니다!" 아마 그는 이렇게 피를 토하듯 충고를 쏟아냈을 겁니다.

이토 히로부미는 영국 유학 시절 키 180센티미터의 서양인들과 150센티미터의 일본 사무라이들 사이의 압도적인 체격 차이를 목격하고, 칼로는 총과 대포를 이길 수 없다고 역설했습니다. 특히 그는 단발과 육류 섭취를 주장했죠. 고기와 우유를 많이 먹어 유럽인들처럼 체격부터 키우자고 말이죠. 그리고 무엇보다 총을 비롯한 근대의 무기체계를 도입해 신식 군대를 설립해야 한다고 강조했습니다. 단발, 고기, 총. 사실 이것들이 메이지 유신의 본질이었습니다. 실제로 메이지 천황은 1868년부터 이토의 조언에 따라 스스로 머리카락을 자르고 양복을 입으며 서구화를 단행했죠. 이때부터 이토 히로부미는 천황의 가장 측근에서 일본이라는 국가의 체질을 완전

HISTORY KEYWORDS

메이지 유신

19세기 후반 일본이 에도 막부를 타도하고 천황 중심의 중앙 집권적 근대 국가 체제로 나아간 대대적인 정치·경제·사회적 변혁이다. 서구 열강의 압박 속에서 '부국강병'을 목표로 근대 산업을 육성하고 서구식 제도를 전격 도입하였다. 이는 일본이 아시아에서 유일하게 근대화에 성공하여 열강의 반열에 오르는 기점이 되었으나, 이후 대외 침략과 제국주의 길로 나아가는 토대가 되기도 하였다.

히 바꾸어놓은 설계자가 되었습니다.

이토 히로부미는 서구화와 근대화를 피할 수 없는 숙명으로 보았습니다. 그는 일본이 서구화되지 않고 러시아나 영국, 미국처럼 강해지지 않는다면 결국 그들에게 먹힐 것이라고 생각했습니다. 실제로 목격한 영국과 프랑스는 전 세계를 무대로 땅따먹기를 하고 있었죠. 1863년 영국 유학 시절, 20대 초반의 이토가 품었던 일본이 영국처럼 강해졌으면 좋겠다는 절박한 꿈은 1903년 영국과 일본이 동맹을 맺으면서 현실이 됩니다. 영국인 친구도 많았던 이토에게 세계 최강대국과의 동맹은 자신의 설계가 옳았음을 증명하는 무척이나 자랑스러운 결실이었을 것입니다. 그리고 그의 꿈은 1904년 일본 해군이 러시아의 발트 함대를 대한해협 인근에서 격파하며 절정에 달합니다.

평민 농부의 아들로 태어나 보수적이고 폐쇄적인 일본의 전근대 시대를 뚫고 근대화를 직접 이끌었으며, 마침내 세계 최강대국 중 하나인 영국과 동맹을 맺고 러시아와의 전쟁에서 승리하기까지 했으니 이토 히로부미의 자부심은 대단했을 것입니다. 하지만 흥미로운 점은 그 삶의 시작점이 서재필이나 안중근과 크게 다르지 않다는 사실입니다. 안중근 역시 몰락한 양반 집안 출신이었지만, 가톨릭이라는 새로운 세계를 접하며 변화를 꾀했습니다. 어릴 적에는 유교 성리학을 공부했으나 10대 때부터 프랑스 신부가 있는 성당에 다니기 시작한 것이죠. 당시 가톨릭을 믿는다는 것은 곧 서구 문명을 배우고자 했던 개화파의 길을 걷기 시작했음을 의미했습니다.

안중근과 이토 히로부미, 이 변방 출신의 두 선각자는 각각 황해도와 조슈라는 배경 덕분에 중앙 권력에 대한 날카로운 비판 의식을 공유하고 있었습니다. 이토는 부패한 도쿠가와 막부를 타도하려 했고, 안중근은 무기력한 대한제국이 이대로는 안 된다고 확신했습니다. 이들의 가장 큰 공포는 단순히 이웃 나라의 침입이 아니라, 서양 세력이 동양을 점령해 들어오는 서세동점의 파도였습니다. 이 제국주의의 시대에 어떻게 살아남을 것인가라는 근본적인 질문에 대해, 두 사람 모두 동양인이 정신을 똑바로 차리고 힘을 합쳐야 한다는 똑같은 답을 내놓았던 것입니다.

이토 히로부미는 일본이 영국처럼 제국의 중심이 되어 아시아를 점령하고, 일본의 강력한 리더십 아래 하나의 통합된 힘으로 서구 열강과 맞서겠다는 패권적인 구상을 가졌습니다. 반면 안중근은 한국과 일본은 대등한 친구로 남아 협력해야 한다는 강력한 믿음을 끝까지 지켰습니다. 같은 동양의 연대를 말하면서도 이토는 '지배를 통한 통합'을, 안중근은 '주권을 존중하는 수평적 연대'를 꿈꿨던 것입니다. 저는 이 평행선 같은 시각 차이와 배신감이 결국 암살이라는 비극적인 파국으로 이어졌다고 봅니다.

사실 이토 히로부미는 일본 내부에서도 상대적으로 온건파에 속했습니다. 일본 군부 중심의 강경파들이 조선을 즉각 식민지로 만들자고 몰아붙일 때, 실용주의자였던 이토는 조선을 직접 통치하는 것이 일본에게 너무 큰 비용과 부담이 될 것이라고 판단했습니다. 당시 일본 인구가 4000만 명이었는데, 조선 인구는 그 절반인 무려 2000만 명에 달했죠. 프랑스가 식민지를 관리하듯 일본이 조선을 직접 다스리기에는 역량이 한참 부족하다고 본 것입니다. 그래서 그는 조선을 보호령으로 삼아 외교권만 가져오고, 외교에 서툰 고종을 대신해 문명화와 개화를 도와주며 영향력을 행사하자는 입장을 취했습니다.

이토 히로부미는 강압적인 수단을 동원하면서도 한편으로는 고도의 유화책을 썼습니다. 서재필이 고종 앞에서 서구식 양복만 고집했던 것과 달리, 이토는 직접 한복을 차려입고 나타나 조선의 왕실을 존중하는 듯한 제스처를 취했습니다. 아마 그의 논리는 이런 것이 아니었을까요? '내가 메이지 천황을 보필해 일본을 바꾼 것처럼, 유학파로서 쌓은 지식을 동원해 너희 왕실과 나라를 일본처럼 강력한 근대 국가로 만들어주겠다.' 물론 그 끝에 합병이라는 목적지가 있었을지언정, 적어도 을사조약 체결 당시의 이토는 당장 조선을 통째로 집어삼키자는 강경파와는 궤를 달리하는 신중론자였습니다. 실제로 이토가 하얼빈에서 저격당해 사라지자마자 일본 내 강경파들이 득세했고, 결국 그다음 해인 1910년에 전격적인 강제 합병이 이루어지게 됩니다.

우리는 원래
평화로운 존재였다

이제 '한국과 일본은 친구가 될 수 있는가?'라는 처음의 질문을 다시 던져봅니다. '내 나라'와 '내 민족'이라는 선명한 경계가 존재하는 현실에서, 한국과 일본이 과거의 깊은 상처를 치유하고 유럽연합 같은 동반자가 되는 것이 과연 가능할까요?

일본과 조선이 숙적처럼 느껴지기도 하지만, 사실 역사를 통틀어 보면 두 나라가 정면으로 충돌한 대규모의 전쟁은 약 400년 전의 임진왜란이 거의 유일합니다. 그 긴 세월 동안 왜구의 노략질 같은 갈등은 있었을지언정, 국가 대 국가로서의 전쟁은 극히 드물었습니다. 이는 한국과 중국의 관계도 마찬가지였습니다. 중국의 왕조가 교체될 때마다 크고 작은 풍파는 있었으나, 나라가 망하거나 개창될 정도의 큰 전쟁은 많지 않았죠. 압도적인 힘을 가진 중국을 중심으로 조선이 그 질서에 순응하고 있었고, 일본은 바다 건너 변방에 위치해 조선을 대규모로 침략할 계기가 마땅치 않았기 때문입니다. 수백 년 동안 전쟁이 끊이지 않았던 유럽의 잔혹한 역사와 비교하면 동아시아는 놀라울 정도로 안정적인 체제를 구축하고 있었습니다.

안중근과 이토 히로부미 모두 근본적으로는 동양인들이 평화롭고 도덕적인 질서 속에서 살고 있었다고 보았습니다. 일본 사무라이의 무사도와 조선 양반들의 선비 정신이 그 바탕이었으며, 우리 동양의 삶은 적자생존과 무한 경쟁이 지배하는 정글의 법칙과는 거리가 멀었습니다. 그래서 두 사람에게는 서양인들이 고도의 문명을 이룩하고도 끝없이 전쟁을 일으키며 침략해 오는 것에 대한 근본적인 의구심이 있었습니다. 과거의 평화적 전통을 돌이켜볼 때 오늘날 한국과 일본 사람들 중 서로를 향한 전쟁을 원하는 사람은 거의 없다고 저 역시 확신합니다. 정말로요.

서로가 전쟁을 피하고 평화롭게 공존하기 위해서는 최소한의 공감대와 공통된 서사가 반드시 존재해야 합니다. 이를 위해 필요한 의식은 무엇일까요? 과거의 범아시아주의가 백인종과 황인종의 대결 구도를 내세웠던 점은 지금의 관점에서 보면 분명 인종차별적인 한계가 있습니다. 하지만 한국의 독립을 넘어 일본과 중국을 포함한 동아시아 전체의 평화를 지키기 위한 구상으로서의 안중근의 동양평화론을 이해하고 계승한다면, 그것이 바로 우리가 찾던 한일 양국의 치유를 위한 공통의 공감대가 될 수 있지 않을까요?

오늘날까지도 한국 군대의 정신적 지주가 되는 '위국헌신 군인

본분爲國獻身 軍人本分'이라는 문구는 사실 안중근 의사가 죽음을 앞두고 자신을 흠모하던 일본인 간수 치바 도시치에게 써준 글귀입니다. 우리에게 가장 잘 알려진 '하루라도 책을 읽지 않으면 입안에 가시가 돋는다'는 말 역시 감옥에서 일본인들에게 선물했던 서예 작품 중 하나였습니다. 안중근은 죽기 직전까지도 자신을 감시하던 적국의 군인에게 삶의 철학을 전한 것입니다. 이는 일본인 헌병에게 깊은 감동과 존경심을 불러일으켰습니다. 저는 이런 정신은 한국뿐만 아니라 일본에서도 충분히 공명할 수 있다고 생각합니다.

반면 이토 히로부미는 일본 내부에서도 적지 않은 비판과 비아냥을 받았습니다. 그는 심각한 여성 편력으로 악명이 높았는데, 한국에 머물 때도 기생집을 드나들며 수많은 첩을 두었다고 하죠. 당시 일본인들조차 그를 비난하며 '일본의 근대화를 이끈 건 칭찬할 일이지만 개인의 인간성은 본받을 것이 없다'고 평가할 정도였죠. 마치 오늘날 능력은 있지만 사생활은 깨끗하지 못한 사람처럼요. 두 인물에 대한 양국의 존경심의 차이가 바로 이런 점에서 오는 것일지도 모르겠네요.

안중근은 판결을 떠나서, 인간적으로 정말 '멋'이 폭발하는 사람이었습니다. 선비 정신과 무사도를 모두 겸비한 그는 '위국헌신 군인본분'이라는 말처럼 죽음 앞에서도 구질구질함 없이 깔끔하고 당당했거든요. 심지어 항소를 통해 목숨을 조금 더 부지할 수도 있었지만, 안중근의 인품에 반해버린 일본인 변호사가 "안중근 씨, 여기서 항소하면 모양 빠집니다. 사무라이처럼 쿨하게 가시죠!"라고 권하자, 그는 조금의 망설임도 없이 "그럽시다!"라며 쿨하게 받아들였다고 해요. 사생활 문제로 일본 내에서도 비아냥을 샀던 이토 히로부미와 달리, 죽음의 문턱에서조차 멋과 대의를 지켜낸 안중근의

爲國獻身軍人本分

庚戌三月 於旅順獄中 大韓國人 安重根 謹拜

'나라를 위해 몸을 바침은
군인의 본분이다'라는 뜻의
안중근 의사 유묵

인격은 적국이었던 일본인들마저 고개를 숙이게 만들었죠.

안중근은 독실한 가톨릭 신자였습니다. 그래서 가톨릭 내부에서도 그의 거사를 어떻게 받아들여야 할지 오랫동안 고민했는데, 당시 프랑스인 대주교는 그를 살인자라 비난했지만 이후 한국 천주교는 안중근의 대의를 가톨릭 신도로서 공식 인정했어요. 사실 성경에도 민족을 위해 목숨 바쳐 전쟁터에 나간 군인들이 성인으로 추앙받는 사례가 많기에, 안중근을 가톨릭 성인으로 모시는 논의 또한 역사를 바라보는 다채로운 시각이 될 수 있습니다. 아무리 비폭력이 원칙이라고 해도, 모든 정당방위와 정의를 위한 저항까지 부정할 수는 없다는 점이 바로 안중근 거사의 핵심입니다. 그의 행위가 정의로운지에 대한 고민은 한국인을 넘어 일본, 중국, 러시아, 그리고 전 세계 가톨릭 신자들이 공유할 수 있는 보편적인 질문이거든요. 안중근을 단순히 한국인의 원한을 갚아준 영웅으로만 볼 것이 아니라, 한때 일본을 환영했던 이가 동양의 평화를 위해서라도 이토를 죽여야만 했던 이 복잡한 고뇌의 과정을 마주한다면, 수많은 인간과 상황에 얽혀 있는 역사라는 복잡한 뿌리를 더 깊이 이해하실 수 있을 겁니다.

1879년 9월에 태어난 안중근은 1910년 3월 만 30세의 나이에 뤼순 감옥에서 세상을 떠났습니다. 저보다도 어린 나이에 죽음을 맞이한 그의 신념과 패기, 그리고 의지는 종교를 떠나 참으로 성스럽게 느껴집니다. 이토 히로부미가 시대를 풍미한 대단한 정치가였을지는 몰라도, 안중근처럼 인간의 영혼을 울리는 성스러움을 갖춘 인물은 아니었으니까요. 1984년 일본 지폐에서 이토 히로부미의 얼굴이 빠진 것도 결국 일본 입장에서 한국과 중국의 눈치를 보지 않을 수 없었기 때문입니다. 이제는 일본인들 사이에서도 이토에 대한 평가와 안중근에 대한 평가가 어느 정도 공통분모를 가질 수 있는 시점이 되었습니다. 안중근은 왜 그날 이토를 쏠 수밖에 없었고, 안중근과 이토가 구상한 평화의 이상은 서로 어떻게 달랐는지에 대한 대화를 한국인들과 일본인들이 모여 자유롭게 나눈다고 상상해보세요. 정말 흥미롭지 않나요?

안중근의 총성이 법적으로는 논란이 될 수 있고 민간인 구역에서의 거사가 무리해 보일 수도 있지만, 당시 무너져가던 동양의 평화를 지키기 위해 그것이 얼마나 절박한 선택이었는지를 한국인과 일본인이 만나 대화를 시작해보면 어떨까요? 서재필이나 이승만 같은 개화파가 꿈꿨던 근대화를 일본이 먼저 실현했다는 점은 정말 대단해 보일지 몰라도, 그 과정에서 타국에 가한 고통을 직시한다면 '과연 그 방식이 정당했는가'에 대해 한일 양국이 의미 있는 공감대를 형성할 수 있을 테니까요. 치유와 화해에 이르기 위한 한일 양국의 공통의 서사가 더 단단하게 쌓일수록 비로소 두 나라가 과거를 넘어 친구가 될 수 있을 것이고, 안중근과 이토가 꿈꿨던 '평화'의 꿈에 한 걸음 더 다가갈 수 있을 것입니다.

01   이토 히로부미는 서구의 압도적 힘을 목격한 뒤 일본을 '서구식 제국주의' 국가로 개조해 최강대국 영국과 어깨를 나란히 하며 자부심의 정점에 섰다.

02   반면 안중근은 한때 일본이 중심이 된 아시아 연합을 꿈꿨을 정도로 일본의 앞선 문명을 존중하면서도 '수평적 연대'를 통한 동양 평화를 믿었으나, 이토의 행보가 일방적 침략이자 평화의 배신임을 깨닫고 하얼빈에서 그를 처단했다.

03   한일 양국이 두 인물의 공과와 인격적 차이를 입체적으로 이해하는 공통의 서사를 가질 때, 비로소 한국과 일본은 과거를 치유하고 그들이 꿈꿨던 동양 평화의 길로 함께 나아갈 수 있을 것이다.

테라피

7

대한민국의
진짜 주인은
누구일까?

민중

민중이 꿈꾼 조선의 미래
그리고 동학을 만든 사람들,
최시형·손병희·전봉준

조준호 PD

안중근의 치열한 분투에도 불구하고 조선은 결국 제국주의 일본의 손에 식민화되었고, 일찍이 최세우가 경계했던 '왜'의 침략은 현실이 되었습니다. 거센 저항의 한편에서는 이토 히로부미가 런던에서 목격한 서구 문물을 일본에 이식했듯, 동양도 서양처럼 바뀌어야 한다는 개화의 자각이 민중 사이로 퍼져나갔다고 하셨는데요. 하지만 국제 경쟁이라는 정글에서 살아남기 위해 선택한 이 과정에서 동양의 평화로운 풍습과 뿌리는 버려지고 폭력적인 경쟁의 논리가 그 자리를 대신하게 되었다는 비판도 있었을 것 같아요. 긴 잠에서 깨어난 조선 민중들이 외적 자극을 통해 비로소 미래를 상상하기 시작한 시점에서, 과연 당시 개화만이 유일하게 옳은 길이었는지, 만약 개화가 아니었다면 오늘날의 대한민국은 어떤 모습으로 나아갔을지 궁금해요. 개화의 반대편에서 민중이 중심이 된 새로운 나라를 꿈꾼 사람들이 있었다고요?

서양과 동양,
동양과 서양

이제부터 진정한 치유가 시작될 것 같습니다. '일본은 나쁘고 우리는 착하다'는 식의 단편적인 선악 구도는 통쾌할지 몰라도 우리의 삶을 앞으로 나아가게 하지는 못하는 것 같아요. 지난 여섯 번의 테라피를 통해 우리가 확인한 것은 그 이면에 숨겨진 시대의 복잡한 흐름과 그 안에서 고뇌했던 입체적인 인물들의 모습이었죠. 이제는 단순히 상처를 확인하는 단계를 넘어, '그래서 우리는 지금 무엇을 해야 하는가?'라는 실존적인 해답을 찾아야 할 때입니다.

왜 우리나라는 분단되어야 했고, 왜 내가 자란 강원도에는 휴전선이 그어져 있어야 하는지 그 갑갑함에 대한 답을 찾고 싶었던 것이 제 역사 공부의 시작이었다고 앞에서 말씀드렸는데요. 남한과 북한의 분단은 미국과 소련이 한반도에서 벌인 자유주의와 공산주의 간의 대리전의 결과였고, 그 비극의 뿌리를 추적하다 보면 결국 일본 제국주의와 마주하게 됩니다. 일본 제국주의 역시 서양이 발흥하고 동양이 저물어가던 서세동점의 시대가 낳은 근대적 산물이었죠. 서재필, 이토 히로부미, 안중근, 그리고 이완용에 이르기까지 근현대사의 주요 인물들은 사실 대부분 개회피리는 공통점이 있었습니다. 이들은 정도의 차이는 있을지언정, 공통적으로 낡은 동양적 가치를 부정하고 서양의 문명을 받아들여야만 생존할 수 있다고 믿었던 사람들이었습니다.

그렇다면 개화파의 길만이 유일한 정답이었을까요? 냉정히 보면 우리는 지금도 개화파들이 만들어놓은 틀 안에서 서로 싸우고 있는 셈입니다. 미국 편이냐 러시아 편이냐를 따지며 대립하지만, 사실 러시아도 서양이고 중국의 뿌리인 칼 마르크스의 공산주의조차 결국은 서구의 개화사상에서 뻗어나온 줄기이니까요. 이토 히로부미처럼 서구 문물을 수용하는 것 자체가 나쁜 건 아니었지만, 문제는 그 방식이 철저히 폭력적이고 식민주의적이며 제국주의적이었다는 점에 있습니다. 서구의 근대화 방식이란 결국 '배 타고 남의 땅에 가서 깃발 꽂기'로 요약되는데, 우리나라는 애초에 그런 깃발 개념조차 없었습니다. 심지어 지금의 태극기도 미국인들의 요구로 급하게 만들어졌을 정도로 우리는 준비되지 않은 채 서구식 논리에 내던져진 것이죠. 서구의 방식은 적자생존과 무한 경쟁, 각자도생의

HISTORY KEYWORDS

개화사상

조선 후기 북학파의 실학 전통을 계승해 서구 문물 수용과 체제 개혁으로 근대 국가를 세우려던 흐름으로, 박규수와 오경석을 거쳐 갑신정변의 주역인 급진 개화파와 온건 개화파로 분화하며 봉건의 틀을 깨고 주체적 문명국으로 나아가려 했던 지식인들의 첫 번째 해방 투쟁이다.

논리 위에 제국주의와 식민주의라는 침략의 역사를 쌓아 올린 결과였습니다. '강한 자가 약한 자를 지배하는 것이 문명화이자 개화'라는 일방적인 논리를 앞세워 전 세계에 깃발을 꽂았죠. 저는 과연 무엇이 그토록 서양을 위대하게 만들었는지, 그 힘의 실체를 더 구체적이고 깊숙이 들여다보고 싶었습니다.

서구가 세상을 집어삼킨 원동력은 단순히 증기선이나 철도, 총칼의 힘이 아니었습니다. 그 핵심은 자유와 헌법, 민주주의라는 강력한 정신적 토대와 독립 정신, 주권 사상, 평등주의 같은 근대적 사상에 있었죠. 물론 조선 양반들의 폭정이나 일본 사무라이들의 악행이 실재했던 상황에서 서구의 영향으로 우리가 민주화를 이룬 것은 부정할 수 없는 사실입니다. 하지만 여기서 근본적인 의문이 생깁니다. '만약 우리가 식민지가 되지 않았더라면, 서양의 무력 침략이 없었더라면, 과연 우리 동양인들은 스스로 정신적인 성숙을 이뤄낼 수 없었을까?'

당시 한국사 앞에 놓인 길 중에서 개화사상이 아닌 우리 고유의 정신적 뿌리는 무엇이었을까요? 그 답은 대한민국 헌법 전문에 명확히 새겨져 있습니다. '대한민국은 3·1 운동으로 건립된 대한민국 임시 정부의 법통을 계승한다'는 문구 말이죠. 1919년 3월 1일, 전국에서 2000만 조선 인민 중 무려 100만 명이 거리로 쏟아져 나와 태극기를 흔들며 독립 만세를 외쳤습니다. 테라피 첫 장에서 최제우를 다루면서 자세히 설명했죠. 이날의 숭고한 정신이 대한민국 임시 정부를 탄생시켰고 지금의 대한민국을 만든 진정한 시작점이 되었으니, 그날 거리에 섰던 평범한 민초들이야말로 우리의 진정한 건국의 아버지와 어머니들이죠.

3·1 운동을 설계한 리더 그룹 중 절반이 개화를 주장한 기독

교였고, 나머지 절반이 이른바 개벽을 주장한 천도교였다고 앞에서 말씀드렸습니다. 소수의 불교 지도자들도 연합했고요. 다시 한번 강조하지만, 3·1 운동은 동학의 정신을 잇는 개벽파와 서구의 가치를 받아들인 개화파가 민족의 독립이라는 대의 아래 하나로 뭉친 합작품이었습니다. 지금과 같은 양극으로 갈라진 정치 상황에서는 상상도 할 수 없을 만큼 놀라운 사건이었죠. 서로 다른 믿음을 가진 종교인들이 합심하는 것도 쉽지 않은 일인데, 심지어 정치적 성향마저 다른 이들이 같은 텐트 안에 모일 수 있었던 공통의 내러티브는 대체 무엇이었으며, 과연 그들은 어떤 국가를 만들고 싶었을까요?

　　이 역사적인 운동을 뒤에서 총괄하고 조직하며 막대한 자금을 댔던 인물이 바로 동학의 2대 교주 해월 최시형의 뒤를 이은 3대 교주 의암 손병희 선생입니다. 참고로, 천도교는 손병희가 동학을 근대적 종교로 계승시키고 일제 탄압에 항거하는 강력한 구심점으로 발전시키기 위해 만든 신흥 종교라고 이해하시면 됩니다. 이번 장에서는 최제우의 뒤를 이어 최시형과 손병희 등이 계승 발전시킨 동학과 천도교의 정신과 그들이 꿈꾼 국가의 모습을 집중적으로 조명해 보고자 합니다.

동학은 종교가 아닌 학문, '너도 하느님의 자식이고, 네 안에도 신이 있다'

동학을 천도교라는 종교로 새롭게 리브랜딩시킨 손병희는 안중근이나 이토 히로부미에 비해 대중적으로 덜 알려져 있지만, 사실 그가 이끈 3·1 운동은 세계 평화 운동과 비폭력 민권 운동의 역사에서 마틴 루터 킹이나 간디보다 시기적으로 앞섰을 뿐만 아니라 규모 면에서도 훨씬 압도적이었습니다. 3·1 운동이라고 하면 대다수의 한국인들은 유관순 열사를 가장 먼저 떠올립니다. 유관순 열사는 현장에서 불꽃처럼 스스로를 희생한 일제 저항의 상징적인 인물이지만, 이 광대한 전국적 네트워크를 가동하고 운동을 설계한 실질적인 사령탑은 바로 당시 천도교의 수장 손병희였습니다. 따라서 동학의 역사를 알아야, 한국 고유의 민족 운동 에너지가 어떻게 발생하여 3·1 운동과 대한민국 건립으로 이어졌는지 이해할 수 있죠.

　　사실 동학은 처음부터 딱딱한 종교의 틀을 갖춘 것이 아니라, 민중의 삶 속에서 피어난 혁명적이고 예술적인 대중문화 영성 운동이었습니다. 훗날 일제강점기를 거치며 천도교, 시천교, 증산교 같은 제도권 민족 종교들로 교단화되었지만, 그 역동적인 시작은 특정 조직에 갇혀 있지 않았습니다. 앞에서 자세히 다뤘듯이, 동학을 창시한 최제우는 1860년 동학의 문을 연 지 단 4년 만에 조선 왕조에 의해 처형당했습니다. 그는 마치 한국적인 예수와 같은 존재였죠. 그가 세상을 떠난 후, 제자인 2대 교주 최시형과 3대 교주 손병희가 동학을 실질적인 민중 운동이자 종교로 발전시켰죠. 최시형은 무려 30년간 도망자로 살면서도 동학을 이끌다 결국 스승처럼 처형당했고, 그 뒤를 이은 손병희는 다시 30년간 동학을 조직해 전국적인 힘으로 키워냈습니다. 바로 이 60년에 걸친 처절한 희생과 조직화의 과정이 훗날 3·1 운동을 설계하고 대한민국 임시 정부의 법통을 세울 수 있었던 진정한 원동력이 되었습니다.

　　최제우는 자신의 사상을 동학이라고 불렀어요. 동학의 '동東'은 동양을 뜻하기도 하지만, 당시 조선을 '아동방(우리 동방)'이라고 불렀던 것처럼 조선과 조선인을 가리키는 가장 고유한 표현을 의미했

동학을 전국적 종교 조직으로 확장하고
천도교로 리브랜딩한 3대 교주 의암 손병희

습니다. 그리고 중요한 점은 동학은 '교敎'가 아닌 '학學'이었죠. 즉, 가르침을 주는 종교가 아니라 함께 머리를 맞대고 배우고 공부하는 'Study'였습니다. 최제우의 수제자였던 최시형은 가난한 노동자 출신으로, 이런 배움의 모임에 나왔다가 최제우의 가르침에 감명받아 제자가 되었습니다. 최제우는 비록 몰락한 양반가 출신이었지만 엄연히 양반은 양반이었죠. 계급 서열상 가장 높은 곳에 있었지만 신분 차별을 하지 않았고 만민이 평등하다고 믿었습니다. 왜냐하면 모두가 하늘님을 모시고 있었기 때문이죠.

초기 동학의 이런 모습은 서양의 퀘이커교와 매우 유사합니다. 17세기 영국에서 발흥한 퀘이커교는 모든 인간이 예수님과 같은 하느님의 자식이라고 주장했습니다. 이런 만민평등사상은 잉글랜드 혁명(청교도혁명, 명예혁명)과 미국 독립혁명을 이끄는 동력이 되었죠. 영국에서 미국으로 건너와 펜실베이니아를 설립한 윌리엄 펜과 미국 독립혁명을 촉발한 토머스 페인도 퀘이커 교도였어요. 퀘이커교의 창시자인 조지 폭스는 모든 사람에겐 이너 라이트Inner Light, 즉 내면의 빛이 있다고 주장했습니다. 우리 안에 하느님의 빛이 있으므로 그 빛을 따르면 그것이 곧 하느님의 말씀이라는 논리였죠. 그래

HISTORY KEYWORDS

토머스 페인과 청교도혁명

토머스 페인은 미국 독립 전쟁의 사상적 지주이자 『상식』의 저자로, 왕정이란 상식에 어긋나는 야만임을 폭로하고 민주 공화제의 당위성을 설파했다. 17세기 영국에서 절대왕정에 맞서 공화정을 수립한 시민 혁명인 청교도혁명에서 영향을 받아, 국가나 국적보다 보편적인 '인간의 권리'를 우선시하는 세계 시민적 자유주의를 전파해 전 세계 근대 해방론의 사상적 원형을 제시했다.

서 퀘이커교에는 목사나 신부가 따로 없었습니다. 둥그렇게 앉아 묵상하며 예배를 드리다가 내면의 소리가 들리면 몸을 부르르 떨면서 Quake 이야기를 나누는데, 바로 거기서 퀘이커교라는 이름이 유래했죠.

퀘이커교는 모두가 평등하다는 사상을 통해 민주주의의 씨앗을 뿌렸습니다. 어쩌면 미국 민주주의의 기원이라고도 할 수 있죠. 기존 가톨릭이나 개신교 세계관에서는 '하느님 → 교황·왕 → 신부·목사 → 평신도'로 이어지는 엄격한 위계 구조가 작동했지만, 퀘이커교에서는 '교황이나 평신도나 다를 바 없으며 네 안에 하느님이 있으니 스스로 하느님과 소통하라'고 가르쳤어요. 한마디로 자신의 믿음을 교황에게 '컨펌' 받을 필요가 없다는 거예요. 조지 폭스의 퀘이커교와 최제우의 동학이 여러모로 겹쳐 보이지 않나요? 물론 이러한 평등주의가 개인의 충동을 무한히 합리화하는 위험성이 있다는 것도 잘 압니다. 하지만 명상을 통해 깊은 상태에 들어가면 '에고Ego'가 아닌 '참나True self'가 드러나듯, 진정한 내면의 소리를 들으면 무엇이 바른 길인지 스스로는 알기 마련이죠. 이것이 하느님의 목소리인지 아니면 분열된 개인의 욕망인지 말이에요.

'하늘이 하늘을 먹는다'
비폭력 운동에서 처형까지

퀘이커교의 사상은 17세기 유럽에서 18세기 미국으로까지 이어졌습니다. 서양식 개화를 주장할 때 서양이 우월하다고 말하는 수많은 이유가 있겠지만, 저는 바로 이 '정신'에 주목합니다. 모두가 평등하고 스스로 이성과 영성을 통해 판단할 수 있다는 정신, 이것이야 말로 민주주의와 국민 주권의 핵심이거든요. 서양에서는 퀘이커교가 이 중요한 역할을 수행했다면, 동양에서는 한국의 동학이 바로 그 역할을 해낸 것이죠.

최제우가 '시천주'라는 사상의 씨앗을 뿌렸다면, 그의 제자 최시형은 30년간 핍박을 피해 도망 다니는 절박한 상황 속에서도 그 가르침을 집대성했습니다. 그는 스승의 말씀을 엮어 한문 경전인 『동경대전』과 부녀자나 평민들도 쉽게 읽을 수 있는 순한글 가사집 『용담유사』를 펴냈죠. 이와 동시에 전국적인 언더그라운드 조직망인 포접제를 구축했어요. 보통 12명씩 모인 '접接'들이 모여 하나의 '포包'를 이루는 방식이었는데, 각 접의 교도들은 서로를 모르게 설계된 고도의 점조직이자 자율적인 시스템이었다고 합니다. 최시형은 이 조직력을 바탕으로 동학의 세력을 전국으로 확장시켰고, 이는 삶에 지친 수많은 백성들의 마음을 강렬하게 공명시켰습니다.

동학에 관한 여러 일화 중에 제가 가장 좋아하는 이야기가 있는데요. 어느 날 제자가 최시형에게 '동학이 무엇입니까?' 하고 물었다고 합니다. 마침 그때 옆 방에서 제자의 며느리가 베틀을 짜고 있었는데 최시형은 이렇게 묻습니다. "지금 저 소리가 네 며느리가 베틀을 짜는 소리로 들리느냐?" 그러곤 이렇게 말하죠. "아니다, 하늘님이 짜고 있는 것이다." 질문을 한 그 제자는 아마 조선의 양반이었을 겁니다. 당시 동학은 일부 깨어 있는 조선 지배층에게도 확산되었으니까요. 그런데 최시형의 이런 발언은 그야말로 충격 그 자체였을 겁니다. '내 며느리가 내가 믿는 그 하늘님이라고?' 최시형은 하늘을 공경하는 '경천敬天', 사람을 공경하는 '경인敬人'뿐 아니라 만물을 공경하는 '경물敬物'의 경지까지 나아갑니다. '생명이 없는 만물마저도 하늘님이다'라는 이 가르침은 오늘날의 포스트휴머니즘적 관점으로도 볼 수 있죠. 물건 하나하나를 귀하게 여겨야 한다는 점에서 제로웨이스트, 환경 운동의 효시도 느껴지고요.

그는 동학의 가르침을 구하러 온 제자들에게 '향벽설위', 밥상을 벽을 향해 두고 제사 지내지 말고, '향아설위', 자기 자신을 향해 놓으라고 가르쳤습니다. 억눌리며 살던 백성들에게는 이보다 더 반가운 소리가 있었을까요? 최시형은 밥을 먹는 행위를 가리켜 '하늘이 하늘을 먹는 것'이라고도 표현했습니다. 밥 한 그릇에 온 우주와 하늘과 땅의 조화가 깃들어 있고, 그 귀한 밥을 먹는 나 또한 하늘이니, 결국 하늘이 하늘을 먹는 존엄한 의식이라는 가르침이었습니다. 만사지식일완萬事知食一碗, 즉 '세상 모든 이치가 밥 한 그릇에 담겨 있다'는 것이죠. 이는 곧 우리 모두가 서로를 하늘처럼 귀하게 모시라는 깊은 뜻을 담고 있었습니다.

이런 가르침에 온 백성들이 구름처럼 몰려들었고, 그중 한 명이 바로 전봉준이었습니다. 우리가 보통 동학이라는 말을 들으면 동학농민혁명과 그 선봉에서 죽창을 들고 일본군과 청군과 관군에 맞서 싸운 전봉준을 떠올립니다. 그런데 사실 전봉준은 동학의 교주가 아니었어요. 2대 교주 최시형은 전봉준이 처음 혁명을 일으키려 할 때 비폭력의 원칙을 내세우며 반대했습니다. 하지만 백성들의 울분이 이미 걷잡을 수 없이 커졌기에, 최시형은 고심 끝에 전봉준과 그 추종 세력들을 외면하지 못했고 결국 그 혁명에 휩쓸려 사형까지 당했습니다.

최시형의 핵심 사상은 사인여천事人如天이라고 할 수 있습니다. '사람 대하기를 하늘같이 하라'는 정신이죠. 하늘을 내 안에 모시고, 타인을 하늘처럼 받들며, 나아가 무생물과 무기물마저도 하늘에 닿

'사람 대하기를 하늘같이 하라'고 가르치며
최제우의 도통을 물려받아 동학의 철학을 집대성한 2대 교주 해월 최시형

아 있다는 지극히 평등주의적인 사상이었습니다. 최제우와 최시형 모두 해외에 나가본 적 없는 조선의 평범한 사람들이었지만, 스스로 깨달음을 얻어 이토록 저위적이고 급진적인 철학을 구상해낸 거예요. 정말 대단하지 않나요?

동학의 실패가 남긴 질문, 우리는 핵으로 무장해야 할까?

최시형 사후, 그의 제자 의암 손병희가 동학을 리브랜딩하고 전국적인 조직망을 넓혀 3·1 운동으로 이끌었죠. 만약 3·1 운동을 통해 조선 민중과 기독교 평화주의자들이 독립을 이루어 정부를 만들었다면 어떻게 되었을까 하는 것이 저의 가장 큰 궁금증입니다. 하지만 역사는 그렇게 흘러가지 않았어요. 3·1 운동은 실패로 끝났고, 이후 독립운동의 바통은 국내가 아닌 이승만과 안창호 등 이른바 '해외파'들에게 넘어갔습니다. 그들은 해외(상해)에 임시정부를 만들어 국내 독립운동을 지원했고, 해방 후 결국 한국에 돌아와 대한민국 정부까지 수립했죠. 이 과정에서 개벽파인 동학과 그들과 합작했던 개화파 중 일부의 역사는 철저히 배제되고 사라져버렸습니다. 극단적인 친미 세력인 이승만과 친소련 세력인 김일성이 해방 공간의 주인공이 되었죠. 한국에서 동학의 사상은 여태껏 주류가 된 적이 없습니다.

　저는 바로 이 부분이 한국사의 가장 큰 비극이라고 생각합니다. 어쩌면 우리는 한국사의 절반에 해당하는 뿌리를 통째로 잃어버린 걸지도 몰라요. 우리가 결국 가지 못한 길, 다른 말로 하면 우리가 아직 걷지 못한 길이겠죠. 이에 대해선 책 마지막 장인 14번째 테라피 때 자세히 이야기해볼까 합니다. 물론 서양의 문물을 본받아야 한다고 주장했던 개화파 중에서도 함석헌 선생처럼 영적인 깨달음 속에서 평등주의와 통합을 추구했던 선각자들이 있었습니다. 하지만 그들조차도 결국 대한민국의 주류가 되지 못했고 역사의 뒤안길로 사라졌죠. 바로 이 점에서 우리는 냉정하게 이런 질문을 던져볼 수 있습니다.

'왜 동학의 개벽사상은 끝내 채택되지 못하고 역사의 뒤안길로 사라졌을까? 그 교리가 대중을 설득하고 복잡한 사회를 이끌어나가기에는 너무 어렵거나 현실적인 장벽이 있었던 것은 아닐까? 자본주의처럼 전 세계적으로 쉽게 채택되지 못했다는 건, 그만큼 시스템으로서의 결함이 있었던 것은 아닐까?'

인류가 진화하며 대다수가 선택한 시스템이 자본주의라면, 3·1운동이나 동학의 정신이 주류가 되지 못한 데에도 분명 그만한 이유가 있을 것입니다. 외세의 압박도 컸겠지만 동학의 가치를 칭송하는 것과는 별개로 왜 그것이 생존 경쟁에서 승리하지 못했는지에 대한 고민도 반드시 필요합니다. 비폭력과 평화를 외쳤을 때 그것이 과연 현실에서 통할 것인가, 당장 배가 고픈데 정신적 성숙을 이야기하는 것이 먹힐 것인가의 문제 말이죠. 하지만 동학과 퀘이커교의 평등주의는 이미 잃을 것이 없는 조선 백성들과 영국 민초들의 마음을 깊게 울렸죠. 양반들의 폭정과 귀족들의 차별, 왕의 횡포가 극심한 상황에서 우리가 과연 어떤 논리로 대항할 것인가가 본질적인 화두였으니까요. 결국 동학농민혁명은 '하늘인 우리가 이대로 당할 수는 없다, 죽창이라도 들고 싸우자'는 처절한 각성에서 일어났습니다.

2026년 현재, 우리는 가장 중요하게 생각해야 할 가치가 무엇인지 스스로에게 다시 물어야 합니다. 저는 100여 년 전 이 땅에서 피를 흘린 동학 농민군과 하얼빈에서 적국의 수장을 향해 총을 쏜 안중근의 선택을 바라보며 오늘날 가장 현실적인 질문을 던져봅니다. '우리는 핵무장을 고려해야 하는가?' 미국과 중국의 갈등이 격화되는 상황 속에서 한국은 19세기 말과 소름 끼치도록 비슷한 위기의식에 직면해 있죠. 하지만 이번에는 100년 전과 달리 한국이 물질적으로 궁핍하지 않습니다. 그렇다면 과거 일본이 우리에게 했던 방식, 혹은 우리가 한국전쟁에서 경험했던 방식인 물리적인 폭력과 군사력으로 상대를 굴복시키려 하는 것이 과연 우리의 유일한 살길일까요?

우리는 이제 세계 군사력 순위 5~6위를 다투는 선진국이 되었지만, 여전히 중국·러시아·일본·미국이라는 강대국 사이에 놓인 상대적 약소국입니다. 이 지정학적 조건만큼은 변함이 없습니다. 우리가 아무리 강해진들 그들 모두와 맞서 싸워 이길 수는 없죠. 우리는 여전히 그들에 비하면 훨씬 작은 나라니까요. 전봉준처럼 죽창을 들고 결사 항전하는 길, 이완용처럼 누군가의 밑으로 들어가 식민지가 되는 길, 서재필처럼 나라를 버리고 이민을 떠나는 길, 백남준처럼 예술의 세계로 망명하는 길, 아니면 최시형이나 손병희처럼 비폭력적인 운동을 통해 영적인 성숙을 외치는 길 중 과연 무엇이 가장 현실적인 선택일까요? 저 역시 정답은 모르겠습니다.

19세기 말에는 서구를 복제하는 것이 생존의 길이라고 믿었지만, 막상 그들의 정점 근처에 도달하고 보니 우리를 기다리고 있는 것은 불행과 불안, 그리고 지속 불가능한 경쟁뿐이었으니까요. 결국 남이 설계한 길은 우리를 목적지까지 데려다줄 순 있어도, 우리를 행복하게 만들 수는 없다는 사실을 뼈아프게 깨달은 것입니다. 저는 이것이 지난 100여 년의 한국사가 가르쳐준 교훈이라고 생각합니다.

　기존의 '친일이냐, 독립이냐'라는 프레임 안에서는 3·1 운동과 동학의 개벽파 이야기가 온전히 들어설 자리가 없었습니다. 동학 세력 내부에도 이후의 행보에 따라 독립운동가와 친일파가 섞여 있기에 이분법적 잣대로는 그 본질을 설명하기 어려웠죠. 하지만 '개화냐, 개벽이냐'라는 새로운 프레임으로 접근하면, 과거에는 보이지 않던 역사의 층위가 드러나며 훨씬 큰 그림을 볼 수 있습니다. 이는 또 다른 선악의 이분법이 아닙니다. 대한민국은 개벽파와 개화파의 합작으로 만들어졌으며, 개화와 개벽의 뿌리에는 각각 퀘이커교와 동학의 주권의식과 평등주의라는 공통 분모가 있음을 기억해야 합니다.

개벽이라는 말이 조금 낯설게 느껴질 수 있어요. 지난 100년간 남한과 북한, 진보와 보수를 막론하고 우리 역사는 결국 서구적 가치를 추종해 온 개화파의 승리이자 그들이 써 내려간 기록이었습니다. 서양이 승리했기에 개화파가 승리했던 것이죠. 하지만 서양과 동양이 다시 균형과 견제를 이루고 미·중 패권 경쟁 사이에 우리가 놓인 지금의 상황은 19세기 말의 위기와 놀라울 정도로 닮아 있습니다.

　한반도가 과거 강대국들의 마지막 격전지였음을 기억한다면, 이제는 과거의 실패를 반복하지 않기 위해 우리가 어떤 길을 걸을지 정신을 똑바로 차리고 섬세한 국민적 합의를 만들어내야 합니다. 우리가 이 개벽파의 정신을 다시 중심에 세운다면, 미국과 중국 사이에서 눈치 보는 나라가 아니라 두 세계를 '공경과 모심'으로 중재

하는 새로운 차원의 국가 모델을 상상할 수 있지 않을까요? 여러분
이 상상할 '21세기 개벽파'의 구체적인 모습이 궁금해집니다.

01 대한민국 건국의 법통을 형성한 3·1 운동의 설계자는 동학을 천도교로 리브랜딩한 동학 3대 교주 의암 손병희였으며, 그의 앞에는 1대 교주 최제우로부터 동학을 이어받아 전국적인 세력으로 키워낸 2대 교주 해월 최시형이 있었다.

02 동학의 꿈이 짓밟힌 역사는 우리에게 힘이 없으면 평화도 지킬 수 없다는 트라우마를 남겼고, 이 상처는 오늘날 핵무장론 같은 강한 군사력에 대한 갈망으로 이어졌다.

03 위로부터의 개화에 매몰된 지식인들이 아니라, 아래로부터의 개벽을 선포하며 '사람이 곧 하늘'이라는 새 세상을 꿈꾼 동학과 그 무브먼트를 형성한 수없이 많은 이름 없는 민초들이야말로 이 나라의 진짜 건국의 아버지들이 아닐까?

테라피

8

이 땅에
망국을 막을 천재는
정말 없었을까?

변절

조준호 PD

3·1 운동은 비폭력 평화 정신으로 온 민족이 통합해 대한민국 건립의 초석을 놓은 위대한 사건이었지만, 즉각적인 독립을 이루지 못한 채 끝내 좌절되고 말았습니다. 이후 광복까지 긴 세월이 흐르는 동안 민중들은 깊은 상실감 속에서 '이제 어쩌나' 하는 막막함을 느꼈을 것 같습니다. 실제로 이 시기에 독립에 대한 희망을 버리고 친일과 매국으로 변절한 지식인들도 생겨났다고 들었고요. 3·1 운동의 숭고한 이념이 독립이라는 결실을 보지 못하고 꺾인 뒤, 민중들이 마주한 깊은 좌절감이 조선 사회를 어떻게 변화시켰는지 궁금합니다. 특히 독립에 대한 희망이 흐려지던 그 암흑기 속에서, 당시 리더십을 발휘하는 위치에 있던 지식인들이 현실적 타협과 저항이라는 대의 사이에서 갈팡질팡하며 겪었던 혼란스러운 동향은 어땠는지 궁금합니다.

포스트 3·1 운동, 한국사의 정신 분열

1919년 3월 1일, 3·1 운동이 원하는 목적을 당장 이루지 못했다는 점에서, 당시 조선 민중이 느꼈을 상실감은 상상 이상이었을 것입니다. 만약 우리가 그 시대의 한복판에 있었다고 상상해볼까요? 가슴이 뜨거워져 단숨에 거리에 나섰거나, 혹은 두려움 속에서 몰래 그 광경만 지켜보고 있었겠죠. 수많은 동포가 잔인하게 체포되고 죽어가는 광경을 목격하면서 대다수의 조선인은 망연자실한 채 숨을 죽이고 엎드려 살 수밖에 없었습니다. 우리네 할머니, 할아버지들 대다수는 역사가 기억하는 위대한 독립운동가가 아니었기에, 그저 하루하루를 버텨내며 일본 제국의 일원으로 순응하며 살아가는 것이 유일한 생존 방식이었을 테니까요.

한편 3·1 운동에 뛰어들어 태극기를 흔들었거나 이후 임시정부 수립에 힘을 보탰던 이들은, 가공할 폭력 앞에 비폭력 평화 운동이 무력하게 꺾인 현실을 마주하며 '우리는 이제 어떤 길을 가야 하는가'라는 실존적인 고뇌에 빠지게 되었습니다. 저는 바로 이 지점에서부터 오늘날 대한민국 사회가 겪고 있는 일종의 정신 분열적인 갈등이 싹트기 시작했다고 봅니다. 남북이 갈라지는 민족적 비극은 물론, 남한 내부에서도 기독교와 공산주의, 좌익과 우익, 친일과 반일이라는 양극단의 길로 찢어지게 된 근본적인 원인이 결국 3·1 운동의 좌절과 그로 인한 노선 갈등에서 비롯된 것이니까요.

3·1 운동의 현장은 그야말로 좌와 우, 동학과 서학, 기독교와 천도교, 나아가 개화파와 개벽파까지 하나로 어우러진 눈부시게 아름다운 통합의 장이었습니다. 사회주의자니 민족주의자니 하는 구분 없이 모두가 평화의 깃발 아래 한마음이 되었죠. 이 순간만큼은 우리 역사에서 더할 나위 없이 자랑스러운 장면이었다고 생각합니다. 하지만 운동이 좌절되자마자 단단했던 결속은 순식간에 어긋나며 백가쟁명식의 노선 갈등이 시작되었습니다. '평화가 안 통하니 이제는 폭탄을 던지고 암살을 해서라도 일제를 물리쳐야 한다', '레닌의 러시아혁명처럼 체제를 완전히 엎어버려야 한다', '지금부터라도 정신 똑바로 차리고 미국의 힘에 철저히 의존해야 한다' 등등 서로 다른 생존 전략들이 쏟아져나오며 분열의 씨앗이 뿌려졌죠. 자, 만약 이 기로 앞에 여러분이 서 있다면 어떤 길을 택했을까요? 하지만 현실은 무언가를 생각하고 그 신념을 실천에 옮긴 사람은 극소수에 불과했습니다. 절대 다수의 사람은 속된 말로 '닥치고' 가만히 살았죠.

어떤 선택을 한 사람이 특별히 더 뛰어났고, 아무것도 하지 않고 숨죽이며 산 사람들이 잘못됐다고 구분하는 것이 아닙니다. 무자비한 총칼 앞에선 누구라도 바짝 엎드렸을 테니까요. 그래서 이번 장에서는 독립 운동 이후 극심한 좌절감 속에서 저마다 다른 판단을 한 '뜻있는 사람들'의 선택을 살펴보며 '나라면 여기서 어떻게 했을까?'를 여러분과 함께 고민해보고 싶습니다. 3·1 운동의 좌절 직후 당시 조선의 지도자들은 당장 눈앞의 폭력 앞에서 어떤 길을 갈 것인지 선택을 강요받을 수밖에 없었어요. 이제 그들이 마주했던 고뇌를 함께 나누기 위해, 그 시대의 풍파를 온몸으로 껴안았던 '조선의 3대 천재'를 한 명씩 소개하겠습니다.

"야, 요즘 누가 글 좀 쓰냐?"
두 변절자: 조선의 '뇌섹남'과 '토머스 제퍼슨'

조선의 3대 천재라고 하면 사실 머릿속에 팍 떠오르는 이름은 없을 겁니다. '조선의 삼재三才'라고도 불렸던 천재들 중 첫 번째 인물은 바로 춘원 이광수입니다. 최초의 근대 장편 소설인 『무정』을 쓴 작가로 널리 알려져 있죠. 당시 이광수는 일제강점기 최고의 유명인이자 만인의 연인이었어요. 프랑스의 장 폴 사르트르가 국가를 넘어 전 유럽을 대표하는 지식인의 표상이었던 것처럼, 이광수는 그야말로 조선 최고의 '뇌섹남'으로 명성이 자자했죠. 사르트르처럼 소설가이자 문장가, 사회적으로 영향력 있는 기자까지 섭렵할 정도로 인텔리의 표상이었습니다. 당시로서는 익숙하지 않았던 자유연애를 주장하며 시대의 아이콘으로 군림했죠.

소설 『무정』이 다룬 자유연애라는 파격적인 소재는 당시 대중의 마음을 완전히 사로잡았습니다. 신문에 소설이 연재될 때면 전국의 학생들, 특히 여학생들이 여주인공의 운명을 궁금해 하며 다음 편을 재촉하는 편지를 쏟아낼 정도였죠. 이광수의 집 앞에는 사인을 받으려는 팬들이 장사진을 칠 만큼 그는 당대 최고의 스타였습니다. 하지만 오늘날 한국사는 그를 자랑스럽게 기억하지 못하고 있습니다. 바로 그가 훗날 친일파로 변질했기 때문입니다.

삼재 중 두 번째 천재는 육당 최남선입니다. 그는 뛰어난 역사학자였는데, 우리가 잘 아는 '단군신화'를 체계화한 사람이 바로 최남선입니다. 당시 일제는 '곰과 호랑이가 쑥과 마늘을 먹었다는 게 말이 되느냐'며 단군신화를 근거 없는 헛소리로 치부하고 한국의 고유한 역사를 지워버리려고 했습니다. 그들의 궁극적인 목적은 '내선일체內鮮一體', 즉 조선과 일본은 원래 한 뿌리에서 나왔으니 일본에 복종하는 것이 당연하다는 식민사관을 퍼뜨리는 것이었습니다. 이에 맞서 최남선은 일본과는 전혀 다른 고유한 한국사의 기원을 추적했고, 오늘날 우리가 아는 단군의 이야기를 체계화함으로써 우리 역사의 독자성을 지켜냈습니다.

하지만 최남선의 가장 중요한 업적은 따로 있습니다. 3·1 운동의 정신을 만방에 알린 한국사상 가장 중요한 문서라고도 할 수 있는 '3·1독립선언서(기미독립선언서)'를 직접 기초한 인물이 바로 최남선입니다. 미국의 세 번째 대통령이자 건국의 아버지로 평가받는 토머스 제퍼슨이 1776년 '미국독립선언서'를 통해 "모든 인간은 생명과 자유, 그리고 행복을 추구할 권리를 평등하게 부여받았다"라는 불후의 문장을 남겼듯이 최남선 역시 조선의 독립을 천하에 선언하는 아주 멋진 문장을 남깁니다.

> 오등吾等은 자茲에 아我 조선의 독립국임과 조선인의 자주민임을 선언하노라.

아마 이 문장을 어딘가에서 한 번은 들어본 사람이 있을 겁니다. 미국인들이 제퍼슨을 건국의 정신적 토대를 닦은 위대한 사상가로 깊이 존경하듯, 독립선언서를 작성한 최남선 역시 한국사에서 그와 비견될 만한 위치에 있다고 볼 수 있죠. 대한민국 헌법 전문에 명시되어 있듯, 3·1 운동은 임시정부의 법통을 세운 우리 역사의 뿌리이자 시작입니다. 그리고 이 위대한 운동을 설계하고 이끈 주역은 지난번에 나눈 것처럼 의암 손병희 선생을 필두로 한 33인의 민족 대표들이었죠. 1919년 3월 1일, 이들 민족 대표는 태화관이라는 식당에 모여 함께 독립선언서를 낭독했습니다. 당시 조선의 독립을 운운하는 것은 즉시 체포될 수 있는 중범죄였어요. 하지만 그들은 식당에서 대놓고 조선의 독립을 선포했고, 당당히 일제에 체포되는 길을 택했습니다. 이 소식이 전해지자, 그때까지도 겁에 질려 있던 민중들의 가슴에 저항의 불꽃이 당겨졌습니다.

3·1독립선언서를 낭독한 민족 대표 33인은 당시 사회에서 덕망과 권위를 갖춘 어르신들이었습니다. 하지만 놀랍게도 그 장엄한 문장을 직접 써 내려간 주인공은 서른 살도 되지 않은 젊은 천재 육당 최남선이었어요. 쉽게 말하면, 어르신들이 거사를 앞두고 "요즘 누가 글을 제일 잘 쓰느냐?"고 묻자 당시 지식인들 사이에서 문장력으로 정평이 나 있던 청년 최남선이 일종의 고스트라이터로 낙점된 것이죠. 최남선이 1890년에 태어났으니 1919년 그가 선언서를 작성한 때의 나이는 고작 29살이었습니다. 참고로 운동을 조직한 손병희의 당시 나이는 이미 50대 후반이었습니다. 새파란 젊은이가 민족의 운명을 결정지을 역사적 문서를 도맡아 쓴 것이니, 그의 천재성이 얼마나 독보적이었는지 알 수 있습니다.

최남선은 우리가 흔히 아는 33인의 민족 대표 명단에는 직접 이름을 올리지 않았습니다. 하지만 거사를 기획하고 선언문을 작성하며 인쇄와 배포까지 실무를 주도했던 인물들까지 넓게 포함해 48인의 민족 대표라고 부르기도 하는데, 최남선은 바로 그 핵심 그룹에 속해 있었습니다. 안타깝게도 오늘날 우리는 최남선을 미국 건국의 아버지들처럼 당당하게 기리지 못하고, 대중들 사이에서도 잊힌 존재가 되고 말았습니다. 그 이유는 이광수와 마찬가지로 그 역시 훗날 아주 철저하게 친일의 길로 변절했기 때문입니다.

　　이광수와 최남선은 일본 유학 시절부터 함께한 절친이었는데, 훗날 두 사람은 약속이라도 한 듯 손을 잡고 일본으로 건너가 조선인 후배들에게 '천황을 위해 목숨을 걸고 전쟁터에 나가라'며 학병 참전을 독려하는 강연까지 열었습니다. 친일을 하더라도 어중간하게 했던 것이 아니라, 변절한 지식인의 표상처럼 아주 철저하고 공개적으로 앞장섰습니다. 그들이 아무리 뛰어난 업적을 세웠다고 할지라도 말년에 보인 친일 행적에 대해서는 '쉴드'를 쳐줄 수가 없습니다. 그들은 명백한 '변절자'죠. 수많은 신문 기사와 역사 기록에 너무나 명백하게 이들의 친일 행각이 남아 있습니다.

HISTORY KEYWORDS

33인의 민족 대표? 48인의 민족 대표?

3·1 운동을 이끈 민족 지도자는 몇 명이었을까? 3·1독립선언서에 서명하여 비폭력 원칙과 상징적 권위를 부여한 종교계 지도자만 추리면 33인이 맞지만, 선언서의 실제 인쇄·배포부터 전국적 시위 기획과 연락망 구축 등 실무 현장을 발로 뛰며 옥고를 치른 행동파 인물들까지 모두 합치면 48인으로 볼 수도 있다.

無 情

上

李 光 洙 著

1917년 《매일신보》에 연재된 후
1918년 광익서관에서 단행본으로 간행된 소설 『무정』의 표지

88, 90, 92 … 조선의 막내라인 지식인들
우리는 그들의 변절을 어디까지 이해해줄 수 있을까?

조선의 3대 천재 중 마지막 세 번째 천재는 바로 벽초 홍명희입니다. 참고로 홍명희와 이광수, 최남선은 모두 비슷한 또래인데, 홍명희가 1888년생, 이광수가 1892년생, 최남선이 1890년생으로 당시 지식인들 사이에서 이른바 '88, 90, 92 라인'을 형성하고 있었죠. 이렇게 말하면 약간 감이 오시려나요? 이들이 서른 살 전후의 혈기 왕성한 나이에 1919년 3월 1일을 맞이했다는 사실이 매우 중요합니다. 이 세 명은 모두 어린 시절 일본으로 건너가 유학 생활을 하며 우정을 쌓은 절친한 사이이기도 했어요. 홍명희의 가장 대표적인 업적은 대하소설 『임꺽정』을 집필한 것인데, 일제강점기에 쓰인 이 방대한 소설은 지금 읽어도 정말 흥미진진하고 엄청난 문학적 완성도를 자랑합니다.

　『임꺽정』은 당시 신문에 연재될 때마다 그야말로 선풍적인 인기를 끌었습니다. 이 소설이 지닌 가장 위대한 가치는 일제가 우리말을 말살하고 일본어 사용을 강요하던 그 서슬 퍼런 시기에, 오직 조선어만으로 이토록 유려하고 방대한 문학 세계를 구축했다는 점에 있죠. 당시 『임꺽정』은 사실상의 '우리말 사전'이나 다름없었습니다. 한국인들이 잊고 지냈던 아름다운 토박이말과 과거로부터 살아남아 오늘날까지 생동하는 민중의 언어들을 촘촘히 담아냈습니다. 『임꺽정』은 단순한 의적 소설을 넘어, 소설의 집필 과정 자체가 곧 한국의 고유한 언어와 정신을 지키고 보존하려는 숭고한 문화 독립 운동이었죠.

　홍명희는 앞선 두 사람과 달리 끝내 친일의 길을 걷지 않았습니다. 그 대신 조금 다른 '변절'을 했죠. 그 이야기는 조금 뒤에서 이어갈게요. 흥미로운 사실은 조선의 3대 천재 중 가장 먼저 변절의 늪에 빠진 사람이 바로 조선의 독립선언문을 작성한 최남선이었다는 점이에요. 1928년경 최남선이 감옥에서 가혹한 고문을 견디다 못해 결국 변절을 선택하자, 당시까지만 해도 지조를 지키고 있던 이광수는 큰 충격을 받았습니다. 그는 '어떻게 내 가장 친한 친구가 저런 짓을 할 수 있느냐'며 분노했고, 급기야 최남선에게 절교를 선언하며 나쁜 놈이라고 맹비난했죠.

하지만 이광수 역시 감옥 생활의 고초와 현실의 벽을 넘지 못하고 끝내 변절의 길을 선택했습니다. 한때 절교까지 선언했던 친구 최남선과 다시 손을 잡고 일본으로 건너가 조선의 청년들에게 전쟁터로 나가라며 학병 지원을 권유했죠. 이 소식을 들은 홍명희는 이광수의 집 대문 앞으로 달려가 상을 차려놓고는 마치 초상이 난 것처럼 통곡하기 시작했습니다. 깜짝 놀라 뛰어나온 이광수에게 홍명희는 "내 친구 이광수가 친일을 한다더니 정말이구나. 이제 내 친구 춘원은 죽고 없구나!"라며 대성통곡을 했다고 합니다. 저는 이런 장면들이 지독한 한국사의 트라우마를 보여주는 슬픈 사례들이라고 생각합니다.

홍명희는 이광수나 최남선처럼 노골적인 친일 행적을 남기지는 않았습니다. 비록 일부 행사에 참여했다는 기록은 있으나 대외적으로 변절을 선포하며 민족을 배신하는 수준은 아니었죠. 하지만 그가 선택한 길은 또 다른 의미에서 우리 역사에 큰 파장을 일으켰습니다. 그는 광복 후 월북을 선택해 북한의 부수상 자리까지 올랐고, 자신의 딸이 김일성의 부인이 되면서 그의 장인으로서 권력의 핵심부에 머물렀습니다. 친일이 아닌 월북이라는 변절을 택한 거죠.

1968년 세상을 떠날 때까지 북한에서 최고의 예우를 받으며 살았던 그는, 1950년 한국전쟁 당시 적대국의 지도부였기에 남한의 관점에서는 명백한 전쟁 범죄의 책임에서 자유로울 수 없는 인물이기도 합니다. 흥미로운 점은 그가 김일성의 노동당에 가입하지 않은 채 독자적인 정치 세력을 유지하면서도 김일성의 가장 가까운 가족이자 측근으로 활동했다는 사실입니다.

대한민국 정부 입장에서 홍명희는 명백한 '빨갱이'이자 적대국의 지도부였기에, 그가 쓴 『임꺽정』은 오랫동안 금기시되다 1990년대에 이르러서야 겨우 세상의 빛을 볼 수 있었습니다. 그의 손자인 홍석중 작가의 소설 『황진이』 역시 뛰어난 문학성과 우리 민족 특유의 정서를 담고 있음에도 뒤늦게야 해금될 수 있었죠. 결국 이광수, 최남선, 홍명희라는 조선의 3대 천재는 각기 다른 이유로 우리 역사의 '미궁' 속에 갇혀버렸습니다. 친일과 변절로 오염된 지식인, 혹은 분단의 반대편에 선 전쟁 범죄자라는 꼬리표 때문에 우리는 그들의 눈부신 재능과 한국어에 대한 기여를 마주하면서도 차마 온전한 존경의 마음을 보낼 수 없는 비극적인 상황에 놓이게 된 것입니다.

1920년대 초반까지만 해도 이들은 민족의 운명을 어깨에 멘 불꽃 같은 독립운동가들이었습니다. 최남선은 3·1독립선언서를 쓴 죄로 2년 8개월이라는 긴 시간 동안 옥고를 치렀습니다. 이광수 역시 3·1 운동의 도화선이 된 도쿄 유학생들의 '2·8독립선언서'를 직접 기초하며 독립 투쟁의 선봉에 섰습니다. 홍명희 또한 끝까지 지조를 지키며 독립운동에 매진했던 핵심 인사였죠. 이들 세 명은 명실상부 조선 청년들이 가장 우러러보던 독립의 상징이자 지성적 기둥이었습니다.

당시 경성에서 '조선의 3대 천재'라는 이름만으로도 온 민족의

신간회 활동 등으로 투옥되어
1930년 12월 12일 서대문형무소에서 촬영된 홍명희의 사진

가슴을 뛰게 했던 이들, 누구보다 확고한 신념으로 독립 선언의 문장을 새겼던 이들이 왜 결국 비슷한 선택을 할 수밖에 없었을까요? 처음부터 나라를 팔아치울 작정이었던 이완용 같은 매국노들과 달리, 민족의 자부심이었던 이들의 변질은 우리에게 훨씬 더 복잡하고 고통스러운 질문을 던집니다. 과연 우리는 시대의 압력 앞에서 무너져내린 그들의 고뇌를 어디까지 이해할 수 있으며, 그 상처를 어떻게 치유할 수 있을까요?

치유의 시작, 그들의 변절 사유를 이해하기

진정한 테라피를 위해선 그들의 내면 깊숙한 곳까지 파고들어야겠지만, 그 전에 이들을 움직이게 했던 시대적 배경을 먼저 짚어볼 필요가 있습니다. 3·1 운동의 불씨가 당겨진 결정적인 계기, 그리고 최남선이나 이광수 같은 천재 유학생들이 도쿄와 경성, 나아가 상해에서까지 목숨을 걸고 독립 선언을 외칠 수 있었던 근본적인 동력은 바로 1차 세계대전이 남긴 파장이었습니다.

　　1차 세계대전이 미국의 승리로 막을 내리자, 전후 질서를 논의하기 위해 파리강화회의가 소집되었습니다. 이 무대에 등장한 우드로 윌슨 미국 대통령은 프린스턴대학 총장을 지낸 저명한 학자 출신의 철저한 이상주의자였죠. 그는 자유민주주의라는 가치가 전 세계로 확산한다면 인류가 마침내 '영구 평화'라는 원대한 꿈을 이룰 수 있을 것이라고 굳게 믿었습니다. 오늘날의 시각에서 보면 조금 순진하고 안타깝게 느껴질지 몰라도, 참혹한 전쟁을 끝낸 당시에는 그가 꿈꾼 평화의 비전이 전 세계 민중에게 엄청난 울림과 믿음을 주었던 것은 분명합니다.

당시 월슨 대통령이 천명한 핵심 원칙은 바로 민족자결주의National Self-determination였습니다. 이는 말 그대로 각 민족이 자신의 운명을 외부의 간섭 없이 스스로 결정해야 한다는 지극히 상식적이고도 정의로운 원칙이었죠. 하지만 여기에는 냉혹한 국제 정치의 함정이 숨어 있었습니다. 1차 세계대전을 승리로 이끈 주역에는 미국뿐만 아니라 광활한 식민지를 거느린 영국도 있었고, 무엇보다 당시 일본 역시 연합군의 일원으로 참전한 엄연한 '승전국'이었다는 사실입니다. 훗날 2차 세계대전에서의 패배와 달리, 이때의 일본은 세계 질서를 재편하는 승리자의 자리에 앉아 있었습니다. 일단 영국과 프랑스는 미국의 요구를 전면적으로 수용하기보다는, 중동과 아프리카 등지에 진출해 민족자결주의를 명분으로 한 '일시적 보호와 관리'를 거친 뒤 장차 독립을 보장하겠다는 방식으로 대응했습니다. 그러나 이러한 구상은 본질적으로 지속 가능하지 않았습니다. 일본이나 영국 같은 다른 승전국들 입장에서는 미국 대통령이 그런 원칙을 제시했다고 해서, 자신들이 오랜 시간 유지해온 식민지를 곧바로 독립시켜야 하는지에 대해 쉽게 동의하기 어려웠죠.

HISTORY KEYWORDS

민족자결주의

1차 세계대전 직후 미국 대통령 윌슨이 제창한 '각 민족의 운명은 스스로 결정한다'는 원칙으로, 실제로는 패전국의 식민지에만 적용되는 강대국의 논리였으나 당시 식민지 조선 민중에게는 해방이 머지않았다는 가슴 벅찬 희망과 거국적인 독립 투쟁의 명분을 제공했다.

국가 간 복잡하게 얽혀 있는 관계는 차지하고, 일단 세계 최강 대국의 대통령이 '각 민족의 운명은 스스로 결정한다'는 원칙을 천명하니 전 세계 식민지 민중에게는 그야말로 감격스러운 복음과도 같은 소식이었습니다. '세계에서 가장 힘센 나라의 대통령이 모든 민족의 자결권을 말하다니!'라는 믿음이 조선 팔도를 뒤흔든 것이죠. '그렇다면 조선 민족에게도 스스로 결정할 권리가 있다는 것을 전 세계에 보여주자'라는 공감대가 형성되어 온 국민이 일어난 것이 바로 3·1 운동의 시작이었습니다. 하지만 돌아온 것은 일본의 무자비한 탄압과 수천 명의 죽음뿐이었죠. 무엇보다 굳게 믿었던 미국과 승전국들은 조선의 독립에 전혀 개입하지 않았고, 결국 화려했던 환상은 깨져버리고 말았습니다.

최남선이 기초한 독립선언서는 이렇게 끝맺습니다. "낡은 시대의 유물인 침략주의와 강권주의가 물러가고, 도의에 맞는 새로운 시대의 서광이 비치고 있다." 하지만 그 찬란한 외침의 대가는 참혹했습니다. 선언서를 쓴 최남선은 차가운 감옥에 갇혀 긴 시간 동안 인간의 한계를 시험하는 고문을 견뎌야 했습니다. 유관순 열사를 비롯한 수많은 이들이 스러져가고 이광수가 망명길에 오르는 비극 속에서, 천재들이 꿈꿨던 도의의 시대에 대한 희망은 완전히 꺾였죠.

최남선은 단순히 글만 쓰는 문장가가 아니었습니다. 그는 한국사 최초의 근대 잡지인 《소년》을 창간하여 민족의 계몽을 이끌었던 선구적인 출판인이자 언론인이었죠. 오늘날 11월 1일이 '잡지의 날'로 지정된 이유도 바로 《소년》의 창간일을 기념하기 위해서였죠. 감옥에서 나온 뒤에도 이어간 육당의 출판 사업은 일제의 가혹한 탄압에 가로막혔습니다. 민족의 정신을 깨우려는 그의 글들은 번번이

검열에 걸렸고, 일제는 그가 운영하던 잡지들을 줄줄이 폐간시켰습니다. 명망 높던 천재 지식인 최남선은 극심한 생활고에 시달리며 당장 가족과 자신의 생계를 걱정해야 하는 비참한 현실로 내몰렸죠.

이광수의 여정은 1910년대 독립운동의 심장부였던 상해 임시정부에서 시작되었습니다. 하지만 3·1 운동이 국제 사회의 외면 속에 실패로 돌아가고, 임시정부 내부마저 파벌 싸움으로 분열되자 그는 깊은 회의감을 느끼며 조선으로 돌아오게 됩니다. 특히 그의 정신적 지주였던 도산 안창호 선생이 오랜 수감 생활로 고초를 겪다 결국 서거에 이르자 이광수는 회복 불가능한 타격을 입었습니다. 도산은 무모한 투쟁 대신 '민족개조론'과 '실력양성론'을 강조하며 조선인이 일본과 대등해질 수 있는 실력을 먼저 갖추어야 한다고 역설했습니다. 외세의 도움만 믿고 나섰던 3·1 운동의 좌절을 지켜본 이광수에게, 도산의 이 가르침은 '지금의 우리는 아직 독립할 자격이 없다'는 뼈아픈 자기반성으로 이어지지 않았을까요?

안창호가 세상을 떠난 뒤 깊은 회의감에 빠진 이광수는 결국 '일제 식민지'라는 틀 안에서 자치권을 얻는 현실적인 길을 모색하기 시작했습니다. 영국이나 프랑스의 자치령처럼, 완전한 독립은 아니더라도 일본 제국의 '프랜차이즈' 형태로 제한적으로나마 민족의 자율성을 확보하고, 그렇게 얻은 시간 동안 최대한 빨리 민족의 역량과 수준을 높여보자는 논리로 경도됐죠. 이광수는 변절 후에도 지식인으로서의 역할을 포기하지 않았습니다. 대표적으로 이순신 장군을 대중에게 알리는 전기 소설을 쓰는 등 역사적·문화적 작업에 매진했죠. 그는 이순신의 승리 자체보다 이순신을 시기하고 배척했던 조선 관리들의 무능함을 비판하는 데 집중했습니다. 이는 '일제로부터의 독립 이전에 조선 민족의 체질 개선이 우선이다'라는 자신의 민족개조론과도 맞닿아 있었습니다. 하지만 대외적인 명성과 달리 그의 현실은 지독한 생활고의 연속이었고, 젊은 날 3·1 운동의 중심에서 확신했던 독립의 꿈은 굳건한 일제의 지배 아래 점차 무력감으로 변해갔습니다.

한편, 역사학자였던 최남선은 일본 학계의 거센 역사 왜곡에 맞서 논리적인 방어벽을 세우는 데 집중했습니다. 그는 일본어를 유창하게 구사하며 일본 학자들과 대등하게 토론했고, '단군론檀君論'과 '불함문화론不咸文化論' 등을 통해 우리 민족의 뿌리를 증명하려고 애썼습니다. 유적지가 파괴되고 유물이 약탈당하는 현실 속에서, 그는 정치적 독립 이전에 우리 역사의 원형을 지키는 것이 급선무라고 믿었죠. 최남선이 변절하게 된 결정적인 계기는 감옥에서의 가혹한 고문과 압박이었습니다.

결국 일제의 교수직 제안 회유에 넘어가 만주 건국대학 교수가 된 그는 일본 학계에서도 자신의 학문적 성과를 인정받고자 노력했는데, 일본을 노골적으로 찬양하기보다는 조선과 일본의 뿌리가 같다는 논리를 펼쳤습니다. 기존의 역사 이론을 변형해 일제의 '내선일체' 논리에 힘을 실어주는 방식으로 타협한 것입니다. 최남선이 주창한 불함문화론의 핵심은 우리 민족 고유의 '밝 사상'에 있습니다. 이는 '밝다' 혹은 '환하다'라는 의미를 지닌 광명 숭배 문화를 바탕으로 한 사상인데, 그는 우리 동이족이 시베리아를 넘어 발칸 반도까지 아우르는 거대한 문화권을 형성했다는 파격적인 가설을 세웠습니다. 오늘날 고대사의 범위를 비약적으로 넓혀 해석하는 이른바 『환단고기』 같은 재야 사학의 논리적 원조가 바로 최남선의 불함문화론이라고 볼 수도 있죠.

최남선의 논리는 우리가 중국과는 뿌리부터 다른 북방 유목민

1946년 2월 20일이 발행된 것으로 추정되는,
최남선이 고대부터 현재까지 한반도의 역사를 저술한 역사서 『조선역사』

족, 즉 시베리아와 몽골 계통이라는 점에 착안했습니다. 그는 단군 신화에 담긴 샤머니즘과 애니미즘적 요소가 중국이나 인도 문명과는 완전히 구별되는 독자적인 문화(불함문화, 밝 문화)의 증거라고 보았습니다. 따라서 최남선에게 단군론과 불함문화론은 하나의 궤로 움직여야만 하는 이론이었죠. 일제 치하 민족의 자긍심을 일깨우기 위해 체계화한 단군론과 일제의 식민 정책에 활용된 불함문화론이 역설적이게도 같은 세계관을 공유하는 모순, 참 흥미롭지 않나요?

문제는 이 문화권이 일본까지 이어졌다는 그의 주장이 당시 조선·만주·일본을 하나의 블록으로 묶으려던 일제의 전략과 맞아떨어졌다는 점입니다. 일본은 천황을 정점으로 한 동아시아의 위계적 내선일체론을 원했고, 최남선의 '동일 뿌리론'은 이를 학술적으로 뒷받침하는 완벽한 토대가 되었습니다. 결국 단군을 지키려던 그의 천재적인 논리가 역설적으로 일제의 통합 논리에 흡수되는 비극이 벌어진 것이죠.

HISTORY KEYWORDS

단군론·불함문화론

우리 민족의 뿌리를 고대 아시아 문화의 중심인 '불함(밝음)'에서 찾으려 했던 최남선의 학술적 시도로, 초기에는 민족적 자긍심을 높이는 도구였으나 훗날 일제의 '대동아공영권' 논리에 흡수·이용당하며 학문의 순수성이 권력의 이데올로기로 포섭되는 위험성을 경고하는 사례가 되었다. 결국 최남선의 역사관은 '일본과 조선은 하나'라는 슬로건 아래 조선인의 민족성을 완전히 말살하고 일본 천황의 충성스러운 신민으로 개조하여 침략 전쟁의 소모품으로 동원하고자 했던 일제 말기 식민 통치 논리인 내선일체론으로 악용되었다.

해방,
선 넘은 그들의 말로

이제 거의 막바지인데요. 최남선과 이광수의 변절의 뿌리에는 '해볼 만큼 해봤다'라는 무력감도 있었다고 생각합니다. 일단 일제 체제 안에서 실력을 쌓으며 힘을 모은 뒤 '상황이 나아지면' 그때 가서 더 본격적으로 독립을 요구하자고 구상했을 거예요. 충분히 이해가 갑니다. 하지만 그들이 품었던 '훗날을 위한 후퇴'라는 명분은 1940년대 일제 태평양전쟁기에 접어들며 설득력을 잃고 맙니다. 일제의 패망이 짙어지던 그 시기에 자중하기는커녕 오히려 조선인들에게 학병 지원을 독려하며 청년들을 사지로 몰아넣는 적극적인 친일 행보를 보였기 때문이죠. 그들이 일제 패망 직전까지 보여준 선동적 모습은 단순한 생계형 변절을 넘어 지식인의 최후 보루마저 저버린 안타까운 선택으로 역사에 기록되었습니다.

　　반면 홍명희는 끝내 침묵하며 선을 넘지 않았고, 조선의 3대 천재에 버금갈 정도로 학식과 명망이 대단했던 만해 한용운 역시 서슬 퍼런 일제 말기에도 '변절하느니 차라리 굶어 죽겠다'며 끝까지 절개를 지켰으니까요. 아무리 민족의 실력을 키우기 위한 선택이었다고 변명해도, 아직 스무 살도 되지 않은 10대 제자들에게 일제 군복을 입고 전쟁터에 나가 천황을 위해 죽으라고 선동한 것은 지식인으로서 넘지 말아야 할 마지막 선을 넘은 행위였습니다.

　　젊은 시절의 이광수, 최남선, 홍명희는 성리학적 질서에 갇힌 낡은 조선을 거부했던 당대 최고의 반골이자 유능하고 혁신적인 개화파였습니다. 특히 이광수는 수려한 외모와 파격적인 문장으로 대중적 인기가 압도적이었죠. 그는 조선의 고루한 관습을 타파하고자 자유연애를 부르짖었고, 심지어 당시로서는 상상조차 하기 힘든 동성애까지 옹호할 정도로 시대를 앞서간 자유주의자였습니다. 낡은 체제를 부수고 새로운 세상을 꿈꿨던 그들의 천재적인 반골 기질은, 역설적이게도 '차라리 일본이라는 근대화된 시스템을 통해 조선을 개조하겠다'는 친일의 논리로 이어지는 불씨가 되기도 했죠. 이광수의 내면에는 일본에 대한 반감보다, 근대화되지 못한 조선의 낡은 관습과 그것을 고수하는 양반층에 대한 뿌리 깊은 경멸이 자리 잡고 있었던 것 같습니다. 몰락한 왕족의 후예로 태어났던 그는 평생을 지독한 가난과 신분제의 부조리 속에서 자랐죠. 그는 서구식 합리주의와 자유를 꿈꾸는 열린 지식인이었기에 변화를 거부하는 조선의 현실이 더 견디기 힘들었습니다.

　　이광수의 변절 행보는 태평양 전쟁 말기인 1944년과 1945년에 이르러 절정에 달했습니다. 그는 학병 권유 강연에 앞장섰을 뿐만 아니라, 창씨개명에도 매우 적극적이었습니다. 이름을 '가야마 미쓰로香山光郎'로 개명한 뒤, '김씨, 박씨 같은 성도 결국 중국에서 건너온 것인데 일본식으로 바꾸는 게 무엇이 문제냐?'는 논리를 펴며 민중에게 개명을 종용했습니다. 이광수는 말년에 일제의 비호 아래 안락한 삶을 누렸지만, 자신이 그토록 불가능하리라 믿었던 해방은 예고 없이 찾아왔습니다.

　　해방 직후인 1948년 10월, 친일파를 단죄하기 위한 반민족행위특별조사위원회(반민특위)가 결성되면서 최남선과 이광수도 심판대에 올랐습니다. 하지만 이승만 대통령은 국정 운영의 효율성과 반공을 명분으로 '지나간 일을 들춰내지 말자'며 반민특위의 활동에 제동을 걸었습니다. 이로써 두 사람은 실질적인 처벌을 면하게 되었습니다. 1949년 2월 12일 최남선은 조사를 받으며 일종의 소견서라고도 할 수 있는 글인 '자열서自列書'를 제출합니다. 내용은 진심 어린 참회라기보다 '민족의 보존을 위해 어쩔 수 없는 선택이었다'는 변명과 자기합리화로 가득 차 있었죠.

> (…) 무슨 까닭에 이러한 방향 전환을 하였는가. 이에 대하여는 일생의 목적으로 정한 학연學硏 사업이 절체절명의 위기에 빠지고 그 봉록과 그리로 서 있는 학구상 편익을 필요로 하였었다는 이 외의 다른 말을 하고 싶지 않다. (…)

1950년 남한과 북한의 전쟁이 발발하자 남한의 유명 인사를 포섭하라는 김일성의 지시에 따라 이광수는 결국 북한군에 의해 납북되었습니다. 당시 북한 정권의 고위직이자 김일성의 장인으로서 정계 실세가 된 홍명희는 오랜 친구인 이광수를 살려달라고 김일성에게 간곡히 부탁했습니다. 홍명희의 딸이 김일성의 집에서 일하다 인연을 맺어 결혼까지 하게 된 특수한 가족 관계 덕분에 그는 막강한 영향력을 행사할 수 있었고, 이를 통해 친구의 목숨을 구하려고 했던 것이죠. 홍명희는 북한의 최고 권력층이었지만 남한에 역사

HISTORY KEYWORDS

반민족행위특별조사위원회

해방 직후 친일파의 반민족 행위를 처벌하기 위해 구성된 기구였으나 친일 세력을 등에 업은 이승만 정부의 방해와 물리적 압박으로 무력하게 해체되었다. 특히 1949년 발생한 6·6 특위 습격 사건과 국회 프락치 사건 등 권력층의 조직적인 물리적 압박과 법 개정을 통한 공소 시효 단축은 특위의 조사 기능을 마비시켰으며, 이는 결국 단 한 명의 친일파도 실질적으로 처벌하지 못한 채 무력한 해체로 이어졌다.

학자 정인보의 아들과 결혼한 자녀가 있거나 시인 김소월을 사위로
두는 등 남쪽과도 복잡한 인연이 많았습니다. 이런 배경을 동원해
홍명희는 납북된 친구 이광수를 보호해줬고, 결국 이광수는 북한
에서 홍명희의 보살핌 속에 말년을 보낼 수 있었습니다. 이광수는
납북 과정에서 얻은 폐결핵으로 앓다가 1950년 전쟁의 포화 속에
서 오랜 친구인 홍명희 곁을 지키며 파란만장한 생을 마감했습니다.

어린 시절 일본 유학부터 독립운동까지 함께했던 친구들이 해
방과 전쟁을 거치며 겪은 우정은 참으로 기구했습니다. 변절한 이광
수를 보며 '내 친구 춘원은 죽었다'라며 질타했던 홍명희는 역설적
이게도 전쟁 중 납북된 이광수를 보살피다 친구의 마지막을 지켜주
었습니다. 반면 남한에 남은 최남선은 이승만 정부의 비호 아래 서
울특별시사편찬위원회 고문을 맡으며 국가 공식 역사 편찬 사업에
참여하는 등 비교적 조용히 여생을 보냈습니다. 하지만 1957년 그
가 세상을 떠날 무렵 또 다른 묘한 반전이 기다리고 있었죠.

뒤늦은 명예 복원 시도,
누가 그들을 욕할 수 있는가?

이광수와 최남선이 세상을 떠나고 홍명희가 북에 남아 있던 1950~
1960년대, 조선의 3대 천재들의 뒤를 이어 남한의 지성계를 뒤흔든
인물은 바로 장준하였습니다. 광복군 출신이자 《사상계》의 발행인
으로서 남한 인텔리들의 절대적 지주였던 장준하는 누구도 부정할
수 없는 한국 독립운동의 정통성이었죠. 미국 CIA의 전신이자 특수
방첩부대였던 미군 전략사무국[OSS] 훈련까지 받은 군인 출신이었던

장준하가 최남선이 사망한 1957년, 돌연 '육당·춘원의 밤'이라는 행사를 열자 남한 지성계는 발칵 뒤집혔습니다. 이광수와 최남선의 친일 행위에 대한 평가가 정리되지 않고 날선 비판이 오가던 때, 흠결 없는 독립투사 장준하가 직접 나서서 '더 이상 이분들을 비판하지 말자'며 방패가 되어준 거죠. 정말 묘한 반전이죠? 장준하는 대체 왜 갑자기 이런 행보를 보인 걸까요?

　　장준하의 논리는 명확했습니다. 비록 끝은 굴절되었을지언정 이광수의 『무정』, 홍명희의 『임꺽정』 같은 지적 성취가 없었다면 지금 누리고 있는 한국인의 자긍심이 존재했겠느냐는 것이었죠. 심지어 최남선의 불함문화론까지도 위대한 문화적 업적으로 평가했어요. 장준하는 자신이 펴낸 《사상계》 1957년 12월호 '최남선 특집호' 권두언에서 이렇게 썼습니다.

> 민족이 가장 암담한 절망의 골짜기에 처해 있을 때에도 선생은 우리의 가장 친근한 벗이요, 경애하는 스승이었다. 한때 선생의 지조에 대한 세간의 오해도 없지 않았다. 하지만 본의가 이 민족의 운명과 문화의 소생에 있었음은 사실로 밝혀진 바요.

　　이는 변절에 대한 면죄부라기보다, 비극적인 시대를 건너온 천재들이 남긴 민족의 자산만큼은 망각의 바다에서 건져올려 우리 것으로 품어야 한다는 선언이었습니다. 이 논쟁은 지금도 계속되는 현재진행형의 고뇌입니다. 역사를 공부하고 글을 쓰는 입장에서, 그리고 장준하 선생을 흠모하는 사람으로서 육당과 춘원을 어떻게 바라봐야 할지는 여전히 어려운 숙제입니다. 그러나 최남선의 3·1독립선언서, 이광수의 2·8독립선언서, 그리고 홍명희의 『임꺽정』 같은 작품을 읽을 때 느껴지는 속이 울렁거릴 정도의 감동과 행복감은 부정할 수 없는 실체입니다. 우리 민족의 토대를 닦은 찬란한 문장들이 정작 저자들의 변절이라는 비극적 역사와 한 몸으로 얽혀 있다는 게 참 잔인한 현실이죠.

친일을 했다는 이유로 이광수나 최남선 같은 인물을 배제하고서는 한국의 독립운동사를 비롯해 한국 근현대사 자체를 제대로 읽을 수 없습니다. 조선의 천재라고 불린 이들을 마냥 자랑할 수도 없는 이 상황, 바로 이 지점에서 우리는 일종의 트라우마로 인한 기억의 공백을 겪게 됩니다. 고통스러운 기억을 잠그거나 억지로 잊으려 하는 무의식 속에서 3·1 운동 이후 전개된 다양한 생존 방식과 사회 운동의 흐름도 함께 가려지는 것이죠. 한국사에 치유가 필요한 이유가 바로 이것입니다.

이런 생각도 듭니다. 만약 우리에게 '개화를 통해 이런 나라를 만들겠다'는 확고한 비전을 제시한 단 한 명의 리더라도 있었다면, 혹은 명확하게 정립된 이념적 토대가 있었다면 3·1 운동 이후의 분열은 조금 덜했을지도 모른다고요. 물론 당시 일제의 혹독한 탄압이 얼마나 잔인하고 악랄했는지 온전히 가늠하기 어려운 지금의 입장에서야 쉽게 할 수 있는 가정일 뿐입니다. 혼란의 시대에 민족의 나아갈 길을 하나로 묶어줄 강력한 사상적 중심이 부재했다는 사실은 결국 천재들조차 각자의 논리에 갇혀 뿔뿔이 흩어지게 만든 근본적인 원인이 되었습니다. 여러분이라면 어땠을까요? 이는 저에게도 스스로 던지는 역사의 물음표입니다. 이 질문을 끝으로 이광수·최남선·홍명희라는 세 줄기 빛이 결국 서로 다른 어둠으로 흩어지는 과정을 지켜보며 오늘 대화를 마무리하겠습니다.

01 3·1독립선언서를 작성한 육당 최남선, 소설 『무정』을 집필한 춘원 이광수, 소설 『임꺽정』을 집필한 벽초 홍명희는 조선의 3대 천재라고 일컬어지며 당대 청년들의 등불이 되었지만, 최남선과 이광수는 3·1 좌절 후 일제에 부역하고, 홍명희는 1950년 한국전쟁 때 월북하며 저마다 다른 '변절'을 택했다.

02 홍명희는 함께 일본 유학을 다녀오기도 했던 절친한 벗 이광수가 친일을 택하자 그의 집 앞에 가서 '내 친구 춘원은 죽었다'며 통곡하며 울 정도로 그를 심하게 비난했지만, 1945년 해방 후에도 생활고를 견디다 못해 납북을 당한 이광수의 마지막을 끝까지 곁에서 지켜줬다.

03 '친일을 택한 그들이 남긴 문화적 성취가 우리 민족의 자긍심의 뿌리가 되었다는 사실을 인정해야 한다'는 장준하의 주장처럼, 한국의 위대한 유산 속에 친일과 변절이라는 불명예스러운 과거가 뒤섞여 있다는 사실을 인정할 때 비로소 한국사의 뒤틀린 트라우마를 치유할 길이 열리지 않을까?

「3·1독립선언서」 전문

우리는 지금 이 자리에서 조선이 독립된 나라이며 조선인이 자주적인 국민임을 선언한다. 이를 세계 모든 나라에 알려 인류가 평등하다는 큰 원칙을 분명히 하고, 이를 우리 자손들에 세 진하여 민족이 스스로 살아갈 정당한 권리를 영원히 누리게 하고자 한다. 반만 년에 이르는 우리 역사에 근거해 이 선언을 하는 것이며, 이천만 민중의 충성과 뜻을 모아 이를 밝히는 것이며, 우리 민족이 앞으로 자유롭게 발전해 나가도록 하기 위해 이를 주장하는 것이며, 인류의 양심이 드러나 만들어가는 세계 개조의 큰 흐름에 함께 나아가기 위해 이를 제기하는 것이다. 이것은 하늘의 뜻이며 시대의 큰 흐름이며, 전 인류가 함께 살아갈 권리를 정당하게 실현하려는 움직임이다. 그러므로 세상 그 무엇도 이를 막거나 억누를 수 없다. 우리는 구시대의 유물인 침략주의와 강권주의의 희생이 되어 역사 이래 수천 년 동안 처음으로 다른 민족의 지배를 받는 고통을 겪은 지 이제 10년이 지났다. 우리의 생존권이 얼마나 빼앗겼으며 정신적 발전이 얼마나 방해받았으며 민족의 존엄이 얼마나 훼손되었으며, 우리의 창의력으로 세계 문화의 큰 흐름에 기여할 기회를 얼마나 잃었는가.

아아, 오랜 억울함을 풀어내고 지금의 고통에서 벗어나며 앞으로 닥칠 위협을 제거하고, 민족의 양심과 국가의 도덕이 억눌려 사라지는 것을 되살려 각 개인이 정당하게 발전하게 하며, 불쌍한 자식들에게 부끄러운 유산을 물려주지 않고 자손 대대로 완전한 행복을 누리게 하려 한다면, 가장 시급한 일은 민족의 독립을 확실히 하는 것이다. 이천만 각자가 마음속에 칼을 품고, 인류의 보편적 본성과 시대의 양심이 정의와 인도의 무기로 우리를 돕는 오늘, 우리가 나아가면 어떤 강함도 꺾지 못하겠는가, 물러나더라도 어떤 뜻을 펼치지 못하겠는가.

병자수호조규 이후 여러 차례 맺은 약속을 어겼다고 해서 일본의 신의 없음을 탓하려는 것은 아니다. 학자와 정치가들이 우리의 조상 대대로 이어온 나라를 식민지로 여기고 우리의 문화를 미개한 것으로 취급해 정복자의 쾌락만을 탐하며 우리의 오랜 사회 기반과 뛰어난 민족 정신을 무시한다 하여 일본의 의로움 없음을 따지려는 것도 아니다. 우리는 우리 자신을 다잡기에 급해 남을 원망할 겨를이 없다. 현재를 준비하기에 급해 지난 일을 따질 겨를도 없다. 오늘 우리의 책임은 오직 우리 스스로를 세우는 데 있을 뿐, 남을 파괴하는 데 있지 않다. 엄숙한 양심의 명령에 따라 새로운 운명을 개척하려는 것이지, 옛 원한이나 일시적인 감정으로 남을 배척하려는 것이 아니다. 구시대의 사상과 세력에 얽매인 일본 정치가들의 명예욕에 희생된 부자연스럽고 비합리적인 상태를 바로잡아 자연스럽고 합리적인 원칙으로 되돌리려는 것이다. 처음부터 민족의 요구로 이루어진 것이 아닌 양국 병합의 결과는 결국 위압과 차별, 왜곡된 통계 아래에서 서로 이해관계가 다른 두 민족 사이에 영원히 화합할 수 없는 원한을 점점 깊게 만들고 있는 현실을 보라. 용기 있게 과거의 잘못을 바로잡고 진정한 이해와 동정에 바탕한 우호적 새 관계를 여는 것이 서로에게 화를 멀리하고 복을 부르는 지름길임을 분명히 알아야 할 것이다. 또한 이천만 원한을 품은 민중을 힘으로 억누르는 것은 동양의 영원한 평화를 보장하지 못할 뿐 아니라, 동양의 안보의 핵심인 4억 중국인의 일본에 대한 불안과 의심을 더욱 깊게 하여 결국 동양 전체가 함께 몰락하는 비극을 초래할 것이 분명하다. 오늘 우리의 조선 독립은 조선인이 정당하게 살아갈 길을 여는 동시에 일본이 그릇된 길에서 벗어나 동양을 지탱하는 책임을 다하게 하며, 중국이 불안과 공포에서 벗어나게 하고, 나아가 동양 평화와 세계 평화, 인류의 행복을 이루는 데 필요한 단계가 되게 하는 것이다. 이것이 어찌 사소한 감정의 문제가 되겠는가.

아아, 새로운 세상이 눈앞에 펼쳐지고 있다. 힘의 시대는 가고 도덕의 시대가 오고 있다. 지난 세기에 길러진 인도적 정신이 이제 새로운 문명의 빛을 인류의 역사에 비추기 시작한다. 새 봄이 와서 만물이 다시 살아나듯, 추위에 숨죽였던 것이 한때의 형세였다면 따뜻한 바람과 햇살에 다시 기운을 펼치는 것이 지금의 형세다. 천지의 변화와 세계의 흐름을 타고 우리는 머뭇거릴 것도 두려워할 것도 없다. 우리의 고유한 자유를 지켜 번영의 기쁨을 누리고, 우리의 창조력을 발휘해 넓은 세계 속에 민족의 정수를 드러낼 것이다. 우리는 지금 일어선다. 양심이 우리와 함께하고 진리가 우리와 함께 나아간다. 남녀노소를 막론하고 어둡던 옛 터전을 벗어나 만물과 함께 기쁘게 부활을 이루게 될 것이다. 조상들이 우리를 돕고 세계의 기운이 우리를 지켜주니 시작하는 순간이 곧 성공이다. 이제 앞에 놓인 밝은 미래를 향해 나아갈 뿐이다.

세 가지 약속

· 오늘 우리의 이 선언과 행동은 정의와 인도, 생존과 존엄을 위한 민족적 요구이니 오직 자유의 정신을 발휘할 것이며 결코 배타적인 감정으로 흐르지 말라.
· 마지막 한 사람, 마지막 한 순간까지 민족의 정당한 뜻을 마음껏 드러내라.
· 모든 행동은 질서를 존중하여 우리의 주장과 태도를 떳떳하고 당당하게 취하라.

조선을 세운 지 4252년 3월 1일(1919년 3월 1일)

조선 민족대표

손병희 길선주 이필주 백용성 김완규 김병조 김창준 권동진 권병덕 나용환 나인협
양순백 양한묵 유여대 이갑성 이명룡 이승훈 이종훈 이종일 임예환 박준승 박희도
박동완 신홍식 신석구 오세창 오화영 정춘수 최성모 최 린 한용운 홍병기 홍기조

하ᄂᆞᆫ 不安恐怖로서 脫出케 하ᄂᆞᆫ 것이며 또 東洋平和로 重要한 一部를 삼ᄂᆞᆫ 世界平和 人類幸福에 必要한 階段이 되게 하ᄂᆞᆫ 것이라 이 엇지 區區한 感情上 問題―리오

아아 新天地가 眼前에 展開되도다 威力의 時代가 去하고 道義의 時代가 來하도다 過去 全世紀에 鍊磨長養된 人道的 精神이 바야흐로 新文明의 曙光을 人類의 歷史에 投射하기 始하도다 新春이 世界에 來하야 萬物의 回蘇를 催促하ᄂᆞᆫ도다 凍氷寒雪에 呼吸을 閉蟄한 것이 彼一時의 勢―라 하면 和風暖陽에 氣脈을 振舒함은 此一時의 勢―니 天地의 復運에 際하고 世界의 變潮를 乘한 吾人은 아모 躊躇할 것 업스며 아모 忌憚할 것 업도다 我의 固有한 自由權을 護全하야 生旺의 樂을 飽享할 것이며 我의 自足한 獨創力을 發揮하야 春滿한 大界에 民族的 精華를 結紐할지로다

吾等이 兹에 奮起하도다 良心이 我와 同存하며 眞理가 我와 幷進하ᄂᆞᆫ도다 男女老少업시 陰鬱한 古巢로서 活潑히 起來하야 萬彙群象으로 더부러 欣快한 復活을 成遂하게 되도다 千百世 祖靈이 吾等을 陰佑하며 全世界 氣運이 吾等을 外護하나니 着手가 곳 成功이라 다만 前頭의 光明으로 驀進할 따름인뎌

公約三章

一, 今日 吾人의 此擧ᄂᆞᆫ 正義, 人道, 生存, 尊榮을 爲하ᄂᆞᆫ 民族的 要求―니 오즉 自由的 精神을 發揮할 것이오 決코 排他的 感情으로 逸走하지 말라

一, 最後의 一人까지 最後의 一刻까지 民族의 正當한 意思를 快히 發表하라

一, 一切의 行動은 가장 秩序를 尊重하야 吾人의 主張과 態度로 하야금 어대까지던지 光明正大하게 하라

朝鮮建國四千二百五十二年三月　日

朝鮮民族代表

孫秉熙　吉善宙　李弼柱　白龍城　金完圭
金秉祚　金昌俊　權東鎭　權秉悳　羅龍煥
羅仁協　梁甸伯　梁漢默　劉如大　李甲成
李明龍　李昇薰　李鍾勳　李鍾一　林禮煥
朴準承　朴熙道　朴東完　申洪植　申錫九
吳世昌　吳華英　鄭春洙　崔聖模　崔麟
韓龍雲　洪秉箕　洪基兆

宣言書

吾等은玆에我朝鮮의獨立國임과朝鮮人의自主民임을宣言하노라此로써世界萬邦에告하야人類平等의大義를克明하며此로써子孫萬代에誥하야民族自存의正權을永有케하노라

半萬年歷史의權威를仗하야此를宣言함이며二千萬民衆의誠忠을合하야此를佈明함이며民族의恒久如一한自由發展을爲하야此를主張함이며人類的良心의發露에基因한世界改造의大機運에順應幷進하기爲하야此를提起함이니是ㅣ天의明命이며時代의大勢ㅣ며全人類共存同生權의正當한發動이라天下何物이던지此를沮止抑制치못할지니라

舊時代의遺物인侵略主義强權主義의犧牲을作하야有史以來累千年에처음으로異民族箝制의痛苦를嘗한지今에十年을過한지라我生存權의剝喪됨이무릇幾何ㅣ며心靈上發展의障礙됨이무릇幾何ㅣ며民族的尊榮의毁損됨이무릇幾何ㅣ며新銳와獨創으로써世界文化의大潮流에寄與補裨할機緣을遺失함이무릇幾何ㅣ뇨

噫라舊來의抑鬱을宣暢하려하면時下의苦痛을擺脫하려하면將來의脅威를芟除하려하면民族的良心과國家的廉義의壓縮銷殘을興奮伸張하려하면各個人格의正當한發達을遂하려하면可憐한子弟에게苦恥的財産을遺與치안이하려하면子子孫孫의永久完全한慶福을導迎하려하면最大急務가民族的獨立을確實케함이니二千萬各個가人마다方寸의刃을懷하고人類通性과時代良心이正義의軍과人道의干戈로써護援하는今日吾人은進하야取하매何强을挫치못하랴退하야作하매何志를展치못하랴

丙子修好條規以來時時種種의金石盟約을食하얏다하야日本의無信을罪하려안이하노라學者는講壇에서政治家는實際에서我祖宗世業을植民地視하고我文化民族을土昧人遇하야한갓征服者의快를貪할뿐이오我의久遠한社會基礎와卓犖한民族心理를無視한다하야日本의少義함을責하려안이하노라自己를策勵하기에急한吾人은他의怨尤를暇치못하노라現在를綢繆하기에急한吾人은宿昔의懲辯을暇치못하노라今日吾人의所任은다만自己의建設이有할뿐이오決코他의破壞에在치안이하도다嚴肅한良心의命令으로써自家의新運命을開拓함이오決코舊怨과一時的感情으로써他를嫉逐排斥함이안이로다舊思想舊勢力에羈縻된日本爲政家의功名的犧牲이된不自然又不合理한錯誤狀態를改善匡正하야自然又合理한正經大原으로歸還케함이로다當初에民族的要求로서出치안이한兩國倂合의結果가畢竟姑息的威壓과差別的不平과統計數字上虛飾의下에서利害相反한兩民族間에永遠히和同할수업는怨溝를去益深造하는今來實績을觀하라勇明果敢으로써舊誤를廓正하고眞正한理解와同情에基本한友好的新局面을打開함이彼此間遠禍召福하는捷徑임을明知할것안인가

테라피
9

그들은 정말
공산주의가
승리할 것이라고 믿었을까?

좌파

어쩌면 지금 북한의
지도자가 되었을 사람들,
화요회

조준호 PD

지난 편에서는 3·1 운동 이후 독립의 좌절을 겪으며 이광수, 최남선, 홍명희라는 세 천재가 걸어간 엇갈린 행보를 살펴보았습니다. 해방 후 그들은 친일의 굴레에 갇히거나 북으로 떠나며 각기 다른 비극을 맞이했죠. 그런데 이들 지식인의 동요 너머에는 전혀 다른 방식으로 시대를 정면 돌파하려던 세력이 있었다고 하는데요. 바로 '공산주의'라고 불리는 그룹입니다. 훗날 북한이라는 국가의 모태가 된 이념이기도 하죠. 사실 오늘날은 공산주의, 사회주의, 좌파 같은 단어를 입에 올리는 것조차 조심스러운 환경이 된 것 같습니다. 하지만 한국사를 좌와 우로 나누었을 때 절반을 차지하는 이야기라고도 볼 수 있잖아요? 누군가에게는 이른바 '빨갱이'라고 불리는 공산당의 역사가 한국에서 어떻게 시작되었는지 그 뿌리가 궁금합니다.

박헌영,
김일성보다 먼저 조선에 공산당을 만든 사람

지난 시간에는 1919년 3·1 운동의 좌절과 함께 이야기를 시작했습니다. 운동의 좌절 이후 한반도는 '독립은 정말 불가능한 건가? 이제 우린 뭘 할 수 있지?'라는 공황 상태에 빠졌습니다. 상당수 지식인이 공포 속에서 변절을 택하거나 해외로 도피했죠. 이후 1919년부터 해방을 맞이한 1945년까지 30여 년의 세월이 흘러갔습니다. 그리고 해방 후 정부가 수립된 1948년까지 우리는 이 3년의 시간을 '해방 공간'이라고 부릅니다. 미군정과 소련군이 들어와 임시 보호령처럼 지배하던 이 시기는 그야말로 극심한 혼란의 정점이었죠.

이 짧은 역사 동안 어떻게든 남북을 하나로, 좌우를 하나로 뭉치려 했던 이들이 존재했습니다. 그러나 그들은 대개 숙청당하거나 잊혔죠. 1919년부터 1948년까지의 30년은 마치 한국사의 세포 분열 과정과도 같았습니다. 기독교와 천도교, 동학과 서학, 개화와 개벽이 힘을 합쳤던 3·1 운동과 임시정부의 합작이 붕괴되자 커다란

돌덩이가 폭파된 것처럼 수많은 파편이 사방으로 튀었습니다. 최남선과 이광수처럼 친일로 변절해 일제라는 틀 안에서 실력을 키우자는 노선이 생겼는가 하면, 또 다른 한편에서는 당시 세계를 휩쓸며 혁명을 일으킨 공산주의의 길을 택하자는 노선 등 수많은 갈래가 형성되었죠. 이 분열의 역사를 제대로 마주해야만 2026년 오늘날까지도 한반도가 왜 이토록 극단적으로 나뉘어 대립하고 있는지를 온전히 이해할 수 있습니다.

이번 시간에는 한반도 최초의 공산당인 조선공산당의 시작을 다루려고 합니다. 조선공산당은 남북이 갈라지기 한참 전인 1925년에 설립되었습니다. 하지만 일제강점기에 공산주의를 택했던 이들을 곧바로 오늘날 북한의 기반이라고 보기는 어렵습니다. 그들은 훗날 대부분 숙청당했기 때문이죠. 사실 우리가 아는 북한 체제를 지배하는 것은 공산당이 아니라 '노동당'입니다. 공산당과 노동당, 이게 무슨 차이일까요? 공산당은 1925년 조선에 창건된 조선공산당, 즉 한국사 최초의 공산주의자 그룹을 뜻합니다. 노동당은 조선공산당이 모두 축출당한 뒤 집권한 김일성을 비롯한 김정일·김정은으로 이어진 독재 수령 체제의 근간이 된 현존하는 북한의 최고 권력체라고 이해하시면 됩니다. 물론 북한은 공산주의 이념을 따르지만, 당의 공식 명칭은 노동당(조선로동당)이며, 우리가 주목해야 할 지점은 한국사에서 노동당과는 결이 달랐던 조선공산당이 따로 존재했다는 사실이죠.

북한의 권력을 쟁취한 최종 승자는 김일성과 그의 노동당이었지만, 사실 한국의 공산주의를 상징하는 진짜 리더는 조선공산당을 만든 박헌영이었습니다. 그는 일제강점기 내내 투옥과 탈출을 반복하며 공산주의 운동을 이끈 정통파였고, 6·25 전쟁 직후까지도 북한의 핵심 지도자로 군림했죠. 그러나 전쟁 패배 후 위기에 몰린 김일성은 1955년 박헌영을 '미국의 스파이'로 몰아 총살했습니다. 평생을 바쳐 공산당을 일궈온 인물이 정작 자신이 세운 체제에서 숙청당한 것이죠.

뒤에서 자세히 다루겠지만, 사실 당시 김일성은 박헌영에 비해 경력도 짧고 나이도 어린, 그저 소련이 전략적으로 내세운 꼭두각시에 불과했습니다. 그에 반해 박헌영은 1920년대부터 소련과 중국을 오가고 조선 내에서는 노동자로 위장 취업하며 밑바닥부터 공산주의 운동 일궈낸 독보적 리더였습니다. 그의 행적을 빼놓고서는 한국의 공산주의 역사를 논할 수 없는데, 당시 그에게는 임원근과 김단야 같은 든든한 동지들이 있었습니다. 이 세 명의 혁명가 곁에는 허정숙, 주세죽, 고명자라는 파트너들이 또 있었죠. 봉건적 관습을 거부했던 이들은 사상적 동지를 넘어 성적으로도 자유로운 연대를 지향했습니다. 이광수가 자유연애로 구습의 양반 사회를 흔들었듯, 이들 역시 최초의 페미니스트로서 파격적인 삶을 살았습니다.

이 여섯 명의 관계는 현대의 시선으로 봐도 경악할 만큼 얽히

공산주의

마르크스와 엥겔스의 사상을 바탕으로 사유재산제를 폐지하고 생산수단의 공공화를 통해 계급 없는 사회를 지향하는 사상 및 운동이다. 한국 근현대사에서는 1920년대 전후로 유입되어 일제강점기 독립운동 진영의 한 축을 담당하였으며, 민족 해방뿐만 아니라 노동자와 농민 중심의 사회 구조 개혁을 목표로 활동하였다. 자본주의 모순을 비판하며 무산계급의 연대를 강조한 이 이념은 해방 정국까지 한국 사회 전반에 지대한 영향을 끼쳤다.

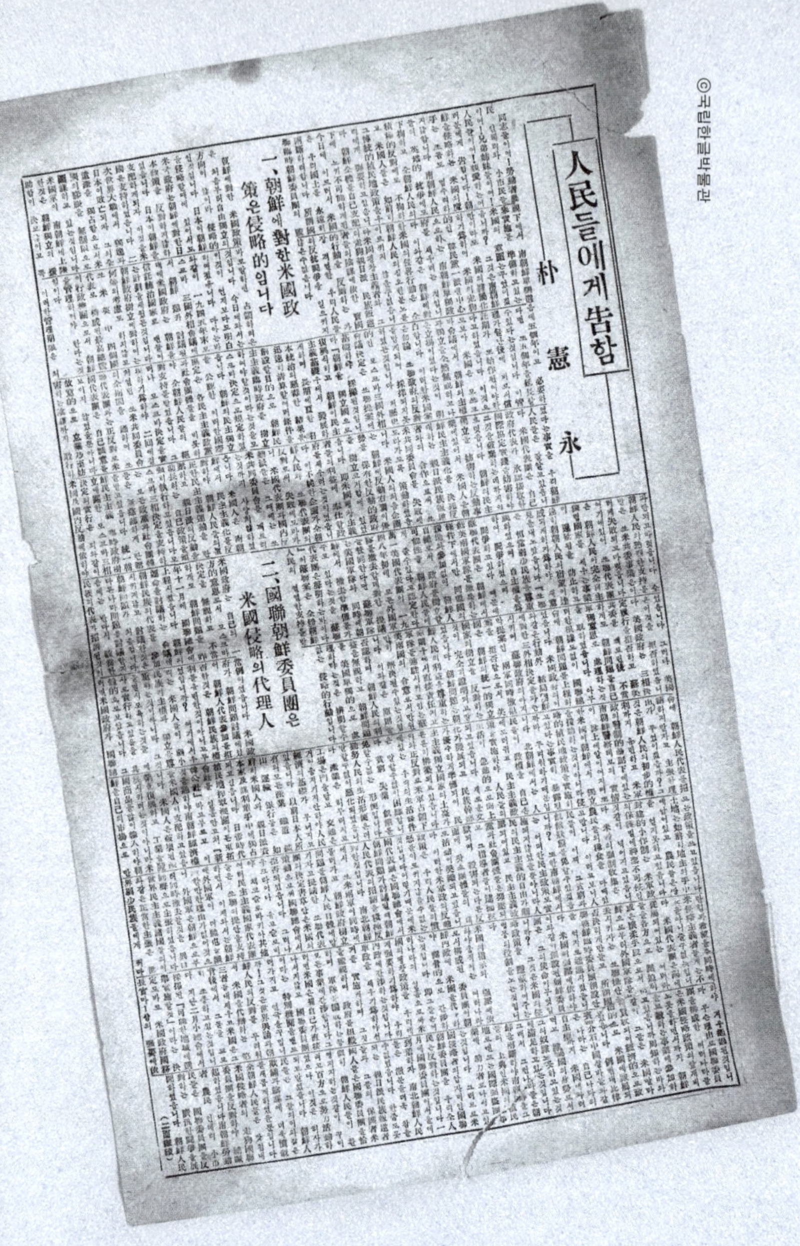

人民들에게 告함

朴　憲　永

一、朝鮮에 對한 米國政策은 侵略的임니다

二、國聯朝鮮委員團은 米國侵略의 代理人

1948년 3월 박헌영이 미군정의 폭정을 고발하고
조선공산당의 재건을 알리기 위해 작성한 전단지 '인민들에게 고함' 일부 모습고설켜 있었습니다. 뜨겁게 연애하다가도 친구의 아내나 남편과 다시 결합하고, 어제의 나의 연인이 오늘의 동지의 부인이 되는 파격적인 삶을 살았죠. 하지만 이들의 '3대 3' 로맨스와 연대기를 단순한 스캔들로만 볼 수는 없습니다. 그 이면에는 봉건적 구습을 타파하고 가장 앞선 사상을 실천하려 했던 당대 최고 인텔리들의 처절한 몸부림이 있었죠. 우리에게 공산당은 그저 '북한괴뢰군'의 이미지일 뿐이지만, 사실 이들은 오늘날 우리가 목격하고 있는 1인 영구 독재 체제의 북한과는 뿌리부터 달랐습니다. 안타깝게도 1991년까지 북한에서 고위직을 지내다 죽은 허정숙을 제외하고, 나머지 주인공들은 대부분 숙청되거나 이국땅에서 기구한 죽음을 맞이했고요.

이 여섯 명이 3·1 운동 이후 왜 공산주의의 길을 선택했는지 추적하다 보면, '빨갱이'라는 원색적 비난 또는 찬사와 옹호라는 이분법을 넘어 20세기 초 한국사를 살아갔던 인간들의 실존적 고민을 마주하게 됩니다. 3·1 운동의 실패가 가져온 무기력한 허무 속에서 지난 시간 살펴본 3대 천재들은 친일이라는 굴복을 택했지만, 이들은 공산주의라는 더 급진적인 해방론으로 시대에 정면 돌파를 시도했습니다. 이번 장에서는 친일과 공산당, 이 극명하게 갈린 두 갈래 길을 대조함으로써 당대 지식인들에게 한국사가 던진 여러 선택지를 여러분과 더욱 선명하게 나누고 싶습니다.

그들은 왜
공산당이 될 수밖에 없었나?

1880년대 후반에서 1890년대에 태어난 조선의 선배 지식인들은 주로 일본 유학을 택했습니다. 당시 신문물을 접하기 위해 가장 현실적인 통로는 일본뿐이었으니까요. 욕심은 미국으로 가고 싶었겠지만, 비용과 거리의 장벽이 너무 높았습니다. 최남선과 이광수 역시 일본 유학파로서 후쿠자와 유키치 같은 일본 개화 지식인들의 영향을 깊게 받았습니다. 그들은 일본이 주도하는 동양의 질서 속에서 조선을 개화하고 독립시키자는 개화파의 논리를 체득한 세대였습니다. 반면 박헌영(1900), 임원근(1899), 김단야(1899), 주세죽(1901), 허정숙(1902), 고명자(1904)는 모두 1900년대 언저리에 태어났죠. 그래서 박헌영이나 허정숙처럼 조선공산당의 주축이 된 청년들은 앞선 세대보다 조금 늦게 유학길에 올랐습니다.

　3·1 운동의 좌절을 목격한 뒤 일본으로 건너간 이들은 깊은 환멸을 느낄 수밖에 없었죠. 1910년대만 해도 일본 유학은 '공부해서 무언가 한번 바꿔보자'는 희망의 통로였고 그 결실이 3·1 운동이었지만, 그 함성이 실패로 돌아가자 지식인들의 시선은 상해 임시정부로 향하기 시작했습니다. 당시 10대와 20대 청년들은 일본에 남아 공부를 계속할 것인지, 아니면 현실에 뛰어들어 중국에서 독립운동을 할 것인지 선택의 기로에 서 있었습니다. 이론과 현장, 학문과 행동의 사이에서 갈팡질팡했죠. 허정숙 역시 일본 유학 중 '학교가 수도원처럼 답답하고 보수적이라 못 살겠다'며 상하이로 떠났고, 그곳에서 박헌영·임원근·김단야를 만납니다. 이들 모두 조선에서 3·1 운동의 실패를 겪은 뒤 상하이 임시정부 소식을 듣고 달려온 20대 초반의 열혈 청년들이었습니다.

　3·1 운동의 핵심 전략은 1차 세계대전의 승전국인 미국, 영국, 프랑스 등에 '조선을 독립시켜 달라'고 평화적으로 '청원'을 하는 것이었습니다. 대한민국 임시정부의 초대 부주석을 지내기도 한 김규

식이 이끄는 민족대표위원회가 파리강화회담까지 건너가 조선의 독립 선포를 간절히 부탁했지만 강대국들은 냉담했습니다. 평화적인 호소가 수포로 돌아간 상황에서 독립을 갈망하던 조선 청년들에게 남은 선택지는 과연 무엇이었을까요?

첫 번째는 '실력양성론'입니다. 앞에서 자세히 다뤘죠. 후일 이광수나 최남선 같은 이들이 변절했다는 비판을 받지만, 적어도 1920년대 초반까지는 변함이 없었습니다. 그들은 조선으로 돌아와《동아일보》와《조선일보》기자로 활동하며 글을 쓰고 교육을 통해 안창호의 이념을 계승해 민족의 실력을 키우자고 주장했습니다. 두 번째는 '외교독립론'입니다. 대표적으로는 이승만이 있죠. 이승만은 아무리 한국인들이 신문에 글을 쓰거나 총과 폭탄으로 일본인들을 괴롭혀도 국력만으로는 일제를 이길 수 없다고 생각했습니다. 차라리 지금부터라도 기독교(개신교)를 믿으며 미국과 같은 체제를 갖춰 미국의 힘을 통해 독립을 쟁취해야 한다는 것이 그의 확고한 믿음이었습니다.

하지만 조선의 열혈 청년들에게는 일단 수그리고 실력을 기르

HISTORY KEYWORDS

파리강화회담

1919년 1차 세계대전 종료 후 전후 처리와 국제 평화 유지를 목적으로 프랑스 파리에서 개최된 국제 회의다. 미국 대통령 윌슨이 제창한 '민족자결주의'가 공식적으로 논의되었으나, 이는 주로 패전국인 독일, 오스트리아-헝가리 제국 등의 식민지에만 적용되었다. 당시 대한민국 임시정부는 김규식을 파견하여 독립의 정당성을 호소하였으나, 승전국인 일본의 영향력과 강대국 중심의 질서로 인해 실질적인 성과를 거두지는 못하였다.

자는 길도, 해외로 나가 미국만 바라보자는 길도 만족스럽지 않았습니다. 그들이 택한 '제3의 길'은 무엇이었을까요? 박헌영을 비롯한 청년들은 러시아혁명에 주목했습니다. 1917년 레닌이 주도해 성공시킨 공산주의 혁명은 마르크스주의에 입각해 노동자와 농민 같은 무산 계급(프롤레타리아)이 세상의 주인이 되는 파격적인 비전을 제시했죠. 특히 레닌의 주장은 전 세계 식민지 피지배 민중들에게 공명을 일으켰습니다. 3·1 운동의 지도자들이 우드로 윌슨 미국 대통령의 민족자결주의에 감화되어 거리에 나섰지만, 그것은 어디까지나 서구 열강의 자비에 기대야 하는 이상주의적인 구호에 불과했습니다. 민족이 스스로 운명을 결정해야 한다는 원칙은 분명 틀린 말이 아니었으나, 현실에서는 영국과 프랑스 같은 제국주의 국가들의 승인이 없다면 실현 불가능한 이야기였죠.

　　레닌은 이렇게 단호하게 외쳤습니다. "민족자결주의? 그건 부르주아와 자본 계급이 늘어놓는 거짓말일 뿐이다. 애초에 식민지가 왜 생겼는지 아는가? 바로 자본주의 때문이다." 1차 세계대전의 본질 역시 자본주의 국가들이 식민지를 선점해 원재료를 탈취하고, 공장에서 찍어낸 물건을 팔아치울 시장을 확보하려는 탐욕의 결과라는 논리였습니다. 결국 '식민주의는 곧 자본주의'이며, 자본주의가 팽창을 멈추지 않는 한 식민지 민중의 고통은 끝나지 않는다는 것이었죠. 영국과 프랑스에 비해 뒤늦게 자본주의를 발전시킨 독일 같은 후발 주자들 역시 이 파이 싸움에 끼어들기 위해 전쟁을 일으킨 것에 불과했습니다. 자본주의가 존재하는 한, 즉 유산 계급이 노동자와 식민지를 착취해 부를 불리는 이 구조가 유지되는 한, 식민지배는 영원할 수밖에 없다는 것이 레닌의 핵심 주장이었습니다. 따라서 레닌에게 독립운동은 단순히 민족의 해방을 넘어선, 자본가 계급에 맞서 싸우는 계급 투쟁 그 자체였습니다.

실제로 레닌은 이 논리를 앞세워 러시아혁명을 성공시켰습니다. 혁명에 성공한 소련, 즉 '소비에트사회주의공화국연방'(소련)은 전 세계 식민지의 노동자와 농민들에게 새로운 노선을 제시했죠. '공산주의를 따르고 믿는다면 우리가 독립을 적극적으로 지원하겠다'고 공언한 것입니다. 이는 미국의 민족자결주의 원칙과는 정반대의 길이었지만, 훨씬 더 공격적이고 손에 잡히는 제안이었죠. 소련의 혁명은 열패감에 찌든 조선 청년들에게 지적 충격을 주었습니다. 박헌영과 허정숙 역시 3·1 운동의 현장에서 민중과 함께 숨 쉬었지만, 평화로운 함성이 일제의 잔인한 학살로 돌아오는 것을 똑똑히 목격했습니다. 믿었던 미국은 약속한 민족자결주의를 지키지 않았고, 영국과 프랑스 등 서구 열강 그 누구도 조선의 손을 잡아주지 않았습니다. 그 절망의 끝에서 유일하게 남은 길이 바로 소련의 공산주의 혁명이었습니다.

이 시기 무장 투쟁 노선은 다양한 색채를 띠었는데, 민족주의 우파에서는 김구가 중심이 되어 폭탄 테러를 지휘했고, 아나키스트 계열에서는 약산 김원봉이 의열단을 조직해 파괴적인 폭력 투쟁을

HISTORY KEYWORDS

블라디미르 레닌

러시아 제국을 무너뜨리고 세계 최초의 사회주의 국가인 소련을 수립한 볼셰비키 혁명 지도자. 그는 제국주의를 자본주의의 마지막 단계로 규정하고 약소민족의 해방 운동을 적극 지원하겠다는 정책을 발표하였다. 이 선언은 일제 압제 하에 있던 한국 독립운동가들에게 사상적 기반과 자금을 제공하는 계기가 되었으며, 국내외에서 고려공산당 등 사회주의 계열의 조직적 활동이 본격화되는 데 결정적인 역할을 하였다.

전개하며 각자의 방식으로 일제에 정면 대응하기 시작했습니다. 반면 소련과 연대해서 마르크스·레닌주의 혁명을 완수하자고 주장한 이들이 바로 박헌영, 김단야, 임원근이었죠. 이들은 마르크스의 생일이자 자신들의 정기 모임 날짜인 화요일에서 이름을 따 '화요회'를 결성하고 조선공산당의 핵심 3인방으로 활약했습니다. 마르크스식 혁명을 레닌의 방식대로 실현하려 했던 이 젊은 지도자들은 세 명의 남성과 세 명의 여성이 주축이 되었는데, 박헌영·김단야·임원근·주세죽·고명자·허정숙 등 앞에서 제가 설명한 여섯 명의 청년들이 바로 그 주인공들이죠. 중요한 건 이들이 이론을 배우는 데에만 그치지 않고 실제로 모스크바에 다녀왔다는 사실입니다. 모스크바에서 이들은 귀국 후 어떤 식으로 조선공산당을 건립할 것인지, 어떻게 소련의 지원을 받아 코민테른(공산주의 국제연합)과 연계할지 구체적인 플랜을 세웠죠.

똥 먹고, 감옥 갇힌 친구의 아내와 결혼하고…
'과연 나라면 어떻게 했을까?'

그러나 이상과 현실은 전혀 달랐죠. 혁명과 독립을 꿈꾼 조선의 젊은 공산주의자들은 상상을 초월하는 고초를 겪게 됩니다. 박헌영은 모스크바 유학을 마치고 조선으로 잠입하던 중 일제에 체포됐는데 정말 심한 고문을 당했어요. 일제 입장에서 박헌영은 체제를 뒤엎으려는 주적이었으니까요. 특히 위협적이었던 건 이들이 일본의 공산당 세력과도 긴밀히 교류했다는 사실입니다. 당시 조선공산당을 이끈 인물들은 모두 모스크바 유학파였고, 그중에서도 박헌영은 훗날

베트남의 영웅이 된 호찌민과도 친분이 두터웠습니다. 그야말로 모스크바의 지원을 받으며 세계 혁명을 꿈꾸던 국제주의 혁명가들이었죠.

일제 입장에서 박헌영은 다른 독립운동가들과는 차원이 다른 위험분자였습니다. 이광수나 최남선은 생계를 볼모로 삼아 취업 등의 회유를 하면 넘어올 수 있는 '선비'들이었지만, 화요회의 리더 박헌영은 모스크바와 손잡고 일본 내 공산주의자들과도 소통할 수 있는 급이 다른 저항 세력이었습니다. 그래서 정말 지독하게 고문했습니다. 자신을 따르던 공산주의 동지들이 감옥에서 죽어나갈 때, 박헌영은 극심한 공황과 정신 이상 증세를 보였는데 이게 사실 '연기'였다는 설이 유력해요. 재판장에서 괴성을 지르며 물건을 던졌죠. 심지어… 자기 배설물을 먹는 파격적인 행동까지 했으니까요. 결국 일제도 '이놈은 완전히 미쳤다'며 혀를 내두르고는 1939년 9월 가석방으로 신의주 감옥에서 풀어주고 맙니다. 독립을 향한 집념이 아니면 감히 상상도 못할 처절한 생존 투쟁이었죠.

극악무도한 고문에도 끝까지 변절의 길을 걷지 않은 박헌영 곁에는 늘 주세죽의 헌신적인 내조가 있었습니다. 배설물까지 먹으며 미친 연기를 하던 남편을 데리고 고향에 내려갔더니, 박헌영이 자기 아버님도 못 알아보고 난동을 피우자 주세죽이 극진히 보살피며 집으로 다시 데려오기도 했죠. 얼마 뒤 감시를 피해 소련으로 탈출한 박헌영은 다시 조선으로 잠입했다가 감옥에 갇히게 되면서 주세죽과는 생사조차 알 수 없는 긴 이별을 맞이하게 됩니다. 홀로 아이를 키우며 박헌영의 소식을 알 길 없던 주세죽은 박헌영의 절친인 김단야와 재혼합니다. 원래 김단야는 주세죽의 친구이자 화요회 중 유일한 변절자인 고명자의 연인이었죠.

　하지만 이들의 끝은 참혹했습니다. 김단야는 소련에서 일제 스파이로 몰려 처형됐고, 주세죽은 스탈린에 의해 카자흐스탄 유배지로 끌려가 평생 강제 노동에 시달리다 기구하게 생을 마감했습니다. 혁명을 꿈꿨던 청춘들의 결말은 이토록 비참하고 혹독했죠. 박헌영은 훗날 북한의 권력 서열 2위까지 올라갔고 소련의 지도층과도 긴밀한 관계를 유지했기에 분명 강제 유배당한 주세죽의 소식을 알았다면 어떻게든 손을 썼을 거예요. 하지만 스탈린은 끝내 이를 알려주지 않았죠. 심지어 박헌영과 주세죽 사이의 딸 비비안나는 부모의 소식도 모른 채 모스크바에서 고아처럼 자라야 했습니다.

　두 남편을 거치며 비운의 삶을 마감한 주세죽과 달리 허정숙의 삶은 결이 좀 달랐습니다. 그녀는 여성 최초로 단발을 감행하고 1925년《동아일보》에 '나의 단발과 단발 전후'라는 글을 기고하며 가부장제의 성역에 정면으로 균열을 냈습니다. 이 글을 쓸 당시 그녀는《신여성》편집장이었습니다. 동지 주세죽, 고명자와 함께 짧은 머리를 드러내고 청계천변을 산책하던 단발 세 동무의 사진은 조선 열도를 뒤흔든 일대 사건이었죠.

　이는 기생 계층을 비롯한 여성들 사이에서 단발 유행을 확산시키는 기폭제가 되었습니다. 당대 최고의 인권 변호사이자 독립운동계의 거물인 아버지 허헌의 전폭적인 지지 속에 일본 고베여학교와 미국 콜롬비아대학 유학을 거친 그녀는 결혼과 섹스는 별개라는 파격적인 목소리를 내기에 이릅니다. 그녀에게 단발이 신체의 자유를 되찾는 선언이었듯, 성적 자기결정권 또한 여성이 스스로 책임지는 고유의 영역이기에 사회가 간섭할 수 없다는 논리였죠. 자유연애를 주창한 이광수도 그녀를 지지했다고 합니다.

　첫 남편 임원근이 옥살이를 하는 중에도 동지 송봉우와 동거해 아이를 낳고, 돌연 미국으로 떠났다가 자본주의 소굴이라며 냉소를 퍼붓고 돌아오는 등 그녀의 삶은 거침없는 파격 그 자체였습니다. 이후 중국에서의 무장 투쟁을 거쳐 북한 정권의 실세로 승승장구한 그녀는 1950년대 김일성의 대숙청 당시 또 다른 남편 최창익이 처단될 위기에 처하자 망설임 없이 손절하는 냉혹한 생존 본능을 보여주기도 했습니다. 단순히 공산당 남성들의 배우자라는 위치에 머물지 않고 수많은 남성 편력 속에서도 자신만의 독보적인 권력 지도를 그려냈죠. 끝내 변절하지 않고 공산주의와 독립운동의 길을 걸으며 88세까지 천수를 누린 그녀는 당시 가장 급진적인 사상가 그룹이었던 화요회 안에서도 여성의 몸과 삶을 온전한 해방의 영토로 선포한 독보적인 페미니스트였습니다. 물론 그녀의 꺾이지 않는 당당함의 바탕에는 아버지 허헌이라는 든든한 보호막이 있었던 것도 맞습니다.

　아무튼 화요회 여섯 명은 1919년 3·1 운동 좌절 직후 조국의 독립과 혁명을 위해 한뜻으로 뭉쳤지만, 각자 전혀 다른 말로를 맞이하게 됩니다. 이들 1900년대생들의 삶을 훑어보면 1920년대 독립운동의 최전선에 섰던 청년들의 치열한 선택이 보이죠. 이광수나 최남선 같은 선배들이 실력을 키우고 정신을 개조하자며 실력양성론에 머물다 결국 친일로 변절했다면, 이들은 총칼을 들고 정면으로 맞서는 폭력적 계급 혁명의 길을 주저 없이 택했습니다. 다만 그 방식은 김구 선생 같은 민족주의 노선과는 확연히 달랐습니다. 단순히 일본을 몰아내는 것을 넘어, 식민 지배의 뿌리인 자본주의 체제 자체를 전복해야 진정한 해방이 온다고 굳게 믿었습니다.

　법정에서 똥을 먹는 연기를 하면서까지 독립에 대한 의지를 굽히지 않았던 박헌영은 결국 조선에 돌아와 조선공산당을 조직화하는 데 성공합니다. 사실 이 책에서는 그 과정을 자세히 다룰 필요는 없을 것 같아요. 오히려 우리가 '좌파', '공산주의', '빨갱이'라고 표면적으로만 알고 있던 지식 너머에 박헌영을 비롯해 다채로운 삶의 빛깔을 지닌, 그리고 각자 다른 욕망에 따라 그 누구보다 치열하게 시대를 살아갔던 인물들이 존재했음을 알려주고 싶었습니다.

인물이 워낙 얽히고설키다 보니 마치 미국 드라마 〈프렌즈〉를 보는 것 같지 않나요? 당시 이념을 떠나서 그 먼 상하이와 모스크바를 오가던 청년들의 행적은 정말 대단했습니다. 몽골 사막을 가로질러 마차나 자동차를 타고 국경을 넘나드는 그 험난한 여정을 마다하지 않았으니까요. 그렇게 타지에서 혁명의 기술을 배워 다시 조선으로 돌아와 세상을 뒤엎으려 했던 그들의 이야기는 그 자체로 파란만장한 한 편의 대서사시였습니다. 그들에겐 특유의 낭만이 있었어요. 이들의 이야기를 따라가다 보면, 3·1 운동 이후 좌우로 분열되는 과정 속에서 김일성과 이승만이라는 극단적인 선택지 외에 그 사이의 존재들을 발견합니다. 저는 이 사람들의 역사를 드러내는 것이 3·1 운동의 실패와 일제의 탄압이라는 우리의 트라우마를 극복하는 테라피의 첫 관문이라고 생각해요.

허정숙과 페미니즘

허정숙은 단순한 공산주의자를 넘어, 1924년 조선여성동우회를 조직하고 근우회 활동에 참여하며 여성의 교육권과 노동권 보장, 가부장적 신분제 타파를 외친 운동가로 평가받는다. 허정숙의 활동은 전통적 성역할에 갇혀 있던 여성들을 사회 운동의 주체로 끌어올리는 데 기여하였으며, 그 존재 자체만으로도 한국 초기 페미니즘이 민족 및 사회 해방 운동과 결합하는 양상을 명확히 보여준다.

1920년대 '조선 공산당 여성 트로이카'로 불리며
단발운동을 주도했던 허정숙, 주세죽, 고명자가
청계천에서 단발머리 모습으로 물 속에 발을 담근 사진

3·1 운동의 평화로운 외침이 일제의 잔인한 탄압에 짓밟히는 것을 보며 조선의 청년들은 깊은 무력감과 트라우마를 겪었습니다. 결국 이들은 태극기 대신 총칼을 들고 기존의 질서를 뿌리째 뽑아버리는 혁명만이 유일한 길이라 믿었죠. 그게 올바른 행동이었다고 말하려는 게 아닙니다. 다만 옳고 그름을 따지기 전에, 그들을 한 인간으로 바라보고 그 마음을 치유해주자는 것이죠. 저는 이것이 역사의 일관된 교훈이라고 생각해요. 한 명, 한 명 삶의 궤적이 모두 다르죠. 박헌영과 허정숙, 주세죽과 고명자, 임원근과 김단야까지 이들의 스토리는 다 결이 다릅니다. 최남선과 이광수의 친일 행적처럼, 이들의 삶도 한 명씩 세밀히 들여다봐야 비로소 '과연 나라면 어땠을까?'라는 감정 이입이 가능해지죠. 그리고 각 인물들을 입체적으로 이해할 수 있을 때, 좌우로 갈라진 지금 대한민국 사회의 정신적 분열이 치유될 수 있다고 믿습니다.

좌와 우 사이에 존재하던 빛깔들, 이름 없이 죽은 수없이 많은 사람들

오늘날 우리는 좌파와 우파의 대립 속에서 살고 있습니다. 남한은 우파가 꿈꾼 미래가 실현된 국가라고 할 수 있고요. 그런데 문득 이런 생각이 듭니다. 대체 좌파는 뭐고 우파는 뭘까요? 그 둘의 차이를 정확히 설명할 수 있는 사람이 있기는 할까요? 사실 좌우의 구분은 프랑스혁명 당시 국민의회의 좌석 배치에서 시작되었습니다. 급진적 혁명을 옹호하는 사람들은 의장석을 중심으로 왼쪽에, 왕정을 옹호하며 신중론을 펼친 사람들은 오른쪽에 앉았던 것이 좌파와 우파, 진보와 보수를 가르는 기원이 되었죠. 그 뿌리에서 마르크스와 레닌이 나왔고, 한편으로는 링컨과 루즈벨트 같은 미국의 정치가들도 등장했죠. 결국 프랑스혁명이라는 개화의 파도 속에서 발생한 분열이 지구를 한 바퀴 돌아, 우리나라 독립운동가들까지 좌우로 갈라놓게 된 것입니다.

과연 이게 우리가 원해서 갈라진 것일까요? 3·1 운동의 실패 이후 절망적인 상황에서 지식인들은 '러시아를 믿을까, 미국을 믿을까?', '폭탄을 던질까, 실력을 키울까?' 아니면 '외교로 호소할까?' 같은 치열한 노선 경쟁을 벌이며 한국의 독립을 향해 달려갔습니다. 그들의 머릿속에 과연 '훗날 내가 좌파로 불릴까, 우파로 불릴까?'와 같은 고민이 있었을까요? 그들은 그저 자기 앞에 놓인 시대의 숙제를 해결하고 싶었을 겁니다. 좌와 우라는 프레임은 모든 사건이 끝난 뒤 지금 우리가 씌운 것이죠. 하지만 한국사에는 좌파와 우파, 좌익과 우익이라는 단순한 이분법만으로는 결코 다 담아낼 수 없는 수많은 인간의 삶과 이야기가 존재합니다. 누군가는 종교와 자본주의의 모순을 해결하기 위해 마르크스주의를 택했고, 또 누군가는 폭력 혁명을 거부하며 신앙과 기도의 길을 택했죠.

이승만, 김일성 같은 승리자들은 사실 역사의 양극단에 서 있던 극소수일 뿐입니다. 그 사이에는 이름도 없이 잊히고 고문당하며 일본 감옥에서 죽어간 수많은 이들과, 박헌영처럼 처절한 고난을 겪고도 역사에서 지워진 이들이 가득하죠. 우리가 그들의 이름을 하나하나 기억하고 기록해낼 때, 비로소 묻혀 있던 중간 지대의 삶들이 우리 의식 위로 떠오르게 될 겁니다. 그렇게 역사의 여백을 채워나가다 보면 비로소 우리 안의 깊은 상처와 균열이 봉합되고 진정한 통합으로 나아갈 수 있을 테고요.

박헌영이나 허정숙 같은 이들이 정말 역사 속에만 존재하는 인물들일까요? 요즘 시대를 봐도 우리 주변에는 허정숙 같은 사람, 박헌영 같은 사람이 있어요. 결국 사람이 사는 모습이나 그 사상적인 본질은 예나 지금이나 크게 다르지 않죠. 어떤 프레임이나 딱지를 붙이느냐에 따라 허정숙은 페미니스트나 탈코르셋의 원조가 될 수도 있고, 그저 빨갱이가 될 수도 있습니다. 박헌영 역시 보는 관점에 따라 불굴의 독립운동가로 비치기도 하지만, 누군가에게는 '똥 먹은 빨갱이'가 되기도 하죠.

저는 이런 사람들의 이야기를 대한민국에서 자유롭게 할 수 있다는 사실 자체가 너무나 감사합니다. 그리고 이렇게 농담을 섞어가며 우리의 상처와 트라우마를 나눌 수 있다는 것도 기쁘고요. 이제는 우리가 서로를 치유하고 용서할 때가 되었다는 증거가 아닐까 싶어요. 한류 강국이자 선진국이 된 오늘날의 한국이라면, 과거의 부끄럽고 민망한 상처들까지도 기꺼이 드러내놓고 '그땐 그랬지' 하며 허물없이 말할 수 있는 여유를 부려도 되지 않을까요? 문득 이렇게 책을 쓸 수 있다는 것도, 이 시대를 살아가는 것도 모두 감사하네요. 오늘의 우리를 위해 죽어간 모든 이름 없는 자들을 위해 평안을 기도하며 이번 시간을 마치겠습니다.

01 3·1 운동이 무력하게 짓밟힌 뒤, 평화적인 외침만으로는 부족하다는 절망 속에서 일제의 폭력적인 시스템 자체를 뿌리째 뒤엎기 위해 러시아 혁명의 불꽃을 따라간 여섯 명의 뜨거운 좌파 청년들이 있었다.

02 그들은 일제에 고개를 숙이고 실력부터 양성하자는 주장도, 미국에 기대 외교력으로 훗날을 도모하자는 주장도 모두 성에 차지 않았으며, 자본주의에서 비롯한 식민주의를 청산하지 않는 이상 조선의 독립은 무의미하다고 믿으며 최초의 공산주의 정당인 조선공산당을 세웠다.

03 똥을 먹는 연기를 하면서까지 의지를 굽히지 않았던 박헌영을 비롯한 여섯 청년의 삶을 통해, 특정 이념이나 정치 세력을 선악의 잣대로 심판하기 전에 '과연 나라면 그 척박한 시대에 어떤 선택을 했을까?'라고 끝없이 되묻는 과정, 이것이야말로 진정한 역사학의 태도가 아닐까?

테라피
10

우리가 알던
대한민국 우파의 역사가
보수주의의 전부일까?

우파

조준호 PD

요즘 '극우'라는 말이 참 많이 들리는데, 흔히 우파라고 하면 공산주의를 혐오하고 자본주의와 자유 경쟁만을 극단적으로 추구하는 조금 과격한 모습이 먼저 떠오릅니다. 아마 제가 진정한 보수주의의 철학을 잘못 이해하고 있어서 그런 것일지도 모르지만요. 지난 시간 민족의 바람이 좌절된 이후 좌파와 우파의 분화를 다루면서 박헌영을 비롯한 조선공산당의 패기 넘치는 이야기를 나눠봤다면, 이제는 다시 원점으로 돌아가 그 반대편에 있던 사람들의 이야기를 듣고 싶습니다. 어쩌면 오늘날까지 이어져 대한민국의 진짜 우파로 활약했을지 모를 그들의 사상은 대체 어떤 절박함 속에서 태동했을까요? 그리고 대한민국의 원조 우파들이 꿈꾼 미래는 어떤 모습이었을까요? 종교를 정면으로 반박했던 공산주의 좌파와는 달리, 한국 최초의 우파 세력들이 기독교라는 종교의 철학을 독창적으로 받아들인 그 '콜라보'의 여정도 궁금합니다.

유물론 vs. 유심론
'당신은 우파입니까, 좌파입니까?'

좌파와 우파, 좌익과 우익, 그리고 진보와 보수라는 개념은 언뜻 단순해 보이지만 파고들수록 참 어려운 질문입니다. 고정된 것이 아니라 시대와 상황에 따라 변하는 상대적인 개념이기 때문이죠. 그래서 누가 '진짜' 진보인지 보수인지 가려내는 일은 늘 애매할 수밖에 없습니다. 실제로 정치인들이 상황에 따라 자신의 정체성을 진보주의라고 하기도 하고, 때로는 보수주의라고도 하잖아요?

역사학도의 입장에서 이 복잡한 타래를 풀기 위해 좌우의 시작을 이야기하자면, 결국 그 근원인 프랑스혁명 시기로 거슬러 올라가야 합니다. 앞에서 프랑스혁명 당시 혁명을 지지하는 세력은 국회 왼쪽에, 왕정과 전통을 옹호하는 이들은 오른쪽에 앉았다고 말씀드렸죠. 이때 보수주의의 원조 사상가로 추앙받는 인물이 바로 에드먼드 버크입니다. 영국인인 버크는 프랑스혁명이 한창이던 시기에 『프랑스혁명에 관한 성찰 Reflections on the Revolution in France』이라는 책을 썼는데, 여기에 담긴 '전통의 가치와 점진적 변화'라는 핵심 내용이 전 세계 모든 보수주의의 원류가 되죠. 그러나 현재 보수를 자처하는 사람들이 모두 버크의 사상을 그대로 따르는 것은 아닙니다. 18세기 후반부터 수백 년의 시간이 흐르면서 우파뿐만 아니라 좌파와 좌익이 주장하는 내용 역시 시대의 요구에 따라 끊임없이 변해왔기 때문이죠.

사실 18세기 프랑스혁명 당시에는 지금 우리가 아는 공산주의자 자체가 없었습니다. 마르크스주의가 19세기에야 등장했으니, 당시 좌파는 지금의 공산주의와는 거리가 멀었죠. 이후 레닌에 의해 공산주의가 재정립되고, 급진적인 혁명에 맞서 보수주의 또한 대응하면서 세상은 점점 좌와 우로 빠르게 분화되어갔습니다. 이 세상은 혁명파가 있으면 왕정파가 있을 수밖에 없고, 좌익이 있으면 우익이 있을 수밖에 없는 상대적인 관계니까요. 20세기 들어 좌익이 여러 노선 투쟁을 겪었던 것처럼, 우파의 정체성 역시 시대별 좌파의 모습에 따라 재정의되었습니다. 따라서 우익과 보수의 실체를 이해하려면, 먼저 그들이 마주했던 그 시대의 좌익이 누구였는지 역사적 맥락을 살피는 것이 중요합니다.

그렇다면 한국에는 이 좌우 개념이 어떻게 수입됐을까요? 3·1 운동 당시만 해도 개화파와 개벽파, 서학과 동학, 기독교와 천도교가 하나로 뭉쳐 독립운동을 펼쳤다고 말씀드렸죠. 하지만 일제의 폭압적인 탄압 이후 독립운동의 에너지가 여러 갈래로 분화가 시작되면서 우리 내부에도 갈등이 싹트기 시작했습니다. 이때 가장 먼저 선두에 서서 치고 나간 세력이 바로 지난 시간에 다뤘던 공산당의 열혈 청년들입니다. 이들은 비폭력적이고 평화적인 방식만으로는 더 이상 독립을 이룰 수 없다고 판단했습니다. 결국 체제를 뒤엎는

혁명을 부르짖으며 폭탄을 던지고 총을 잡겠다고 나섰는데, 이들이 바로 우리가 흔히 대한민국 근현대사에서 떠올리는 좌익의 대명사가 되었죠.

이와 반대로 그럼 우리가 지금 생각하는 우익의 뿌리는 무엇일까요? 공산주의와 가장 극명하게 대비되는 여러 사상이 있겠지만, 우리나라에서는 단연 기독교를 꼽을 수 있습니다. 당시 기독교인들은 박헌영이나 허정숙 같은 화요회의 공산주의자들과는 결코 한배를 탈 수 없는, 이념적으로 정반대의 지점에 서 있었죠. 공산주의는 철저하게 마르크스의 유물론唯物論에 입각한 사상입니다. 유물론은 온 세상을 오직 물질로만 바라보며, 눈에 보이는 것과 과학적으로 입증 가능한 것만 믿겠다는 관점입니다. 유물론은 정신의 영역을 인정하지 않았으며, 반대 개념인 유심론唯心論과 정면으로 맞부딪쳤습니다. 인간의 아이디어조차 그저 머릿속 화학 신호가 만들어낸 현상일 뿐이라고 믿는 것, 그것이 공산주의 유물론의 핵심이었죠.

이러한 유물론자들은 특히 기독교를 비롯한 종교 세력에 강력히 반대했습니다. 마르크스는 '종교는 인민의 아편이다'라고 단언하며, 종교란 지배층이 대중을 현혹하기 위해 퍼뜨린 프로파간다Propaganda이자 마약과 같은 거짓말이라고 비판했죠. 따라서 공산주의 운동은 그 태생부터 기독교를 타파해야 할 대상으로 삼았습니다. 박헌영을 비롯한 1920년대 조선의 공산주의자들 역시 부르주아 세력과 더불어 목사, 신부, 스님과 같은 종교 지도자들을 인민의 적으로 간주하며 날을 세웠던 것입니다. 앞서 3·1 운동의 지도자들 중 절대 다수가 종교계 지도자들이었다는 점에서 당시 공산주의자들이 얼마나 난데없이 튀어나온 존재들이었는지 짐작이 가실 겁니다.

공산주의자들의 이러한 주장이 어느 정도 일리가 없는 것은 아니었습니다. 실제로 일제강점기 조선에 존재했던 교회들은 대부분 친일 성향을 띠고 있었으니까요. 교회라는 조직을 유지하고 세력을 보존하려면 국가로부터의 공인이 필요했고, 공식적인 인정을 받으려면 일제의 방침에 어느 정도 찬동할 수밖에 없었습니다. 당시 조선의 종교계 지도자들 중 상당수가 제국주의에 협조적인 모습을 보였던 것도 사실입니다. 따라서 공산주의자들은 이념적인 원칙에서나 눈앞의 현실에서나 기독교를 강렬하게 거부했죠. 이는 반대로 말하자면 일제강점기 조선에서 좌익에 맞서 우익이 형성될 때, 그 중심축이 기독교일 수밖에 없었던 배경이 되기도 했고요.

남강 이승훈과 오산학교
'교육으로 민족 역량을 강화한다'

우익이 좌익에 대응하는 이데올로기로 생겨났다는 점이 참 흥미롭지 않나요? 왼쪽이라는 개념이 없으면 오른쪽도 존재할 수 없듯이 말입니다. 또한 그 사상적 대척점이 다름 아닌 종교였다는 점도 잊지 말아야 할 중요한 맥락입니다. 이제 이 흐름을 실제로 누가 이끌었는지 이야기해볼게요.

　　당시 우익을 대표하는 가장 핵심적인 인물을 꼽자면 남강 이승훈을 들 수 있죠. 3·1 운동 때 민족 대표 33인 중 천도교는 손병희, 기독교는 이승훈이 이끌었을 정도로 당시 조선의 개신교계 전체를 상징하는 매우 중요한 인물이었습니다. 그가 세운 오산학교는 독립운동 이야기에서 빼놓을 수 없는 핵심 거점입니다. 오산학교의 창립자이자 교장이었던 이승훈 선생은 우리 민족의 살길은 오직 교육을 통해 실력을 양성하고 기독교 정신을 받아들이는 것이라고 굳게 믿었습니다. 오산학교는 시인 김소월과 화가 이중섭 같은 걸출한 인재들을 수없이 배출했을 뿐만 아니라, 이곳을 거쳐 간 교사들 또한 당대 최고의 지성들이었죠. 오산학교를 중심으로 펼쳐진 기독교 운동은 대한민국 독립운동사의 중추를 이뤘고, 한편으로는 이광수와 최남선이 그토록 부르짖었던 실력양성론을 실천하며 공산주의와는 확연히 다른 노선을 걸었습니다.

3·1 운동 이후 이승훈은 주동자로 지목되어 일제에 체포되었고 모진 옥고를 치러야 했습니다. 이런 모습을 보고 박헌영 같은 젊은 세대들은 급진적인 폭력 투쟁으로 노선을 확 틀었죠. 하지만 혁명의 불길이 온 세상을 뒤덮을 때도, 이 땅에 꼿꼿이 남아 다른 길을 외친 이들이 있었습니다. 바로 남강 이승훈과 그의 제자인 다석 류영모와 씨알 함석헌입니다. 이들은 남들이 무장 투쟁을 외칠 때 '우리가 아직 덜 성숙했기에 당한 것이니, 3·1 운동의 평화 노선을 이어 영적 성장을 이뤄야 한다'고 주장했습니다. 제국주의에 맞서 똑같이 총을 드는 것은 결국 폭력의 굴레에 갇히는 일이라고 말하며 '국가는 지배자가 아니라 국민의 심부름꾼이어야 한다'는 선

HISTORY
KEYWORDS

오산학교

1907년 남강 이승훈이 평안북도 정주에 설립한 민족 교육 기관으로, 단순한 지식 전달을 넘어 민족 정신을 고취하고 자립 능력을 키우는 데 집중했다. 조만식, 이광수 등이 교편을 잡았으며 함석헌, 주기철 등 한국 근현대사의 주요 인물들을 배출하여 민족 운동의 요람 역할을 했다.

구적인 민주주의 의식을 사람들에게 전파했죠. 이들의 삶은 분노와 파괴 대신 성찰과 성장을 택했던, 한국 우파의 또 다른 위대한 길을 보여줍니다.

사실 이 지점이 가장 이해하기 어려운 대목일 겁니다. 저를 포함해 여전히 많은 이들이 남강, 다석, 씨알 선생을 흠모하지만, 안타깝게도 이분들이 지금의 한국 우익을 정면으로 대표한다고 말하기는 어렵습니다. 박헌영이 지금의 북한 체제를 만든 장본인이 아닌 것과 마찬가지인 셈이죠. 물론 이분들의 사상이 한국 우익의 토양에 깊은 영감을 준 것은 분명하지만, 지금의 주류 우파와 곧바로 연결되는 직계 혈통이라고 보기는 힘든 구석이 있습니다. 오늘 한국 우익 하면 태극기 부대처럼 이승만을 추앙하고, 대형 교회에 모여 성조기를 흔드는 분들을 떠올리곤 하죠? 물론 류영모와 함석헌 선생 역시 우파적 가치를 지녔고 친미적 성향의 기독교인이었지만, 이승만 대통령이 상징하는 저돌적인 '반공 우익'과는 그 노선이 확연히 달랐습니다. 지난 시간에 박헌영을 통해 좌익의 한 단면을 보았듯, 이번에 류영모와 함석헌을 깊이 들여다보는 이유는 분명합니다. 우리 현대사에 박제된 좌와 우의 극단적 대립 외에도 분명 '또 다른 길'이 존재했음을 확인하는 것, 바로 그 지점에 역사를 공부하는 의미가 있다고 생각합니다.

제 생각에 이분들은 일관되게 공산주의에 반대되는 노선을 걸어왔습니다. 공산주의자들이 일제에 타협하지 않고 독립운동을 펼친 점은 분명 높게 평가할 부분입니다. 하지만 제가 공산주의를 지지할 수 없는 결정적인 이유는 그 기저에 깔린 폭력성 때문입니다. 레닌과 마르크스 모두 혁명의 수단으로 폭력을 정당화했고, 1917년 러시아혁명의 성공 이후 박헌영을 비롯한 1920년대 조선공산당 역

수많은 독립운동가와 민족의 인재를 길러낸
오산학교의 창립자 남강 이승훈

시 '폭력이 곧 답이다'라는 매우 급진적인 투쟁을 일관했거든요. 그런데 류영모와 함석헌 선생의 노선은 이러한 공산주의의 폭력성과는 완전히 궤를 달리했습니다. 이들은 3·1 운동의 그 숭고한 비폭력 정신을 평생의 신조로 삼았어요. 그렇다고 변절을 택하지도 않았습니다. 사실 당시에 비폭력을 주장했던 이들 중 상당수가 현실의 벽 앞에 일제와 타협하며 변절하기도 했지만, 이승훈 선생과 그 제자들은 결코 굴복하지 않았습니다.

다석 류영모의 '얼나' 사상, 한국적 기독교와 비폭력 평화주의의 탄생

그렇다면 이들이 말한 정신적 성숙, 영적 성숙이란 구체적으로 무엇을 의미할까요? 이를 제대로 이해하기 위해선 다석 류영모 선생의 '얼나' 사상을 살펴봐야 합니다. 그는 '얼나'라는 아주 깊이 있는 개념을 우리에게 소개했는데요. 여기서 '얼나'는 우리가 흔히 쓰는 '얼'이라는 말에서 온 것입니다. '얼빠졌다'거나 '어리석다(얼이 썩다)'라고 할 때의 그 '얼' 말이죠. 더 직관적으로는 우리 '얼굴'의 '얼'이기도 합니다. 우리말에는 참 아름다운 영성이 담긴 표현이 많은데, 예를 들어 '신난다'라는 말도 영어의 'Fun'과는 결이 완전히 달라요. 우리 안에 잠들어 있던 신神이 밖으로 나온다는 의미를 품고 있거든요. 우리가 춤추고 노래하며 "야, 신난다!"라고 외치는 건 단순히 즐거운 수준을 넘어 내 안의 신명神明이 자연스럽게 터져나오는 경지를 말합니다. 즉, '신은 우리 안에 이미 존재하고 있다'는 믿음이 '신난다'라는 단어 하나에 고스란히 녹아 있는 셈이죠.

‘얼’ 역시 ‘신’과 같은 의미를 지닌 말입니다. ‘신’이 한자어라면 ‘얼’은 그 뜻을 오롯이 담은 순우리말입니다. ‘얼굴’이라는 단어만 봐도 그 깊이를 알 수 있습니다. 얼굴은 단순히 겉면을 뜻하는 영어의 ‘Face’와는 의미가 좀 달라요. 얼Spirit, 즉 정신이 담긴 굴Cave이라는 뜻이거든요. 즉, 우리 몸에서 영혼이 드나들고 머무는 신성한 통로라는 의미죠. 가끔 거울 속의 나를 빤히 들여다보다 보면 ‘정말 저 안에 있는 게 나일까?’ 하는 묘한 기분이 들 때가 있지 않나요? 에고(자의식)에 대한 근원적인 질문이 시작되는 지점이기도 한데, 사실 이 에고라는 것은 태어난 지 1년쯤 지나야 생겨나는 것이고 그전의 아기들에게는 나와 엄마의 구별조차 없는 무구한 상태가 이어지죠. ‘얼’이란 바로 이 무구한 상태 때부터 우리 몸과 마음 속에 자리잡고 있는 근원적인 정신을 뜻합니다.

그렇다면 우리 안에 깃든 근본적인 것이란 대체 무엇일까요? 유교, 불교, 도교 같은 한자 문화권의 사상이나 기독교가 이 땅에 들어오기 훨씬 전부터 우리 조상들은 고유의 정신 문화를 간직하고 있었습니다. 단군 시대의 홍익인간 정신에서 면면히 이어져 온 풍류도風流徒, 풍월도風月道, 신선도神仙圖 같은 신앙 체계가 바로 그것인데요. 이 모든 가르침이 공통적으로 가리키는 북극성 같은 존재가 바로 ‘얼’이었습니다. 외래 종교의 틀을 빌리지 않고도 이미 우리 안에 우주와 소통하는 신령한 통로가 있다고 믿었던 것이죠.

앞서, 얼이 들어 있는 굴을 얼굴이라고 말씀드렸죠? 이는 곧 얼이 언제든 굴 밖으로 나갈 수도 있다는 것을 의미합니다. 류영모 선생은 독실한 기독교인이었기에 사람이 육체적으로 죽더라도 그 본질(얼)은 사라지지 않는다고 믿었습니다. 그래서 굴속에 갇혀 있던 작은 내가 밖으로 해방되어 나간 상태를 바로 ‘얼나’라고 불렀던 거예요. 이해가 되시나요? 이것이 우리가 흔히 말하는 '참나', 혹은 트루 셀프True self와 같은 개념입니다. 그리고 이 얼나는 우리 안에 깃든 신성, 곧 하나님과 맞닿아 있는 존재이기도 하죠. 다석의 얼나 사상은 모든 사람 안에 하늘님이 내재되어 있다는 최제우의 동학 사상과도 맥이 이어집니다.

오늘날 많은 이들이 하나님 하면 구름 위에서 흰 수염을 휘날리는 백인 노인의 모습을 떠올리곤 하는데요. 하지만 류영모는 기독교를 결코 서양의 전유물이라 생각하지 않았습니다. 사실 예수님은 유대인이자 팔레스타인 사람, 즉 우리와 같은 아시아인이니까요. 우리에게 전해진 기독교는 서양 선교사들과 미국의 영향으로 인해 지나치게 유럽화되고 미국화된 형태였습니다. 다석은 이 낯선 옷을 벗겨내고, 우리 민족의 영성에 뿌리를 둔 한국화된 기독교가 반드시 필요하다고 역설했어요. 그는 이 한국화의 과정에서 러시아의 대문호 레프 톨스토이에게 깊은 영감을 받았습니다. 톨스토이는 젊은 시절의 방탕함을 뒤로하고 50대 이후 독실한 신앙인이 되었지만, 성경은 믿되 제도권 교회는 믿지 않았습니다. 그는 후대에 덧칠해진 교리 대신 역사적 예수와 순수한 복음 그 자체에 집중했습니다. 특히

HISTORY KEYWORDS

레프 톨스토이와 비폭력운동

러시아의 문호 레프 톨스토이의 '악에 대한 비폭력적 저항' 사상은 인간의 양심과 도덕적 실천을 강조하며 전 세계 민중 운동에 깊은 영감을 주었다. 이는 인도의 간디를 거쳐 한국의 독립운동가들에게도 수용되었으며, 무력 투쟁과는 다른 차원에서 절대적인 평화와 생명 존중을 바탕으로 한 해방의 방법론을 제시했다.

성경 중에서도 예수의 생애와 직접 맞닿아 있는 '사복음서四福音書'만을 진실한 기록으로 중시했죠. 그 외의 방대한 내용들은 로마 제국이 기독교를 국교로 삼는 과정에서 통치를 위해 짜깁기한 프로파간다라고 비판했습니다.

생각해보세요. 예수는 애초에 기독교라는 거대한 종교 조직을 만들려고 했던 사람이 아닙니다. 그저 이스라엘의 독립과 민중을 위해 가장 낮은 곳에서 비폭력적으로 투쟁했을 뿐이죠. 뺨을 맞으면 다른 쪽을 내밀었던 지극히 평화적인 길을 걸었던 한 인간이었을 뿐이죠. 류영모는 톨스토이의 생각에 깊이 감회되었습니다. 예수가 생전에 교회에 나가라고 가르친 적이 없듯이, 류영모 역시 제도화된 교회와 예수의 본질은 아무런 관계가 없다고 믿었습니다. 그는 결국 기독교를 믿는다는 건 예수를 믿는다는 것이고, 예수를 믿는다는 건 그분 말씀의 핵심인 비폭력, 사랑, 평화를 자신의 삶으로 살아내는 일이라고 확신했죠.

톨스토이는 독실한 신앙인이었음에도 러시아 정교회로부터 파문을 당하는 수모를 겪었습니다. 하지만 그는 굴하지 않고 자신만의 방식으로 복음을 해석하며, 건물이 아닌 예수의 말씀 자체가 중요하다는 '무교회주의'의 길을 열었습니다. 톨스토이의 사상은 채식주의와도 맞닿아 있는데, 사실 이 비폭력주의와 평화주의의 계보는 이 한 권의 책에서 다 다룰 수 없을 정도로 참으로 장엄합니다.『프랑켄슈타인』의 작가 메리 셸리에서 시작해『월든』의 소로우를 거쳐 톨스토이로, 그리고 그에게 영감을 받아 비폭력 불복종 운동을 펼친 인도의 간디로 이어지거든요. 실제로 간디는 톨스토이와 편지를 주고받으며 제자를 자처했고, 조선의 류영모 선생 역시 그 정신적 물줄기에서 영감을 얻어 자신만의 길을 닦았습니다.

　　류영모는 여기에서 더 나아가, 실은 '하느님'이라는 호칭이 서양 기독교 수입 이전부터 이미 우리 민족의 영혼 속에 깊이 뿌리박혀 있었다고 주장했습니다. 한번 상상해보자고요. 만약 백인 선교사들이 오기 전까지 하나님이 이 땅에 부재했다면, 그분은 특정 인종이나 지역만 편애하는 편협한 신이 아닐까요? 하지만 예수의 말씀이 보편적인 진리이듯, 하나님은 기독교라는 이름이 들어오기 전에도 이미 동양과 아시아, 그리고 우리 한국을 굽어살피고 보호해오셨습니다. 신이라면 마땅히 그래야 하고요. 실제로 '하나님'이라는 말은 한국의 조상들이 오래전부터 써온 고유한 표현으로, 하늘을 뜻하는 '하늘님'이자 만물의 근원적인 일체성을 상징하는 '하나Oneness의 님'을 의미하기도 했습니다. 따라서 류영모에게 기독교는 서구 문명만의 전유물이 아니었습니다.

　　얼나가 얼굴이라는 굴을 벗어나 참나가 되는 순간, 나와 타자 사이의 경계는 연기처럼 사라집니다. 모든 것이 눈부신 빛이고, 하나의 님으로 합쳐지는 것이죠. 우리 조상들이 믿었던 신은 파편화된 존재가 아니라, 처음부터 끝까지 끊어짐 없이 이어지는 전체이자 일체Unity인 하나님이었습니다. 그것은 구름 위 나이 든 백인의 모습이 아니라, 온 우주 그 자체였죠. 우주宇宙라는 글자 그대로 이 세상은 모두가 함께 사는 하나의 거대한 집이며, 그 집 자체가 바로 우리의 창조자이자 본체라는 믿음입니다. 만물에 신성이 깃들어 있고 모든 것이 하나이기에 결국 나 또한 신성한 존재라는 일종의 범신론적 사상이 기독교가 들어오기 훨씬 전부터 우리 영혼의 밑바닥에 흐르고 있었습니다.

함석헌의 씨알 사상
'국가를 넘어선 민중 주권은 가능한가?'

류영모는 기독교의 가르침을 유교, 불교, 도교와 하나로 연결하려 끊임없이 노력했습니다. 결국 모든 진리는 같은 곳을 향한다고 보았어요. 노자가 말한 무위자연이나 부처님의 자비 또한 큰 우주, 즉 하나의 님에 관한 여러 이야기 중 일부라고 믿었기에 이를 순우리말로 풀어내는 것을 일생의 숙원으로 여겼습니다. 영어의 'God'을 번역하기 훨씬 전부터 우리에겐 '하나님', '님', '얼' 같은 말들이 이미 존재했으니까요. 그는 중국·일본·미국에서 유입된 사상들을 공부하는 한편, 식민화되기 전부터 우리가 지녀온 무의식적 감각을 깨워 기독교를 한국화하려 했습니다. 이것이야말로 우리가 우익이라 부르는 사상의 진정한 한국적 원류죠.

류영모의 이 드넓은 사상의 물줄기는 제자 함석헌에게로 도도하게 흘러갔습니다. 함석헌은 1980년대까지 우리 곁에 머물며 민주화 운동의 상징적인 존재가 되었고, 스승의 가르침을 한층 더 발전시켜 그 유명한 씨알 사상을 정립했습니다. 사실 '씨알'이라는 말 자체는 류영모 선생이 고안해낸 표현인데, 이름 그대로 씨Seed와 알Egg을 뜻하며 우주 만물의 근본 원리인 음양의 조화가 생명의 최소 단위에 깃들어 있음을 의미하죠. 조금 더 직설적으로 풀자면 씨는 남자의 정자를, 알은 여자의 난자를 뜻하며, 이 둘의 만남 즉 씨알이 곧 모든 생명의 시작이자 우주적 조화의 정수라고 믿었습니다.

맞아요, '씨알도 안 먹힌다'고 때의 그 씨알이 맞습니다. 류영모는 백성이나 민중, 인민, 민족 같은 딱딱한 한자어 대신, 인간의 틀을 넘어 모든 생명을 따뜻하게 아우르는 순우리말을 찾다가 이 씨

다석 류영모(왼쪽)와
그의 제자 씨알 함석헌(오른쪽)이 함께 찍은 사진

알이라는 말을 쓰기 시작했습니다. 이승훈부터 류영모, 함석헌, 그리고 톨스토이와 간디에 이르기까지 이 장구한 사상의 흐름을 관통하는 공통된 적敵은 바로 국가State였습니다. 이들은 국가라는 괴물이 국민을 보호하기보다 오히려 지배하고, 권력자와 자본가들의 이익을 위해 전쟁과 착취를 일삼는 만악의 근원이라 보았거든요. 오늘날에도 미국이나 러시아의 억만장자들이 정치권력과 결탁해 자신들만의 성을 쌓는 모습만 봐도 이들의 통찰이 얼마나 날카로운지 알 수 있죠.

함석헌은 국가라는 조직이 필연적으로 전쟁과 전체주의를 낳는다고 보았기에, 궁극적으로는 국가가 필요 없는 아나키즘적 민주주의를 꿈꿨습니다. 자본주의든 공산주의든 국가 권력이 비대해지면 결국 씨알(민중)을 지배하고 억압하게 마련이므로, 이를 극복하기 위해선 개개인이 오산학교와 같은 자발적 교육과 영적 수련을 통해 스스로를 다스릴 수 있을 만큼 성숙해져야 한다고 믿었어요. 백성들이 정신적으로 독립하여 훌륭한 주인이 될 때 국가라는 껍데기는 자연스레 사라지고, 지배와 피지배가 없는 진정한 민주주의가 실현된다는 것이 그가 제시한 우파적 자강의 핵심이었습니다. 계급투쟁을 통해 자본가 중심의 국가를 전복시키겠다는 공산주의 이론과 실력을 키워 제국주의 일본을 몰아내겠다는 실력양성론과도 묘하게 겹치는 부분이 있죠? 그는 가장 중요한 것이 씨알, 즉 백성이라고 주장했습니다. 음양의 조화를 이룬 백성이 많아질수록 더 행복한 세상이 열릴 것이라고 내다봤습니다. 해방 후 독재 정권에 맞서 민주화 운동에 투신했을 때는《씨알의 소리》라는 잡지를 만들어 1980년대까지 씨알 사상을 펼쳤습니다.

변절을 택하지도, 폭력을 택하지도 않은 사람들
'이들은 우파일까, 좌파일까?'

지금까지 설명한 이승훈, 류영모, 함석헌 이 세 사람이 좌파처럼 보이나요, 아니면 우파처럼 보이나요? 2026년 현재의 시점에서 돌이켜보면 이 세 사람은 결코 좌익이 아니라 명백한 우익이었습니다. 세 사람 모두 공산주의의 폭력성과 유물론에 저항하며 비폭력과 영성을 강조했던 기독교 민족주의자들이었으니까요. 다만 이분들이 견지했던 노선은 권력과 결탁하거나 타자를 배척하는 여타의 기독교나 우파와는 그 궤를 완전히 달리했습니다. 이승만과 박정희 등의 독재를 정당화하는 오늘날 극우와도 철저히 분리됐죠.

　　저는 이들에게서 두 가지 중요한 교훈을 얻을 수 있다고 생각합니다. 첫째, 이들은 폭력을 옹호하지 않는 철저한 비폭력 노선을 걸었습니다. 이승만과 김구 같은 인물들이 기독교인이거나 민족주의자로서 독립을 위해 폭력을 정당화하고 폭탄을 던졌던 것과는 대조적입니다. 둘째, 이광수나 최남선처럼 비폭력을 주장하면서도 결국 일제에 타협한 이들과 달리 끝내 친일하거나 타협하지 않았습니다

HISTORY KEYWORDS

씨알의 소리

1970년 함석헌이 창간한 잡지로, 씨알(민중)이 역사의 주체임을 천명하며 독재 정권에 저항하고 비판적 지성을 전파하는 광장 역할을 했다. 씨알 사상은 특정 권력이나 제도가 아닌 깨어 있는 개인들의 연대를 통해 참된 민주주의와 평화를 이룰 수 있다는 철학적 근거를 마련했다.

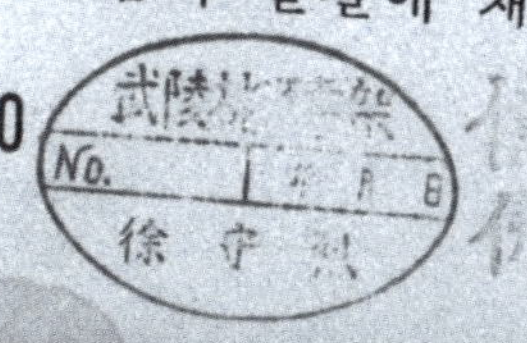

1970년 4월 19일 발행된 《씨알의 소리》 창간호

다. 그 대신 스스로 나라의 주인이 될 수 있을 때까지 수행하고 수련해야 한다며 자강의 길을 강조했죠. 안타깝게도 이들의 노선은 당시 주류가 되지 못했고, 남한(대한민국)이나 북한(조선민주주의인민공화국) 그 어느 쪽의 주인도 되지 못했습니다.

하지만 2026년 한류의 시대, 그리고 중국과 미국이라는 거대하고 폭력적인 열강들 사이에서 우리가 어떤 길을 가야 할지 고민하는 지금, 이들이 걸어갔던 길은 큰 울림을 줍니다. 혁명도 좋고 투쟁도 좋지만 저는 폭력만큼은 결코 용납할 수가 없습니다. 공산주의도 이념은 나쁘지 않지요. 만인이 평등해지고 억압으로부터 해방된 세상을 꿈꾼 마르크스의 글을 읽어보면 가슴이 웅장해집니다. 일본 제국주의도 사실 일본인들 입장에서 보면 가슴이 뜨거워지는 이야기일 수 있습니다. 하지만 이웃 나라를 침략하고, 전쟁을 일으키고, 인간을 노예로 삼는 등 폭력이 동원되는 순간 아무리 위대한 이념도 폭력을 정당화하는 수단으로 전락하죠. 역사를 이야기하면서 제가 놓치지 않으려고 하는 딱 하나 기준은 이겁니다.

'그 사람이 이념의 노예가 되거나 권력의 노예가 되어 사람들을 죽이려고 했는가? 배신하거나, 변절했는가? 누군가의 생명을 도구로 삼았는가?'

저는 그렇지 않았던 사람들을 보면서 영감을 얻습니다. 그 사람이 예수이기도 하고 부처이기도 하죠. 우리나라에서는 3·1 운동을 이끌었던 손병희나 이승훈, 그리고 오늘 이야기했던 류영모와 함석헌 같은 분들입니다. 이 사람들이 대한민국의 독립운동사에 엄청난 업적을 세우지 못했을 수도 있지만, 저는 그분들의 정신이 아직

평화주의 사상을 바탕으로 재야 민주화 운동에 헌신하며
'씨알'들의 할아버지로 불린 말년의 함석헌

까지도 살아 움직이고 있다고 믿습니다.

이야기가 점점 깊어지고 있네요. 다음 시간에는 1945년부터 1948년까지, 한민족의 통합 정부를 향한 뜨거운 열망이 미·소 열강의 대립과 민족 내부의 극심한 좌우 갈등으로 인해 산산조각 났던 해방 공간의 비극을 다루겠습니다. 해방 직후 무정부 상태의 난장판 속에서 우리끼리 서로를 죽이고 갈라섰던 이 시기의 상처는 남북 관계뿐 아니라 남한 내의 이념 대립으로 고스란히 이어져 지금까지도 아물지 않고 계승됐죠. 그리고 결국 분단이라는 가장 끔찍한 트라우마를 한국사에 남겼고요. 굴에 파묻혀 있던 여러분의 얼이 잠시나마 자유로워졌기를 바라며 오늘 시간을 마치겠습니다.

01 100여 년 전, 이 땅에는 지금의 편협한 극우와는 궤를 달리하는, 평화주의 사상과 정신적 자강을 강조한 남강 이승훈 등 고결한 우파의 원류가 도도하게 흐르고 있었다.

02 이승훈의 제자 다석 류영모는 육신의 껍데기를 벗고 영적인 참나를 찾을 때 비로소 자주 국가의 길이 열린다는 '얼나' 사상을 전파했고, 이를 계승한 씨알 함석헌은 평범한 민초를 우주적 조화를 품은 '씨알'로 격상시켜 평범한 사람들의 주체적 연대를 강조했다.

03 그 어떤 숭고한 명분이라도 생명을 도구 삼아 폭력을 정당화하는 순간 그것은 반생명적인 괴물이 될 뿐이며, 그런 점에서 냉혹한 현실에서도 끝까지 비폭력과 생명 가치를 지켜낸 이승훈·류영모·함석헌의 사상이야말로 지금 우리가 본받아야 할 '진짜 우파'의 근본이 아닐까?

테라피

11

왜 소련은
수많은 지도자 중
김일성을 선택했을까?

북한

거짓과 진실,
김일성의
50가지 그림자

조준호 PD

20세기 초까지만 해도 한국사에는 박헌영의 조선공산당, 남강 이승훈의 오산학교 등 순수한 열망으로 가득 찬 다양한 정치 이념이 공존했던 것 같습니다. 그런데 오늘날 우리가 마주한 현실은 오직 남한과 북한이라는 극단적인 두 정치 시스템뿐이죠. 심지어 현실 정치로 넘어오면서 처음의 이상적이고 독창적인 모습들마저 변질된 것처럼 보입니다. 특히 미지의 구름 속에 가려진 채 세계에서 가장 기이한 국가로 남아 있는 북한을 보면, 정말 우리와 같은 민족이었나 싶을 정도로 이해할 수 없는 모습들이 많습니다. 지금까지의 설명만 놓고 보면 좌파와 한국의 공산주의자들이 꿈꾸었던 국가의 모습이 저조차도 어느 정도 공감되고 이해되는데, 정작 눈앞에 있는 북한의 모습은 도저히 납득하기 어려운 부분들이 많거든요. 대체 저 나라는 어떻게 생겨났으며, 왜 이토록 오랜 시간 베일에 감춰져 있는 걸까요? 그리고 만인이 평등한 공산주의를 표방하면서도 어떻게 반세기가 넘도록 3대째 이어지는 1인 독재 시스템이 가능한 것인지 그 이유가 궁금합니다.

우리는
왜 갈라졌을까?

이제 역사의 흐름이 자연스럽게 3·1 운동 직후의 상황에서 1945년 해방기로 넘어왔습니다. 1945년 8월 15일, 미국이 히로시마와 나가사키에 원자폭탄을 투하하자 일본은 무조건 항복을 선언합니다. 이 덕분에 자동으로 조선도 해방이 되었죠. 일제에게는 패망이었지만 조선에게는 꿈에 그리던 독립이었기에 조선 민중이 느낀 희열은 엄청났을 겁니다. 하지만 함석헌 선생이 말씀하신 것처럼 해방은 '도둑처럼' 찾아왔습니다. 아무런 준비도 하지 못했는데, 정신 차려보니 해방이 온 것이죠. 일본군이 물러간 자리에는 한반도 이북과 이남에 각각 소련군과 미군이 들어왔습니다. 이후 3년간 정부 수립을 둘러싼 수많은 논의와 시도가 있었지만 결국 통합책을 찾지 못한 채 1948년 8월 15일 남한에 대한민국 정부가 단독 수립되었죠. 이어 9월 북한에 조선민주주의인민공화국이 세워지면서 오늘날까지도 이어지는 분단의 역사가 시작되었습니다.

　　1945년 해방부터 1948년 남한 정부 수립까지의 3년, 그리고 1950년 6월 25일 북한 김일성의 남침으로 한국전쟁이 터지기까지의 흐름을 살펴보면 '우리가 왜 지금 이 모양 이 꼴로 갈라지게 되었는지' 그 이유를 알 수 있어요. 사실 분단의 근본적인 원인은 일본 제국주의가 남긴 상처죠. 일제의 침략과 지배 아래서 한민족은 갈가리 찢겼고, 공산주의와 기독교, 좌파와 우파, 보수와 진보로 갈라져 싸우는 와중에 지식인들의 친일 행위까지 얽히면서 정작 해방이 왔을 때 하나로 통합된 독립 정부를 세울 수 있는 동력을 잃어버린 상태가 되었으니까요. 심지어 몇 년 뒤에는 150만 명의 목숨을 앗아 간 동족상잔의 비극까지 벌어졌습니다. 일제 침탈의 가장 큰 피해는 일제강점기가 아니라 오히려 해방 후 모습을 드러내고 있다고 저는 생각합니다. 그리고 그 폐해는 지금까지도 이어지고 있고요. 형제자매끼리 서로 죽이고 파괴했던 이 내전의 실상을 제대로 들여다보고 마주하는 것, 거기서부터 우리의 진정한 치유가 시작될 수 있다고 생각해요.

　　이번 장에서는 해방 후 서로 다른 길을 걷게 된 남한과 북한, 그중에서도 북한의 성립 과정과 김일성이 권력을 장악하게 된 이야기를 다루고자 합니다. 제가 앞에서 북한은 공산당이 아닌 노동당이 정치 권력을 쥔 국가라고 설명했는데요. 사실 이렇게까지 한 명의 지도자에게 강력한 권력이 집중된 체제는 아무리 공산주의 국가라고 해도 정상적인 모습은 아닙니다. 이제 북한은 공산주의 국가라고 볼 수도 없고 그냥 독재 국가일 뿐이죠. 공산주의 아래에서도 독재가 정당화되는 경우는 많지만, 그렇게 보기에도 북한은 너무나 그로테스크한 종교 국가이자 신정 국가가 되어버렸습니다.

　　재미난 사실은 북한을 건국한 김일성은 오래전에 사망했지만 여전히 주석이라는 타이틀을 갖고 있다는 점입니다. 북한 사람들은 그를 '영생불멸의 위대한 수령'이라고 부르고 있죠. 죽은 사람, 즉 귀신이 지도자인 나라는 아마 북한밖에 없을 겁니다. 김일성의 아들이자 2대 독재자인 김정일도 여전히 고유한 직책을 갖고 있죠. 정말 기괴할 정도로 민족주의적이면서도 귀신을 믿는 국가가 된 셈인데, 이는 유물론적인 공산주의 세계관에서는 도저히 말이 안 되는 일이에요. 이렇게나 지독하게 한 사람을 숭배하는 나라가 만들어진 과정을 이해하려면 김일성의 집권 과정을 이야기해야 하는데 그 사연이 정말 깁니다.

김일성? 김성주? 진지첸?
소련군과 평양에 입성한 젊은 장교

1912년 4월 15일 평양부에서 태어난 김일성은 어린 시절부터 중국을 오가며 공산주의 운동에 눈을 떴습니다. 만주에서 중국 공산당이 조직한 '동북항일연군'이라는 게릴라 빨치산 집단의 장교로 활동하며 일제와 싸우기도 했죠. 하지만 당시 중국 공산당은 마오쩌둥이 대륙을 장악한 1949년 전까지는 세력이 크지 않은 게릴라 집단에 불과했습니다. 동북항일연군은 곧 일제에 의해 소탕됐고, 갈 곳이 없어진 김일성은 결국 소련으로 넘어가 소련군 장교가 되었습니다. 여러 전장에서 승승장구하던 그는 소련군과 함께 1945년 10월 17일 평양에 돌아옵니다.

　　김일성은 어린 시절부터 만주 지방에서 사실상 중국인으로 살았다고 합니다. 흡사 지금의 조선족처럼 생활했던 셈이죠. 소련군

문서에서도 김일성이 아닌 '진지첸'이라는 이름으로 불렸습니다. 이 승만이 미국에서 '썽만 리'로 통했고 서재필이 '필립 제이슨'이었던 것처럼, 김일성 또한 핏줄은 한국인이었을지언정 삶의 궤적은 사실상 중국인이었어요. 한국말보다 중국말을 더 잘할 정도였으니까요. 유년 시절 이후 줄곧 중국에서 자라며 중국 공산당 소속 군인으로 활동했던 진지첸은 사실 한국에서 활동한 조선의 독립운동가라기보다 중국의 공산주의 운동가에 훨씬 더 가까웠습니다. 그럼 김일성이라는 이름은 어디에서 나온 걸까요?

그의 본명은 김성주였습니다. 김일성은 개명이죠. '진지첸'은 이 '김일성'을 중국 발음으로 읽은 것이었습니다. 하지만 김일성은 조국의 독립을 이뤄내 우리만의 지도자가 되겠다는 열망보다는, 일제와 싸워 공산주의 국가를 건설하겠다는 목적이 훨씬 더 컸던 사람이었습니다. 솔직히 말해서 정통 공산주의자라고 하기에도 좀 애매합니다. 마르크스 이론을 깊이 공부하지도 않았거든요. 당시 만주라는 거친 환경에서 살아남기 위해 중국 공산당 군대에 들어가 전투로 성과를 쌓았고, 그 덕분에 신분 상승에 성공한 게 전부였죠. 참고로 박정희도 원래는 공산주의자였는데, 이는 이념이 곧 생존이자 권력의 수단이었던 지난 시대의 단면을 잘 보여주는 대목이죠. 당시 뜻있는 젊은이들이 선택할 수 있는 길은 그리 많지 않았습니다. 박정희나 백선엽처럼 일본이 만주에 세운 육군군관학교에 들어가 일본군 장교가 되거나, 아니면 만주로 건너가 중국 공산당 군대에서 장교가 되는 것 중 하나였죠. 김일성은 후자를 선택했습니다.

그런데 대체 왜, 소련군은 이 평범한 게릴라군 장교를 1945년 10월 17일 평양 시민들 앞에 대대적으로 소개하며 한반도 북반부의 새 지도자로 전면에 내세웠던 걸까요? 사실 1912년생 김일성은 해방 공간에서 활동했던 다른 지도자들에 비하면 나이가 굉장히 어린 편이었습니다. 김구나 이승만은 물론이고, 박헌영보다도 한참 어렸죠. 자기들 입맛에 맞는 지도자를 세우고 싶었던 소련은, 젊은 소련군 대대장이었던 진지첸을 항일 신화의 영웅으로 추켜세워서 자신들의 대리인으로 내세웠던 겁니다.

이미 여기서부터 북한이라는 정권의 한계가 잉태되고 있었습니다. 북한 건국은 민족의 자생적인 선택이 아니라 자신들의 말을 잘 들을 법한 젊은 군인을 앞세워 영웅으로 띄운 소련의 치밀한 기획 속에서 탄생했다는 한계 말이죠. 그렇다면 왜 하필 김일성이었을까요? 소련의 절대 권력자 스탈린이 8·15 해방 직후 미국을 견제하며 한반도에 손을 뻗친 건 철저한 권력 계산의 결과였습니다. 사실 2차 세계대전 당시 나치의 히틀러와 처절하게 싸우며 연합국 중 가장 많은 피를 흘린 것은 소련군이었고, 스탈린은 그 지옥 같은 전쟁을 치르며 이미 다음 판을 짜고 있었습니다. 히틀러가 자살하고 천황이 항복할 때쯤 동유럽에 소련의 위성 국가를 만들었듯 조선에서도 자기 말을 잘 들을 꼭두각시가 필요했습니다.

물론 김일성 말고도 후보는 많았습니다. 대표적으로 조선공산당을 세운 박헌영이 있었죠. 하지만 기개 넘치고 자기 주관이 뚜렷한 정통 혁명파인 박헌영은 스탈린 입장에서는 아주 피곤하고 다루기 힘든 존재였습니다. 혁명의 원칙보다 권력의 간교함에 특화된 스탈린은 레닌의 정통성을 이은 경쟁자 레프 트로츠키를 숙청했듯이 조선에서도 신념이 강한 공산주의자보다는 오직 자신의 지시에만 충실히 말을 잘 듣는 젊은 장교를 원했습니다. 스탈린은 사진에서조차 숙청된 정적을 지워버릴 만큼 치밀한 권력 투쟁의 화신이었습니다. 그는 박헌영이나 호찌민처럼 자생적인 혁명 신념과 지지 기반을 가진 지도자들을 몹시 경계하고 기피했어요. 그 대신 소련 정보 기관 내무인민위원부NKVD를 통해 '말 잘 듣고, 똑똑하지 않으며, 자체 세력이 없는 인물'을 물색했고, 그 결과 낙점된 것이 바로 소련군 장교 진지첸, 즉 김일성이었습니다.

생존에 밝았던 이 야망의 젊은 장교는 1945년 9월에 모스크바로 불려가 스탈린과 독대 면접을 봅니다. 스탈린의 낙점을 받은 그는 10월 17일, 소련군의 기획 아래 평양 민중 대회장에 '전설적인 항일 영웅 김일성 장군'으로 화려하게 등장하죠. 하지만 직접 그를 마주한 평양 시민들은 실망과 의구심을 감추지 못했습니다. 민중이 상상했던 백전노장의 모습과는 너무나 거리가 먼, 30대 초반의 새파랗게 어린 청년이 나타났으니까요. 비록 김일성이 만주에서 무장 투쟁을 한 것은 사실이었지만, 그는 철저히 소련의 대리인으로 입성한 진지첸이었습니다. 그런데 그날 대회장에서 김일성을 대중에게 직접 소개한 인물은 따로 있었습니다. 소련 정보국이 이미 북한 지역의 실질적인 최고 권력자로 파악하고 있었던, 평양 사람들이 가장 신뢰하던 진짜 지도자가 그 자리에 함께 있었던 것이죠.

HISTORY KEYWORDS

8·15 해방과 소련 진주

1945년 8월 15일 일제의 항복으로 한반도는 해방을 맞이했으나, 미·소 양국의 합의에 따라 삼팔선 이북에는 소연방군이 진주하여 일본군의 무장 해제와 군정을 실시했다. 이는 민족이 염원하던 완전한 자주 독립국가 수립이 아닌, 강대국의 냉전 논리에 의한 국토 분단과 이념 대립이 본격화되는 비극적 시발점이 되었다.

©국사편찬위원회(미국국립문서기록관리청)

1945년 10월 14일 평양에서 열린
'김일성 장군 환영 평양시민대회'에서 연단에 선 김일성

대한민국 역사의 첫 국호, '조선인민공화국'

그분이 바로 고당 조만식 선생이었습니다. 이 이름을 처음 듣는 사람도 있을 텐데요, 당시 조만식은 평양에서 절대적인 존경을 받던 민족 지도자였습니다. 사실 고당은 소련군이 들어온 것부터 마땅치 않게 여겼습니다. 기독교인이자 민족주의자였던 조만식은 정치적으로 소련과 전혀 결이 전혀 달랐으니까요. 그는 남강 이승훈이 세운 오산학교의 교장 출신으로, 이승훈의 막역한 벗이자 그 정신을 정통으로 계승한 제자였습니다. 대한민국 우익의 기원이라고 할 수 있는 이승훈과 해방 직후 평양의 실질적인 지도자로 활동한 조만식이 이토록 가까운 사이였다는 사실이 참 흥미롭죠?

　　요즘 우익이라고 하면 흔히 '멸공'을 떠올리기 쉽지만, 조만식은 공산주의자에게도 관대한 평화주의자였습니다. 멸해야 할 것이 있다면 외부의 적보다 내 마음의 부족함이라고 믿었던, 이른바 '조선의 간디'로 불린 인물이죠. 실제로 1920년대부터 간디의 비폭력 정신을 깊이 존경하며 실천했는데, 1919년 민족 대표 33인에는 포함되지 않았지만 3·1 운동 당시 평양에서 만세운동을 주도하며 단단한 존재감을 키워갔습니다. 1945년 해방 직후 여론 조사를 해보면 남쪽에서는 여운형이, 북쪽에서는 조만식이 대통령 후보로 손꼽힐 만큼 민중의 압도적인 지지를 받던 지도자였다고 합니다. 하지만 우리는 이 위대한 '평양의 성자'에 대해 모르는 게 너무나 많아요. 권력을 쟁취한 사람들로부터 역사가 지워졌기 때문이죠.

　　평양의 씨알들이 가장 믿고 따르던 바로 이 정신적 지주가, 소련이 기획한 무대 위에서 자기보다 한참 어린 진지쳰을 민중에게 직접 소개해줘야 했던 겁니다. 참고로 조만식은 그날 김일성을 처음으로 마주했죠. 당시 조만식의 눈에 비친 김일성은 그야말로 '어디서 갑자기 튀어나온 정체불명의 애송이'였어요. 평생을 독립운동에 헌신하며 조선의 자립을 꿈꿨던 고당 입장에서는, 일제가 나가자마자 또 다른 외세인 소련군이 들어온 것 자체가 큰 불만이었죠. 그래서 소련군을 향해 조선을 해방시켜준 것은 고마운 일이지만 남의 나라에 오래 머물지 말고 속히 돌아가라고 당당하게 요구했죠. 소련은 '우리 일은 우리가 알아서 하겠다'며 꼬장꼬장하게 따지는 이 원로 지도자가 탐탁지 않았을 겁니다. 그래서 어린 김일성을 북한의 차기 지도자로 낙점해 평양 한복판에 진주시킨 것이죠.

그런데 더 기막힌 사실은 당시 김일성의 오른팔이자 2인자로 통하던 최용건이 바로 조만식의 애제자였다는 점입니다. 최용건 역시 오산학교 출신이었거든요. 당시 해방 정국에서 민족 운동을 이끌던 인물들 중에 오산학교 출신이 워낙 많기도 했지만, 민족주의와 기독교 정신을 가르치던 그곳에서 아이러니하게도 골수 공산주의자가 배출되어 스승과 적대적인 진영에 서게 된 것입니다. 최용건은 오산학교 시절, 조만식 선생의 뒤를 이어 미국인 선교사가 교장으로 부임하자 큰 반발심을 갖고 학교를 떠났던 인물입니다. 그후 만주로 건너가 중국 공산당에 입당해 독립운동을 시작했죠. 하지만 최용건에게 조만식은 여전히 인간적으로 존경할 수밖에 없는 영원한 스승이었습니다. 이런 복잡한 관계 속에서 조만식의 영향력은 점점 줄어들었고, 외부인이었던 김일성이 평양과 한반도 북반부 지역의 권력을 독점해갔습니다.

하지만 조만식은 만만한 상대가 아니었습니다. 김일성이 북한 지역에 들어오기 전인 1945년 8월부터 이미 한반도에는 '건국준비위원회(건준)'라는 조직이 활동을 시작했습니다. 건준은 말 그대로 '일제가 물러난 자리에 한국인들의 손으로 직접 새로운 나라를 세울 때까지 건국을 준비하자'며 모인 전국적인 단체였습니다. 1945년 8월 15일 일본의 항복 직후, 한반도는 정당한 폭력을 독점할 정부가 사라진 위험천만한 아나키(무정부 상태)에 놓이게 되었습니다. 오늘날 미국이나 프랑스였다면 폭동이 일어나도 이상하지 않을 만큼, 친일파에 대한 보복과 이념 간의 갈등이 터져 나오기 직전의 폭발적인 상황이었죠. 서울에 살던 일본인들 역시 분노한 조선 민중에게 죽임을 당할까 봐 극심한 공포에 떨고 있었고, 일본 총독부는 무엇보다 일본인들의 안전한 귀환을 보장받기 위해 조선인 지도자와의 협상이 절실했습니다.

　　이때 일제가 가장 먼저 파트너로 점찍은 인물은 송진우였지만, 그는 임시정부의 정통성을 지키겠다며 임시정부 외의 정부 설립을 거절했습니다. 다음 파트너가 바로 뒤에서 자세히 다룰 몽양 여운형 선생입니다. 그는 당시 조선에서 가장 인기가 많은 정치인이었죠. 무정부 상태의 혼란과 동족 간의 칼부림을 막아야 한다고 판단한 여운형은 일제와 협상해 치안권과 행정권을 통째로 넘겨받기로 약속을 받아내고 건준를 결성했습니다. 이때 여운형이 한반도 남쪽을 맡았고, 북쪽의 건준을 주도한 인물이 바로 조만식이었습니다. 어쩌면 진짜로 새롭게 건국될 통합 정부에서 조만식이 첫 지도자가 될 수도 있었겠죠. 이때까지만 해도 이런 조만식에 비해 김일성의 존재감은 보잘것없었습니다.

　　여운형과 조만식이 주도한 건준은 일본으로부터 행정권과 치안권을 넘겨받자마자 전국에 지부를 설치하며 국가의 기틀을 잡기 시작했어요. 하지만 이들이 꿈꾼 나라의 이름은 지금의 '대한민국'

도, 북한의 '조선민주주의인민공화국'도 아니었습니다. 그들이 선포한 국호는 바로 '조선인민공화국'이었습니다. 바로 이 대목에서 김일성이 설계한 오늘의 북한과 조만식이 꿈꾼 북한의 차이를 발견할 수 있습니다. 우리가 보고 있는 북한의 정식 국호는 '조선민주주의인민공화국DPRK'이고, 남한의 정식 국호는 '대한민국ROK'입니다. 하지만 당시 건준이 세우려 했던 나라의 이름은 '조선인민공화국PRK', 줄여서 '인공'이었습니다.

당시 '인민人民'이라는 단어는 지금처럼 북한만 사용한 단어가 아니었어요. 주권을 가진 백성People을 뜻하는 아주 보편적인 단어였죠. 따라서 조선인민공화국은 조선의 모든 인민이 주인이 되는 나라를 만들겠다는 건준의 취지가 그대로 반영된 대한민국 역사의 첫 국호라고도 할 수 있습니다. 여운형과 조만식을 필두로 한 전국의 독립운동 지도자들이 머리를 맞대고 우리 손으로 직접 만든 자생적인 정부가 바로 이 인공이었습니다. 남북한을 통틀어 전국적인 네트워크를 가진 유일한 조직이었기에 이대로만 갔다면 어쩌면 정말로 분단 없는 독립 국가가 한반도에 탄생했을지도 모르는 일이죠. 북한을 세운 김일성도 바로 이런 정통성을 인지하고 있었기 때문에 '조선인민공화국'에서 '민주주의Democratic'라는 단어만 추가해 훗날 1948년 9월 9일 '조선민주주의인민공화국'이라고 국호를 선포한 것입니다.

인공은 임시정부의 법통을 존중하는 의미에서 해외파인 이승만과 김구를 지도자로 추대하며 통합을 꾀했지만, 정작 당사자들은 자신들이 지켜온 임정의 정통성이 훼손될 것을 우려해 이를 완강히 거절했습니다. 이 과정에서 밖에서 명분을 지킨 해외파와 안에서 실질적인 건국 기반을 닦은 국내파 사이의 불신과 분열이 수면 위로 드러났습니다. 임정 요인들은 건준을 비롯한 국내파를 향해 변절을

건국준비위원회	남한	북한
1945년 9월 6일	1948년 8월 15일	1948년 9월 9일
조선인민공화국	대한민국	조선민주주의인민공화국
People's Republic of Korea (PRK)	Republic of Korea (RK, ROK)	Democratic People's Republic of Korea (DPRK)

의심하는 눈초리를 보냈고 국내파는 그들대로 서운함을 느끼며 우리 민족 자생의 통합 정부 꿈은 첫 단추부터 어긋났습니다. 미군과 소련군이 정국을 주도하며 실질적인 지지 기반마저 사라진 건준은 지도자들 간의 이전투구 속에서 해산되고 맙니다. 이에 대해선 다음 장에서 남한의 정부 수립 과정을 다루며 더 자세히 설명할게요.

조만식 대 김일성, 신탁통치론으로 갈등이 폭발하다

건준의 쇠퇴와 함께 조만식의 영향력도 그만큼 축소될 수밖에 없었고, 바로 이때 소련군 소속의 진지첸이라는 젊은 장교가 평양에 나타났습니다. 1945년 10월 17일, 소련의 기획 아래 마련된 거대한 무대에서 조만식은 자신이 평생 일궈온 터전 위에 갑자기 툭 떨어진 이 정체불명의 청년을 대중 앞에 세워야만 했습니다. 김일성 역시 처음에는 조만식을 존중하며 깍듯이 예우를 갖췄습니다. 당시 한반도는 총성만 들리지 않았지, 미국과 소련의 소리 없는 대리전이 벌어지던 살벌한 각축지였습니다. 남한에는 미군정 초대 사령관 존 하지 중장이 이끄는 미군 제7보병사단이 진주했고, 북한에는 김일성을 직접 관리하던 소련의 실권자 테렌티 스티코프 장군이 들어왔습니다. 이런 스티코프의 눈에 조만식은 매우 까다로운 존재였습니다. 김일성을 소련의 충실한 대리인으로 세우려 했지만 여전히 평양의 민심을 꽉 잡고 있는 인물은 조만식이었죠. 하지만 얼마 뒤 팽팽하게 맞물려 있던 힘의 균형이 폭발하는 사건이 발생합니다.

1945년 12월, 2차 세계대전의 승전국인 미국·영국·소련은 모스크바에 모여 한반도의 운명을 결정할 모스크바 3상 회의를 엽니다. 이미 냉전의 기류 속에서 자본주의와 공산주의가 서로의 영향력을 넓히기 위해 팽팽한 신경전을 벌이고 있던 때였죠. 이 회담에서 기가 막힌 비극이 벌어지는데, 전범국인 일본이 아니라 일제의 피해자였던 조선을 독일처럼 반으로 갈라 관리하겠다는 논의가 오간 것입니다. 승전국들은 일본 본토를 분할해 관리하는 것보다 전략적 요충지인 한반도를 분할 통치하는 것이 자신들의 이익에 더 부합할 것이라고 판단했습니다.

소련은 유럽 전선에서 나치 독일을 상대하느라 동아시아 참전이 늦어졌고, 일본 본토 점령이 여의치 않자 한반도 북부를 통해 세력을 확장했습니다. 이 과정에서 미국과 삼팔선을 경계로 점령지를 나눈 승전국들은 조선의 자치 능력이 아직 미흡하다고 판단했어요. 그래서 일정 기간 직접 통치하며 국가 기틀을 마련해주겠다는 명분으로 '신탁통치'를 결정하게 됩니다. 제국주의 시대 강대국들이 피지배 지역을 관리할 때 쓰던 보호령 체계와 유사한 방식이었고, 결국 한반도는 다시 한번 승전국들의 이해관계에 따라 분할 관리되는 냉전의 전초기지가 될 위기에 처했습니다.

이때 소련은 조선에 대한 신탁통치를 강력히 밀어붙였습니다. 스탈린에게 의지했던 김일성과 공산주의자들은 이에 적극 찬성하고 나섰습니다. 그들이 보기에 신탁통치는 소련의 비호 아래 안정적으로 권력을 다진 뒤, 결국 자신들이 원하는 공산주의 국가를 세울 수 있는 확실한 지름길이었거든요. 하지만 평생을 독립운동에 바친 조만식 선생은 이를 절대 받아들일 수 없었습니다. 일제 치하 35년을 꿋꿋이 버텨온 그에게, 해방되자마자 또다시 외세의 통치를 받으라는 말은 도저히 용납할 수 없는 굴욕이자 기만이었던 셈이죠.

소련의 실권자 스티코프 장군은 조만식 선생을 직접 불러 회유와 협박을 동시에 가했습니다. 처음에는 '신탁통치에 찬성만 해주면 당신을 대통령으로 모시고, 김일성은 군대를 맡게 하겠다'며 달콤한 제안을 던졌습니다. 하지만 조만식이 요지부동이자 스티코프는 급기야 권총을 꺼내 들고 생명을 위협했습니다. 조만식은 한복 저고리를 헤쳐 보이며 당당히 맞섰습니다. 스티코프는 총구 앞에서도 당당한 조만식을 보며 회유를 단념하고 김일성을 단독 지도자로 키우는 데 집중하기 시작합니다. 1946년 1월 5일, 소련군 사령부는 조만식 선생을 무단으로 고려호텔에 연금해버리죠. 이때부터 북한은 소련의 계획대로 신탁통치를 받아들이고 노동당 1당 체제를 굳히는 길을 걷습니다. 우리가 아는 바로 그 북한의 체제가 이때부터 시작되

HISTORY KEYWORDS

테렌티 스티코프

해방 직후 북한 지역에 진주한 소련군 총사령관이자 미소공동위원회 소련 측 수석대표다. 북한 내 친소 정권 수립과 토지 개혁 등 사회주의 개혁을 막후에서 지휘하며 북한 체제의 기틀을 닦는 데 핵심적인 역할을 했다. 그의 일기는 당시 소련의 대남 정책과 한반도 분단 과정을 파악할 수 있는 중요한 역사적 기록물로 평가받는다.

었습니다.

　　조만식은 감금된 상태에서도 남한으로 가자는 지지자들의 탈출 제안을 거절하며, '내가 남녘으로 떠나면 북녘 동포들은 누구를 의지하겠느냐'며 끝까지 평양에 남아 고난을 함께하기로 결심합니다. 아마 이때부터 조만식은 자신의 죽음, 즉 숙청을 예견한 것 같습니다. 아내와 자식, 제자들까지 모두 남쪽으로 떠나보내면서도 정작 본인은 끝까지 평양에 남아 자리를 지켰죠. 결국 조만식은 1950년에 죽임을 당합니다. 6월 25일 한국전쟁이 터지고 평양을 점령했던 북한군이 유엔군의 반격에 밀려 퇴각하던 중, 김일성의 명령으로 조만식이 총살을 당했다는 설이 가장 유력하죠. 하지만 정확한 사망 경위나 고당의 시신이 어디에 있는지는 여전히 미궁에 빠져 있습니다. 현재 국립서울현충원에 있는 조만식의 묘역에는 유해 대신 아내가 소중히 간직했던 머리카락만이 모셔져 있을 뿐입니다. 스승을 존경했던 제자 최용건조차 결국 권력의 논리 앞에 조만식의 죽음을 외면했습니다. 조만식이 제거되면서 우리가 가보지 못한 '자주적이고 평화로운 독립의 길'은 완전히 끊겨버리고 말았죠.

　　우리 교육 현장에서 조만식의 서사는 유독 흐릿합니다. 북한 땅에서 활동하다 권력에서 밀려난 '패배의 지도자'라는 프레임에 갇혀 있는 데다가, 남쪽에서는 김구라는 거대한 존재감에 가려져 제대로 조명을 받지 못했죠. 특히 진보 진영에서는 반탁(신탁통치 반대론)을 외쳤던 조만식의 행보를 보수적 민족주의자로만 치부해버리는 경향이 있고, 보수 진영 역시 북한에서 활동한 이력을 이유 삼아 조만식의 업적을 격하하고 있죠. 최근 뉴라이트 측에서는 한국의 근현대사가 좌경화되었다고 비판하며 김구나 조만식을 좌파로 몰아세우기도 하지만, 사실 김구는 철저한 우익이었고 조만식 역시 독실

1945년 광복 직후 평안남도 인민정치위원회 위원장을 맡으며
한반도 이북의 민족운동을 이끌었던 조만식

한 기독교인이자 보수적 민족주의 우파였습니다. 정작 북쪽에서 끝까지 민족의 자존심을 지키다 희생된 조만식 같은 분의 이야기는 남쪽에서도, 북쪽에서도 제대로 가르치지 않고 있습니다. 국사 교과서를 아주 깊게 파지 않는 이상, 김일성이라는 인물이 등장하기 전 평양의 정신적 지주였던 이 어른의 존재를 자세히 공부할 수 없죠.

김일성의 폭주, 지금의 북한

지난 시간에 다룬 남강 이승훈, 다석 류영모, 함석헌으로 이어지는 얼나와 씨알의 사상은 조만식의 사상과 그 궤를 같이합니다. 이들은 모두 오산학교라는 같은 학맥과 정신적 계보 안에 있었습니다. 당시 평양의 수많은 민중이 바랐던 세계관과 삶의 맥락은 바로 이러한 자생적인 민족 정신에 더 가깝게 닿아 있을 겁니다. 하지만 해방 후 평양의 인민들에게 주어진 선택지 김일성은 민중의 열망과는 거리가 먼, 스탈린이 자신의 목적을 위해 만들어낸 허수아비에 불과했습니다.

김일성은 1950년 조만식을 제거하며 북측의 민족주의 세력을 척결한 뒤 본격적인 권력 독점에 나섰습니다. 북한 정권 초기 평양에는 조선 혈통이지만 소련에서 나고 자란 이른바 소련 본국파(소련파)가 있었고, 박헌영처럼 국내에서 계속 활동해온 국내파가 있었습니다. 김일성은 비록 소련 군복을 입고 들어왔으나 사실상 중국 항일 투쟁의 기반을 둔 인물이었죠. 김일성은 권력을 잡은 뒤 우선 박헌영을 필두로 한 남로당 계열의 국내파들을 숙청하기 시작했습니다. 박헌영에게는 한국전쟁 당시 미국의 스파이였다는 혐의를 씌워 처단했죠. 그 다음 타깃은 소련파의 핵심이었던 허가이였습니다. 허가이는 소련에서 나고 자란 전형적인 소련 관료로, 본명은 알렉세이 이바노비치 헤가이Алексей Иванович Хегай였습니다. 김일성은 자신의 뒷배였던 소련파의 실권자 허가이마저 제거하며 1인 체제를 굳혀나갔습니다.

이후 김두봉과 김원봉 같은 중량급 지도자들을 포함해 자신의 권위에 위협이 될 만한 경쟁자들을 한 명씩 차례로 숙청해나갔습니다. 아무리 소련의 강력한 후견이 있었다고는 하나, 각 계파를 대표하던 정적들을 이토록 철저하게 제거하며 권력을 독점한 과정은 그의 냉혹하면서도 치밀한 정치적 수완을 보여주는 대목이기도 하죠. 이러한 피의 숙청을 거치며 김일성은 1960년대와 1970년대에 이르러 누구도 범접할 수 없는 압도적인 권력을 쥔 유일 독재자로 군림하게 됩니다. 이 엄청난 숙청의 과정을 거쳤기에 오늘날 우리 머릿속에 '북한은 곧 김일성 1인 독재'라는 공식이 박히게 되었죠.

사실 1940년대 북쪽의 풍토를 보면 고당 조만식이 리더가 되는 것이 가장 자연스러운 흐름이었고, 설령 공산주의 계열이 주도권을 잡더라도 대중적 인지도가 높았던 박헌영이 그 자리에 앉는 것이 순리였습니다. 이 비극적인 북한의 숙청사를 되짚어 보는 이유는 우리가 아는 북한의 역사 너머에는 조만식 같은 민족의 양심이 존재했음을 여러분과 나누고 싶었기 때문입니다. 1인 독재의 그늘에 가려졌던 잊힌 지도자들의 이름을 다시 불러내고 그들의 진심을 복원하는 것, 이런 작업들이 분단의 상처를 어루만지고 훼손된 민족의 자긍심을 치유하는 진정한 한국사 테라피의 시작이라고 생각합니다.

01 해방 직후 한반도 북쪽 조선인들이 진정한 지도자로 인정했던 인물은 소련이 내세운 김일성이 아니라, '조선의 간디'라고 불리며 평양 민중의 절대적 지지를 받았던 고당 조만식이었다.

02 그의 사상은 이승훈, 류영모, 함석헌으로 이어지는 오산학교의 씨알 사상과 기독교 민족주의와 궤를 같이하며, 외세에 의존한 건국이 아닌 자생적 민족 자결을 통한 조선건국준비위원회 참여로 이어졌다.

03 조만식은 결국 소련에 타협하지 않았다는 이유로 권력에서 축출당해 김일성에게 살해되었지만, 진정한 역사의 화해와 치유란 독재 권력에 의해 숙청되고 이념의 사각지대에 가려졌던 조만식 같은 인물들의 삶을 편견 없이 다시 들여다보는 일에서 시작되는 것이 아닐까?

테라피 12

도둑처럼 찾아온 해방,
우리는 어쩌다
여기까지 왔을까?

남한

남한 앞에 놓인
세 가지 길,
이승만·김구·여운형 ㊤

조준호 PD

지난 시간에는 해방 공간이라는 잠깐의 힘의 공백기 사이에 김일성이 어떻게 한반도 이북의 권력을 장악하고 북한의 리더로 부상했는지 살펴봤습니다. 그 배경에는 스탈린과 소련이라는 거대한 권력이 기획한 치밀한 설계가 있었고요. 그렇다면 이번에는 남쪽의 상황이 궁금한데요. 같은 시기 남한의 해방 공간은 훨씬 더 복잡하고 불안정했을 것 같아요. 북쪽이 소련과 김일성이라는 단일한 체제에 의해 정리가 되었다면, 남쪽은 미군정의 통치 아래 좌우 갈등, 친일 잔재 청산, 국내파와 해외파의 노선 투쟁 등이 한꺼번에 뒤엉켰을 테니까요. 여러 선택지 앞에서 끊임없이 충돌하고 흔들린 끝에 결국 대한민국 단독 정부 수립이라는 결말을 맞이하게 된 과정이 궁금합니다. 1945년 이후 우리에게 주어진 길들은 무엇이 있었고, 역사는 결국 어떤 길을 걸어 오늘에 이르게 되었을까요?

남한의 세 가지 길,
이승만·김구·여운형

우리는 이미 역사의 결론을 알고 있습니다. 이승만 대통령이 미국의 지원을 등에 업고 대한민국 정부를 수립했다는 사실 말이죠. 북한에서 '진지쳄' 김일성이 소련의 재가를 얻어 지도자가 되었다면, 남한에서는 오랜 기간 미국에서 활동하며 스스로를 '프린스 리Prince Rhee'라고 칭했던 이승만이 대한민국의 이른바 '건국 대통령'이 되었습니다. 이렇게만 보면 남북의 리더십은 각각 소련과 미국이라는 거대 세력의 배경 속에서 세워진 셈이죠. 그리 유쾌한 역사는 아니죠?

　이승만은 자신이 전주 이씨 황실의 방계 혈통이라는 점을 내세워 미국 사회에서 스스로를 '조선의 왕족'으로 각인시켰습니다. 3·1 운동 이후 임시정부의 초대 대통령으로 추대되며 '프레지던트 리'라는 직함을 얻기 전부터, 그는 이미 미국에서 30년 넘게 생활하며 서구적 교양과 인맥을 쌓아온 인물이었죠. 왕족Prince에서 대통령President으로 나아간 그의 이력은, 소련의 기획 아래 들어온 김일성의 북한과 비교했을 때 남한에서도 외세의 배경을 업은 지도자가 탄생했다는 점에서 기막힌 데칼코마니를 이룹니다.

일제강점기 내내 밖을 돌며 외국 문명의 시스템을 몸에 익힌 김일성과 이승만이 해방 공간의 주인이 되었고, 이렇게 같은 한반도 안에 두 개의 나라가 세워지면서 역사는 우리 민족 최대의 비극인 6·25 전쟁으로 치달았습니다. 우리는 왜 평화로운 건국이 아닌 분단과 전쟁이라는 파멸의 길을 걸어야만 했을까요? 이번 테라피와 다음 테라피에서는 이 지독한 비극의 원인을 살펴보기 위해 1945년 해방 정국 당시 남한 앞에 놓인 '세 가지 길'을 되짚어 걸어가고자 합니다.

시계태엽을 되감아 1950년 한국전쟁이라는 비극이 터지기 전, 모든 가능성이 열려 있던 1945년 8월 15일로 돌아가 봅시다. 해방 직후의 한반도는 혼란으로 가득 찬 아나키이자, 한편으로는 그 어떤 그림도 그릴 수 있는 무궁한 가능성이 꿈틀거리는 백지 상태였습니다. 여기서 저는 여러분께 질문을 던지고 싶습니다. 만약 2026년의 우리가 그 뜨거웠던 시공간으로 돌아간다면 과연 어떤 선택을 할 수 있었을까요? 소련과 미국이라는 강대국이 밀려드는 일촉즉발의 상황에서 누군가는 외세의 힘을 빌려 권력을 쥐려 했고, 누군가는 자생적인 씨알의 힘을 믿으며 끝까지 비폭력을 택했고, 또 누군가는 좌우 통합의 길을 모색했습니다. 만약 지금의 우리가 그때의 조선인이 되어 역사의 한복판에 서 있다면, 과연 어떤 노선을 택했을지 일종의 사고실험을 여러분께 제안하고 싶습니다.

당시 남한에는 각기 다른 비전을 가진 세 명의 유력한 지도자가 있었습니다. 결국 최후의 승자가 된 현실주의자 이승만, 임시정

사고 실험:
1945년 8월 15일 남한의 세 가지 길

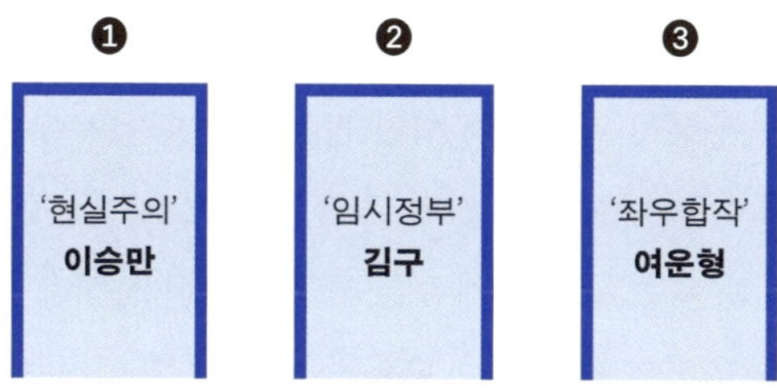

부의 법통을 지켜온 민족의 자존심 김구, 그리고 해방 직후 민중의 압도적인 지지를 받았던 통합의 아이콘 여운형이 그들이죠. 이 세 명의 노선을 두고 '나라면 누구를 지지했을까?'를 고민해보는 사고 실험을 해봅시다. 이 실험은 우리가 가보지 못한 길에 대한 상상력을 넓히는 동시에 각자의 노선이 가졌던 저마다의 의미와 한계점을 이해하는 과정이 될 것이니까요.

"미국에 나라를 잠시 맡겨서라도 독립을 이루리라"
❶ 조선의 망명 지도자 이승만의 길

첫 번째 길은 이승만입니다. 우리가 걸어온 길이죠. 사실 미국과 소련이라는 거대 세력은 한반도를 갈라 통치하려는 속내가 있었기 때문에, 끝까지 하나가 되겠다며 분단을 거부한 김구나 여운형 같은 이들은 눈엣가시 같은 존재였습니다. 그에 반해 이승만은 훨씬 합리적이고 유연했죠. 방계 왕족 출신 이승만은 젊은 시절 도산 안창호에게 깊이 감화되어 독립운동의 길에 뛰어들었습니다. 박영효의 고종 폐위 음모 사건에 휘말려 청춘의 시기 수년을 차디찬 감옥에서 보냈죠. 1875년 황해도에서 태어난 이승만은 본래 배재학당에서 호머 헐버트의 제자로 신학문을 익혔고, 이때부터 자연스럽게 개신교 중심의 미국 문화에 깊이 연루되었죠. 이승만은 감옥에 있을 때 선교사들이 넣어준 책을 탐독하며 결국 개신교로 개종했습니다. 이 시기의 혹독한 옥중 생활과 개종은 서구적 근대 사상을 내면화하고 훗날 미국을 무대로 활동하며 '프린스 리'에서 '프레지던트 리'로 거듭나는 결정적인 사상적 토대가 되었죠.

사실 이승만이 처음부터 개화파는 아니었습니다. 유교 성리학을 따르던 양반이었기에 처음부터 열렬한 기독교인도 아니었죠. 하지만 옥중 개종 후, 함께 복역하던 양반들까지 개종시킬 정도로 전도에 탁월한 재능을 보였습니다. 한마디로 조선인 엘리트 선교사 '테크트리'를 제대로 탄 셈입니다. 전도와 포교 활동에 워낙 뛰어난 재능을 발휘해서 나이 많은 선배들조차 그를 신앙의 리더로 모셨을 정도였다고 하니까요. 이런 면모는 옥중에서 이승만이 집필한 책 『독립정신』에 자세히 적혀 있습니다. 『독립정신』은 일제강점기에 쓰인 책은 아닙니다. 조선이 식민지로 전락하기 전 이승만이 옥중에서 독립협회의 정신에 감화되어 서재필과 호머 헐버트 같은 선배들의 영향을 받아 집필한 책이죠. 책 이름에 '독립'이라는 글자가 들어가 있어서 일제강점기 독립운동의 일환으로 집필된 책이라고 오해할 수 있지만, 여기서 말하는 '독립정신'은 곧 미국의 정신을 의미합니다. 국민이 주인이 되어 낡은 왕조를 타파하자는 파격적인 선언이었죠. 유교적 구습을 미개한 전통으로 인식하고 조선인 모두가 하루 빨리 미국처럼 독립 정신을 갖춘 민주 공화국이 되자며, 노예 해방과 민중의 주권을 부르짖는 개화론에 깊이 심취된 이승만의 사상이 담겨 있습니다. 이런 그를 미국의 선교사들이 아끼고 좋아한 것은 당연한 결과였죠.

　　당시 조선에 온 백인 선교사들에게 가장 절실한 과제는 복음을 전파할 현지인 지도자를 찾는 것이었습니다. 언더우드나 아펜젤러 같은 이들이 제아무리 한국어를 잘해도 조선인들끼리 서로를 변화시키는 '인사이드 잡Inside job'의 파급력에는 비할 바가 못 됐죠. 옥중에서 놀라운 전도 실력을 보여준 이승만은 선교사들에게 최고의 적임자였습니다. 조선인이면서 미국인보다 더 미국인스럽게 개신교 가치관을 전파하는 그를 보며 선교사들은 전폭적인 지원을 아끼지 않았습니다. 결국 출옥 후 선교사들의 추천서와 학비 지원을 등에 업고 미국으로 건너간 그는 당시 최고의 명문대였던 조지워싱턴대학과 하버드대학을 거쳐 프린스턴대학 박사학위라는 엄청난 학벌을 갖춘 엘리트로 성장합니다.

　　이 배경은 매우 중요합니다. 이후 이승만은 평생 미국에 머물며 미국 주요 인사들과 교류하며 조선의 미래 인재로 육성됐죠. 미국인보다 더 미국인처럼 살고자 했으나, 필립 제이슨으로 이름을 바꾸고 국적을 바꾼 서재필과는 달리 이승만은 한국인의 정체성과 국적은

HISTORY KEYWORDS

독립정신

이승만이 한성감옥 투옥 중 집필하여 미국에서 간행한 저술로, 개화 사상과 기독교 정신을 바탕으로 독립의 당위성과 민중의 자각을 역설했다. 당시 조선이 처한 위기를 진단하고 자주독립 국가로 나아가기 위한 외교적·교육적 과제를 제시하여 초기 독립운동가들에게 큰 영향을 준 사상적 지침서다.

독립정신 서

옥중에 지리한세월이 거연히 칠년이되지라 천금광음을 허손하기
애석하야 내외국친구들의 때로빌려주는 각색서책을 잠심하야 고초
와근심을 저윽히 닛고저하나 잇다금 세상형편을싸라 어리석은창자
에 울분한피가 북밧칠을 억제할수업서 여간한 책권을 번역하여 노
혼것이 멋가지잇스나 하나도 발간치못하매 마음에 더욱울쳐함을 익
이지못하다가 수년동안을 신문론설짓기로 저윽히 회포를말하드니 종
간에 무삼사단이잇서 그것도 또한 페지하고 잇슬차에 일아전쟁이
버려지는지라 비록 세상에나서서 한가지 유조한일을 일울만한 경
론이업스나 이어찌 남아의 무심히 들어안젓슬 쌔리요 강개격분한

한성감옥에 수감된 이승만이 저술한 책 『독립정신』의 1949년 판본

끝까지 유지했습니다. 오랜 감옥 생활을 견뎌낸 만큼 그의 항일 정신과 민족 지도자로서의 사명감은 부정할 수 없을 만큼 투철했거든요. 그는 자신이 핍박받은 왕족이자 조선을 대표하는 망명 지도자라는 자부심이 확고했습니다. 그리고 이러한 자신의 캐릭터를 국제사회에서 매우 능숙하게 활용했죠. 이승만에게 가장 중요한 가치는 단순한 민족주의를 넘어 조선을 미국처럼 개화된 나라로 탈바꿈시키는 것이었습니다.

이 배경이 이승만이 평생 외교 노선을 고집한 이유이자 명분이 됩니다. 이승만의 외교론은 자칫 수동적인 사대주의라고 비판받을 수 있는 이념이었지만, 조선을 대표하는 망명 지도자라는 정체성은 그를 이런 프레임으로부터 보호해줬죠. 이승만은 조선은 아직 홀로 성장하려면 여러모로 부족하기 때문에, 일찍이 모국 영국으로부터 독립을 쟁취하고 세계 최강대국으로 성장한 미국의 독립 정신을 본받아야만 완전한 독립이 가능하다고 역설했습니다. 그의 이런 주장은 도움을 주어야 할 미국에게도, 도움을 받아야 할 조선 민중에게도 꽤 설득력 있게 다가갔죠.

참고로 우리 책에 자주 등장하는 도산 안창호는 당시 실력을 양성해 미국처럼 강대국이 되자고 주장했던 독립운동가들에게 정신적 지주와도 같은 인물이었습니다. 도산만큼 미국을 사랑한 인물이 없을 정도였죠. 그의 호 '도산島山'은 안창호가 미국으로 건너갈 때 배 위에서 마주한 아름다운 하와이를 보고 섬 도(島)에 뫼 산(山)을 써서 지은 것이죠. 말하자면 그의 예명은 '하와이 안창호'인 셈입니다. 안창호 역시 하와이에서 오래 머물며 서구 문명을 흡수한 전형적인 개화파였습니다. 하지만 이승만과 달리 그는 임시정부에서 활동했을 뿐만 아니라 민족의 실력을 키우려 국내에 들어와 감옥에 갇히는 등 민중 곁에 머문 지도자였죠. 이와 반대로 이승만은 줄곧 해외에 머물며 외교론에 올인했습니다. '실력을 양성하는 일도 중요하지만 아무리 실력을 높이 쌓아봤자 일제로부터 독립을 시켜줄 주체는 미국이다'라는 게 그의 일관된 신념이었습니다. 이는 북한을 세운 김일성이나 박헌영이 '결국 독립은 소련의 몫'이라고 생각한 것과 맥락이 닿아 있습니다. 당시 공산주의자들에게 독립보다 훨씬 중요한 목표는 '공산화'였습니다. 전 세계 노동자가 단결해 자본주의를 타파하고 공산주의 연맹을 만드는 것이 그들의 본질적인 사명이었죠.

그렇다면 독실한 기독교인 이승만은 어땠을까요? 이론적으로 참된 기독교인에게는 민족보다 인류가 하나님의 자녀라는 사실이 더 중요합니다. 이승만 같은 '뼈리스찬' 입장에서는 국가나 민족보다 기독교 왕국, 즉 하나님의 나라를 세우는 것이 요체였죠. 그에게 하나님의 나라는 미국이었지 소련도, 조선도, 일본도 아니었습니다. 그래서 그는 일본을 더욱 싫어했습니다. 천황을 신으로 모시는 일본은 조선보다 미개한 애니미즘 국가라고 보았죠. 바로 이 점에서 이승만의 '항일'은 다른 독립운동가들의 그것과는 결이 사뭇 다릅

HISTORY KEYWORDS

도산 안창호

독립운동의 통합과 실력양성을 위해 평생을 헌신한 지도자로, 신민회와 흥사단을 조직하여 인재 양성에 주력했다. 상해 임시정부 수립 초기 내무총장으로서 흩어진 독립운동 세력을 결집하는 데 핵심적인 역할을 했으며, '무실역행'과 '대공주의'를 바탕으로 좌우를 아우르는 통합적 독립 노선을 지향했다.

니다. 그 진심의 뿌리에는 단순히 '일제를 타도하자'는 차원을 넘어, 기독교 국가 건설이라는 열망이 있었습니다.

당시 이승만이 민족 지도자 중 넘사벽 클래스였던 이유는 독보적인 스펙 덕분이었습니다. 그가 가진 프린스턴대학 박사학위는 독립운동가들 중 그 누구도 갖지 못한 최고의 자산이었죠. 안창호도 갖지 못했던 이 학위는 지금 봐도 대단하지만 당시에는 더욱 드문 권위였습니다. 일제강점기와 해방 정국에서 이승만이 늘 '이 박사'라고 불린 이유도 여기에 있습니다. 고등 교육조차 제대로 받기 어려웠던 시절에 선진국 미국의 최고 명문 대학에서 국제법 전공으로 박사학위를 받았다는 사실은 정말 놀라운 사건이었습니다. 특히 서구 열강이 지배하던 시대에 다양한 모임에서 서양인들과 대등하게 영어로 소통하며 클럽의 일원으로 인정받는 이승만의 권위는 독보적이었죠. 1919년 9월 임시정부가 상해에서 첫 출범을 했을 때 현장에도 없던 그가 임시정부의 초대 대통령으로 추대된 것도 바로 이러한 권위 덕분이었죠. 선배인 안창호조차 그를 추대했을 만큼 이승만의 학벌은 강력한 정치적 자산이었습니다.

1919년 3·1 운동의 핵심 목표는 1차 세계대전 승전국인 미국을 비롯한 국제 사회에 한민족의 자결권을 호소하는 것이었습니다. 그리고 이 결정권을 쥔 우드로 윌슨 미국 대통령이 바로 프린스턴대학의 총장 출신이었습니다. 이승만은 윌슨과 학문적 사제 관계이자 동문이라는 결정적인 연결 고리가 있었습니다. 따라서 상해 임시정부는 이러한 외교적 실익을 고려하여 그를 대통령으로 선출했습니다. 미국의 힘을 빌려 독립을 쟁취하려던 당시 상황에서 이승만의 배경은 대체 불가능한 국가적 자산이었으니까요.

하지만 화려하게 추대되었던 이승만은 1925년 돌연 임시정부에서 탄핵을 당하게 됩니다. 1919년 설립 이후 임시정부가 쏟은 외교 독립론의 노력은 번번이 실패했습니다. 1925년까지 임시정부 내부에서는 독립 노선을 둘러싼 치열한 투쟁이 벌어졌습니다. 비폭력 만세 운동과 외교 청원이 한계에 부딪히자, 혁명을 통해 전 세계 독립운동을 지원하겠다는 소련의 공산주의 이념이 매력적인 대안으로 부상했죠. 결국 외교론에 대한 회의감이 커지면서 1925년 박헌영을 비롯한 화요회 주도의 조선공산당이 설립되는 등 독립운동의 주도권은 점차 변화를 맞이하게 됩니다. 이에 임정 내에서도 신채호의 창조파와 안창호의 개조파가 갈라져 격렬히 대립했습니다. 이런 혼란 와중에 과거 1919년 이승만이 국제연맹League of Nations에 한국의 위임통치를 청원했던 사실이 뒤늦게 폭로되며 갈등은 걷잡을 수 없이 커졌습니다.

　위임통치 청원 사건이란 이승만 등 미국에 있던 지도자들이 윌슨 대통령에게 편지를 보내 '우리나라를 당분간 위임통치해달라'고 부탁한 사건입니다. 국제연맹은 1차 대전 이후 탄생한 UN의 전신이자 미국 중심의 승전국 클럽이었죠. 이승만은 훗날 독립을 조건으로 나라의 주권을 미국에 맡기려 했습니다. 독립을 갈망하던 이들

HISTORY KEYWORDS

위임통치 청원 사건

1919년 이승만이 미국 대통령 윌슨에게 한국을 국제연맹의 위임통치 아래 두어달라고 요청한 사건으로, 외교 독립론에 기반했으나 신채호 등 무장 투쟁파의 격렬한 반발을 샀다. 이 사건은 독립운동 내부의 노선 갈등을 본격적으로 표면화시킨 계기가 됐고, 결국 1925년 이승만이 대한민국 임시정부 초대 대통령직에서 탄핵되는 결정적 사유로 작용했다. 외교독립론과 자주독립론이 충돌한 상징적 사건으로 평가된다.

에게는 마치 나라를 외세에 통째로 갖다 바치는 배신 행위로 비칠 법한 파격적인 발상이었죠. 독립운동가들에게 위임통치 청원은 그야말로 피가 끓는 사건이었습니다. 김구 같은 무장 투쟁파는 결코 받아들일 수 없었지만, 이승만이나 안창호·김규식 같은 친미 개화파의 생각은 달랐습니다. 내심에는 '야만적인 천황 숭배 국가인 일본의 지배를 받느니, 미국처럼 깨어 있는 나라에 잠시 수업을 받고 독립하는 것이 훨씬 낫지 않으냐'는 현실론이 짙게 깔려 있었죠. 하지만 이 노선 차이는 임시정부 내에 돌이킬 수 없는 분열을 일으켰고 결국 1925년 이승만 대통령 탄핵으로 귀결됩니다. 수장을 잃은 임시정부는 이때부터 극심한 침체기와 고난의 여정을 겪습니다.

　　하지만 이와 별개로 이승만은 탄핵 이후에도 1945년까지 미국에 머물며 주류 사회와 개신교(교회) 인맥을 관리하는 한편 외교 독립론을 고수했습니다. 헐버트 등 유력 인사들과 교류하며 일본 패망 시 미국의 지원을 이끌어내기 위한 언론 플레이에 매진했죠. 이는 오직 이승만만이 할 수 있는 독보적인 영역이었으나, 감옥에서 고문당하고 현장에서 무장 투쟁을 벌이던 이들에게는 지나치게 안락하고 말랑말랑한 행보로 보였을 겁니다. 여러분은 이러한 이승만의 선택과 행적에 대해 어떻게 생각하시나요?

"두 눈에 흙이 들어가도 분단은 안된다"
❷ 임시정부의 마지막 파수꾼 김구의 길

백범 김구는 이승만과 정반대의 길을 걸어온 인물입니다. 왕족 출신인 이승만과 달리 김구는 평민 출신이었거든요. 젊은 시절 동학의 리더인 접주 자격으로 700명이 넘는 병사를 거느리고 죽창을 든 채 현장에서 피를 흘리며 싸웠습니다. 안중근과 함께 독립운동계의 상징적 인물로 꼽히는 그는, 공교롭게도 1894년 동학농민혁명 때 서로 죽창과 총을 맞대고 싸운 적이 있습니다. 가톨릭 신자이자 양반이었던 안중근은 동학을 미개한 구습으로 보았고 아버지 안태훈이 조직한 민병대에 소속되어 동학군 진압 작전에 참여했죠. 반면 김구는 동학 접주로서 전투의 선봉에 섰죠. 한국사에 영원히 남을 두 인물이 하마터면 서로의 손에 의해 목숨을 뺏길 뻔한 겁니다. 안중근이 1909년 일찍 순국하지 않았다면, 훗날 임시정부에서 김구와 어떤 관계가 되었을지 문득 궁금해지네요.

동학농민혁명 1년 뒤인 1895년, 김구는 명성황후 시해에 분노하며 치하포에서 일본인을 맨손으로 때려죽인 뒤 파란만장한 도피와 투옥 생활을 거쳐 상해 임시정부로 건너갔습니다. 이 강렬한 사건은 백범의 저서 『백범일지』에 생생하게 기록되어 있는데요. 이승만의 『독립정신』과 함께 이 책은 꼭 읽어보시기 바랍니다. 특히 『백범일지』의 마지막 에세이 「나의 소원」은 오늘 다시 읽어도 소름이 돋을 만큼 예언적입니다.

> (…) 내가 원하는 우리 민족의 사업은 결코 세계를 무력으로 정복하거나 경제력으로 지배하려는 것이 아니다. 오직 사랑과 평화의 문화로 우리 스스로 잘 살고 인류 전체가 의좋게 즐겁게 살도록 하는 일을 하자는 것이다. 어느 민족도 일찍이 그러한 일을 한 이가 없었으니 그것을 공상이라고 하지 말라. 일찍이 아무도 한 자가 없길래 우리가 하자는 것이다. 이 큰 일은 하늘이 우리를 위하여 남겨놓으신 것임을 깨달을 때에 우리

민족은 비로소 제 길을 찾고 제 일을 알아볼 것이다. (…)

김구가 지금의 한류를 봤다면 무덤에서 눈물을 흘리며 벌떡 일어나 만세를 외쳤을 겁니다. 그만큼 백범은 높은 문화의 힘, 즉 '소프트 파워'를 간절히 원했던 독립운동가입니다. 『백범일지』를 읽어 보면 김구의 감수성이 겉보기와는 다르게 얼마나 부드럽고 섬세한 지 단번에 알 수 있습니다. 하지만 이토록 감성적인 분의 일생이 정작 조국을 위해 피 튀기는 폭력 투쟁으로 점철되었다는 사실은 참 모순적이죠. 김구 선생은 당시 기준으로 어마어마한 거인이었습니다. 조선인 평균 신장이 160센티미터도 안 되던 시절에 180센티미터의 키를 가졌다고 하니, 미국인들 사이에서도 보기 드문 위용을 자랑했을 겁니다. 170센티미터 정도였던 이승만과 비교해도 체격 차이가 상당했죠. 1919년 상해 임시정부가 세워졌을 때, 정식 교육을 받은 엘리트도 아니고 평생 무장 투쟁의 길을 걷다 일본인을 때려죽이고 도망쳐온 이 거구의 사내는 안창호, 이시영 같은 임시정부의 지도자들 앞에 몸을 낮췄습니다. 문지기부터 시작하겠다며 임시정부에 합류한 그는 민족이 시키는 일은 무엇이든 결행하는 든든한 행동대장의 역할을 맡았죠.

1925년 임시정부가 분열되고 이승만마저 탄핵당하자, 조직은 사람도 돈도 없는 빈껍데기만 남게 되었습니다. 공산주의 세력마저 빠져나간 뒤 모두가 떠나갈 때, 그 폐허 같은 임시정부를 끝까지 지켜낸 이가 바로 김구입니다. 일제의 집요한 추적을 피해 이리저리 도망 다녀야 했던 처절한 고난의 시기였죠. 1925년부터 1940년까지 이어진 이 힘겨운 유랑 속에서 김구 선생이 유일하게 의존할 수 있었던 희망은 누구였을까요? 바로 중국 국민당의 리더 장제스였습니다. 오늘날 중국이라고 하면 마오쩌둥의 공산당을 떠올리지만, 사실 중국이 공산당의 지배를 받게 된 것은 1949년부터입니다. 그 전까지는 장제스가 리더로 있는 중국 국민당, 즉 중화민국Republic of China이 본토를 지배했죠. 그러다 공산당에 밀려 본토에서 쫓겨나 지금의 대만으로 들어간 것이고요. 김구가 독립운동을 하며 상해와 중경을 누볐던 1920년대부터 1940년대까지 중국은 국민당의 시대였습니다. 당시 중국은 자본주의 체제였으며, 장제스는 파시스트 성향을 띤 친미 정권의 수장이었습니다. 김구와 장제스는 뼛속까지 철저한 민족주의자라는 점에서 잘 통했습니다. 심지어 둘 다 강렬한 반공주의자였죠.

이건 살짝 우스갯소리인데요, 동학도 출신인 김구는 평생을 이른바 '종교 쇼핑'을 하다가 돌아가신 분이라고 할 수 있습니다. 유교 집안에서 태어나 동학에 몸담았다가, 한때는 불교에 귀의하기도 했으며, 이후 개신교로 개종했다가 세상을 떠날 때는 천주교 신자였습니다. 종교적 섭렵이 이토록 다양했지만, 정작 김구 선생에게 종교 그 자체는 그리 중요하지 않았습니다. 김구의 종교는 사실 민족 그 자체였습니다. 그의 혈관에는 '조선 민족을 위해 목숨을 바치겠다'

HISTORY KEYWORDS

상해 임시정부

1919년 3·1 운동의 정신을 계승하여 중국 상해에 수립된 한국 최초의 민주 공화제 정부다. 입법(의정원), 행정(국무원), 사법(법원)의 삼권 분립 체제를 갖추었으며, 국내외 독립운동을 통합하고 지휘하는 중추 역할을 했다. 비록 외교와 무장 투쟁 노선을 둘러싼 갈등으로 부침을 겪었으나, 대한민국 국호와 정통성의 뿌리가 되었다.

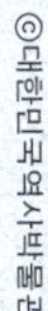

1945년 해방 후 귀국해 상봉한 이승만과 김구

는 일념뿐이었습니다. 그래서 그의 모든 판단의 기준은 오직 민족의 안위였죠. 반면 이승만의 기준은 민족보다는 기독교와 개화에 맞추어져 있었으니 두 거물은 애초에 서로 다른 길을 걸어갈 수밖에 없었습니다. 하지만 두 사람 모두 철저한 반공주의자였다는 점은 일치했습니다. 김구가 공산주의를 배격한 이유는 명확합니다. 박헌영 같은 공산주의자들에게는 민족의 통일보다 스탈린의 지령과 이념이 우선이었기 때문이죠. 민족보다 공산주의 국가 건설을 앞세우는 이들을 김구는 결코 용납할 수 없었습니다.

김구는 중국에서 항일 투쟁을 벌이며 반공 민족주의 국가 건설에 매진 중이던 장제스와 손을 잡고 '너는 중국, 나는 조선'이라는 명확한 선을 긋고 대등하게 연대했습니다. 중국 국민당과 장제스의 존재는 김구에게 날개가 되어줬습니다. 물론 이승만이 김구를 향해 중국에 지나치게 의존한다며 비난했을 테지만, 만약 그랬다면 김구 역시 이승만에 대해 미국 사대론자라고 쏘아붙였을지도 모를 일이죠. 이 시기 즈음부터 김구는 중국 국민당의 지원을 발판 삼아 남몰래 항일 부대를 육성하고 폭탄을 제조하며 1945년 해방의 그날까지 멈추지 않는 무력 투쟁을 전개합니다.

"이제 일본은 끝났다"
❸ 좌우합작의 설계자 여운형의 길

마지막 세 번째 길은 여운형입니다. 1945년 8월 15일, 해방의 그날 순식간에 모든 공권력이 진공 상태가 된 조선 전역은 자유의 희열과 함께 엄청난 혼란과 불안이 폭발했습니다. 한반도에 남겨진 일본인들은 조선인들이 자신들을 언제라도 살해하고 약탈할지도 모른다는 공포가 엄습했습니다. 본토로의 무사 귀환을 제일의 목표로 세운 조선총독부가 자신들의 파트너로 낙점한 인물이 바로 여운형이었습니다. 일제는 여운형을 불러 조선인들에게 치안 유지권을 넘겨주는 대신 자신들이 안전하게 일본으로 돌아갈 수 있도록 보장해달라고 요청했습니다.

당시 여운형은 독립운동가로서의 명성은 물론 언론인·체육인 등 다방면에서 조선 최고의 영향력과 인지도를 쌓은 정치인이었죠. 민족 대표 33인에는 이름을 올리지 않았지만 1919년 3·1 운동을 함께 기획했고, 임시정부 초기에는 외무부 차장으로 참여했습니다. 1933년에는 언론사의 사장을 지내기도 했고 1934년에는 조선체육회 회장을 역임하며 다채로운 분야에서 이름을 날렸죠. 심지어 그는 조만간 일제가 패망해 조선이 해방될 날이 머지않았음을 예견하고는 1944년 조선건국동맹이라는 비밀결사단체를 조직했습니다.

경기도 출신으로 일찍이 개화파였던 여운형은 안창호 선생을 진심으로 존경했습니다. 당시 안창호의 연설에 감화된 이들이 무척 많았는데, 안창호 선생이 고문으로 일찍 서거하시지 않았다면 역사는 또 달랐을지도 모릅니다. 도산이 감옥에서 나온 뒤 돌아가실 때까지 곁에서 병간호하며 보필했던 대표적인 인물들이 바로 여운형과 조만식입니다. 이때 춘원 이광수도 함께 보필했는데, 나중에 이광수가 친일로 변절했음에도 독립운동가들이 '그래도 이광수가 안창호 형님은 끝까지 모셨다'라며 인간적인 정 때문에라도 그를 봐주려 했던 이유도 여기에 있습니다.

여운형은 민족의 거목이었던 안창호를 마지막까지 지켰던 핵심 인물이자 그 정신을 계승한 실질적인 지도자였습니다. 안창호와 여운형, 조만식이 함께 찍은 그 사진 한 장이 모든 것을 말해주죠. 여운형은 도산에게 감화되어 개화파가 되었고 기독교로 개종했습니다. 여운형이 본격적으로 독립운동에 투신한 계기는 1918년 청년 중심의 독립운동 단체인 신한청년당을 결성해 상해로 건너가 김규식 등과 함께 3·1 운동을 설계했을 때부터죠. 국내에서 손병희가 3·1 운동을 실무적으로 설계했다면, 여운형은 이 운동이 국내를 넘어 국외로까지 확장되어 펼쳐질 수 있도록 상해에서 큰 그림을 기획했죠. 훗날 그가 쓴 『몽양 여운형 자서전』 같은 기록을 보면 당시의 긴박했던 설계 과정이 자세히 적혀 있습니다.

하지만 운동의 실패 후 임시정부의 극심한 내부 분열에 실망한 여운형은 결국 국내로 돌아옵니다. 이후 그는 언론 활동에 매진하며 안창호의 실력양성 노선과 민족개조 운동을 계승했죠. 이 과정에서 그는 《중앙일보》 사장을 지내기도 했습니다. 이는 명망 있는 민족 지도자들이 번갈아가며 언론사의 사장을 역임했던 흐름과도 연관이 있습니다. 《조선일보》의 조만식, 《동아일보》의 송진우가 대표적이죠. 송진우, 조만식, 여운형은 일제강점기 내내 국내에 남아 교육과 언론 운동을 통해 독립의 불씨를 지키려 했던 인물들입니다. 특히 여운형은 두 번의 투옥과 모진 고문을 겪으면서도 일제에 타협하지 않고 지조를 지켜냈죠. 조선 민중이 해방 직후 여운형과 조만식을 절대적으로 존경한 이유도 바로 이 결백한 생애에 있습니다. 해방을 맞이했을 때 이들이 쌓아온 경력은 누구도 함부로 훼손할 수 없을 만큼 압도적이었습니다.

여운형은 당시 민족 지도자들 중에서 유독 대중의 인기가 높았습니다. 그는 사진을 보면 알 수 있지만 아주 잘생겼습니다. 당시 중국인들은 물론 일본인들조차 그를 만나면 팬이 되었다고 합니다.

1945년 8월 15일 일본의 항복과 동시에
건국준비위원회를 결성한 좌우합작의 지도자 여운형

아무리 일본에 대항하는 독립운동가라고 할지라도 그 매력 앞에서는 적이 없을 정도였죠. 게다가 언어 능력까지 출중했습니다. 중국 금릉대학 영문과를 다닌 덕분에 영어에 능통했고, 일본어와 중국어까지 자유자재로 구사했습니다. 지성과 외모, 그리고 당당한 풍채까지 갖춘 그야말로 당대 최고의 '매력자본'을 가진 지도자였죠. 형편이 어려워도 늘 최고급 양복에 모자를 받쳐 쓴 멋쟁이였던 여운형은 여성들에게 인기도 많았다고 합니다. 젊은 시절 결혼한 첫 아내와 이혼한 뒤 재혼을 하고 나서도 1940년대 일본에 체류하며 만난 유학생과 아이를 낳는 등 사생활 면에서도 파격적인 행보를 보였죠.

여운형은 공산주의에 대해서도 굉장히 열린 마음을 갖고 있었습니다. 그렇다고 그가 공산주의자였던 건 아닙니다. 근본은 기독교인이면서 사회주의적 가치를 지향하는 입장이었죠. 모든 민중에게 토지를 공평하게 나눠주자는 공산주의 진영의 주장에 대해서도 포용적이었고, 조선공산당을 창당한 박헌영 같은 인물을 후원해준 듬직한 조력자이기도 했습니다. 그야말로 좌우를 넘나들며 독립운동가들 사이에서 깊은 존중을 받는 중도 좌파의 핵심이었습니다.

그의 화끈한 성격을 보여주는 일화가 바로 일장기 말소 사건입니다. 1936년《중앙일보》사장이자 조선체육회장이던 여운형은 베를린올림픽에 출전한 손기정이 '일장기를 달고 뛰어야 하느냐'며 고민하자 신경 쓰지 말고 뛰라고 다독이며 용기를 불어넣었습니다. 민족의 실력을 증명하는 것이 먼저라는 판단이었죠. 이후 손기정이 우승하자《중앙일보》는 사진 속 일장기를 뿌옇게 지워 보도했는데, 처음엔 일제도 눈치채지 못할 만큼 교묘했습니다. 하지만 이를 본 다른 신문사들이 대놓고 일장기를 삭제하며 따라 하다가 결국 꼬리가 밟혔고, 신문사가 폐간되면서 여운형도 실업자가 되어 일본으로 건너가게 됩니다. 사실 어떤 신문사가 가장 먼저 일장기를 지워 보도했는지는 아직도 논쟁으로 남아 있습니다. 중요한 것은 당시 독립운동 지도자들이 사장으로 있던 모든 언론사가 마치 미리 작전이라도 한 것처럼 일장기를 지워 보도했다는 사실입니다.

이토록 다채로운 삶을 살며 자신만의 영역을 구축한 여운형은 결국 총독부의 요청을 받아들입니다. 그러곤 곧장 건국준비위원회를 조직하죠. 치안을 유지하고 일본인들의 퇴로를 열어주는 조건으로 조선의 행정권을 완전히 이양받기로 협상했습니다. 소련과 미국이 한반도에 들어올 준비를 하던 1945년 9월과 10월 사이의 그 짧은 공백기에, 이미 여운형은 한국의 자생적인 첫 건국 작업을 시작하고 있었습니다. 심지어 이때까지도 이승만과 김구는 해방된 조국에 입국조차 못하고 있었죠. 미군정은 임시정부를 공식적인 통치 주체로 인정하지 않았기에 해방 당시 김구에게 '임시정부의 주석 자격으로는 입국할 수 없다'고 통보했죠. 결국 김구는 시일이 한참 흘러 1945년 11월 23일, 개인 자격으로 김포비행장을 통해 귀국했습니다. 이승만은 그보다 한 달 앞선 1945년 10월 16일, 33년간의 미국 망명 생활을 마치고 일본 도쿄를 경유해 역시 김포비행장을 통해 입국합니다.

이처럼 해방 정국에서 가장 먼저 실권을 쥔 조직은 단연 여운형의 건국준비위원회였습니다. 건준의 뿌리는 1944년 결성된 비밀 결사단체 건국동맹이었습니다. 이들은 조직원끼리 정체를 알 수 없게 운영되는 등 마치 동학의 포접제를 연상시키는 은밀한 지하 조직이었죠. 여운형은 일제 패망 전부터 일본인들에게 대놓고 '이제 일본은 끝났다'고 말할 만큼 기개가 넘쳤습니다. 일본인들조차 그런 그를 신뢰할 수밖에 없는 파트너로 여겼기에, 패망 직후 조선총독부의 정무총감 엔도 류사쿠는 조선인의 압도적 지지를 받던 여운형을 불러 치안권을 주겠다고 제안한 것이죠. 결국 여운형은 8월 15일 무조건 항복 선언과 동시에 미리 준비해둔 건국동맹의 역량을 총동원하여 건국준비위원회의 깃발을 올렸습니다.

이처럼 해방 정국 남한에서는 크게 세 갈래의 에너지가 꿈틀거리고 있었습니다. 미국의 힘을 등에 업은 이승만, 임시정부의 법통과 민족의 자존심을 강조하며 귀국한 김구, 그리고 건국준비위원회를 통해 실질적인 행정권을 쥐고 혼란 수습에 나섰던 여운형까지 각기 다른 배경과 철학을 가진 이 세 명의 리더는 저마다의 방식으로 새로운 국가의 설계도를 그리고 있었습니다. 여러분이 당시 조선의 민중이었다면 누구의 손을 들어줄 건가요? 다음 장에서는 이 세 갈래의 에너지가 충돌하고 융합하며, 결국 어떻게 남한만의 단독 정부 수립으로 귀결되는지 그 파란만장한 과정을 살펴보겠습니다.

01 해방 정국 남한의 앞에는 세 갈래 길이 놓여 있었는데, 그 첫 번째 길 위에는 개신교 국가 미국이라는 거대한 배경을 등에 업고 서구식 민주주의를 내세우며 권력의 핵심을 파고든 외교 독립론자 '프린스 리' 이승만이 서 있었다.

02 두 번째 길 위에는 이승만의 외교론을 온건하고 안일한 사대주의라고 비판하며 무력 투쟁만이 일제의 탄압을 분쇄해 민족의 독립을 달성할 수 있다고 확신한 김구가 서 있었으며, 과거 일본 순사를 맨손으로 때려 죽인 그는 다 스러져가는 임시정부의 마지막을 끝까지 지켜낸 파수꾼이었다.

03 세 번째 길 위에는 세련된 양복과 유창한 외국어 실력을 갖춘 당대 최고의 매력자본가 여운형이 있었는데, 그는 좌우를 아우르는 포용력으로 건국준비위원회를 설계하며 가장 먼저 해방의 혼란을 수습하려 했던 준비된 지도자였다. 이 셋 중 과연 누가 신생 국가 대한민국의 첫 번째 리더가 되었을까?

테라피
13

우리는 왜
둘로 갈라진 나라에
살고 있을까?

분단

남한 앞에 놓인
세 가지 길,
이승만·김구·여운형 下

조준호 PD

지난 에피소드에서는 해방이라는 거대한 파도가 들이친 남한 땅에 이승만, 김구, 여운형이라는 세 물줄기가 어떻게 민족운동의 거대한 흐름을 형성했는지 짚어보았죠. 미국을 등에 업은 외교론자 이승만과 임시정부의 법통을 지켜온 파수꾼 김구, 그리고 건국준비위원회를 통해 실질적인 국가의 기틀을 짰던 여운형까지 그들은 각자의 청사진을 들고 충돌했습니다. 그런데 문뜩 궁금해집니다. 이토록 쟁쟁한 지도자들이 새 정부 수립을 위해 분투했는데, 결과적으로 우리는 왜 분단된 나라에서 살고 있는 걸까요? 대체 어떤 과정에서 나라가 쪼개져 건국이 될 수밖에 없었는지, 그리고 과연 이 세 갈래의 길에서 분단을 막을 기회는 정말 없었는지 묻고 싶습니다.

건국준비위원회
vs. 상해 임시정부

이제, 사고실험의 결과를 말씀드릴 차례입니다. 그 전에 여러분께 퀴즈를 하나 더 낼게요. 당시 사람들은 조선에 어떤 정부가 생기길 바랐을까요? 선택지는 두 가지입니다. '남북이 분단된 두 개의 정부'와 '독립된 하나의 통일 정부' 두 갈래입니다. 이때까지만 해도 한반도에 두 개의 서로 다른 국가가 들어설 것이라고 생각한 사람은 아무도 없었습니다. 우리나라는 신라의 삼국 통일 이후 거의 1300년 동안 줄곧 하나의 나라였죠. 민족의 역사에서 나라가 둘로 나뉜다는 것은 애초에 상상할 수 있는 범주 밖의 일이었으니까요.

　　하지만 해방 후 그 어떤 정치 세력도 단일 정부를 일구지 못한 채 혼란이 가중되자, 점차 '두 개의 나라'를 생각하는 사람들이 등장하기 시작합니다. 대표적인 인물이 김일성과 이승만이었죠. 이는 1947년쯤은 되어야 가시화됩니다. 그전부터 머릿속으로 구상했을지는 모르나 대놓고 발언하기 시작한 것은 그 무렵부터입니다. 그렇다면 한 나라를 세울 때 어떤 주체를 중심으로 세울 것인지에 대해 다시 두 가지 선택지가 놓이게 됩니다. 바로 김구가 끝까지 지켜낸 임시정부냐, 아니면 지금 눈앞에서 실권을 행사하며 혼란한 정국을 수습 중인 여운형의 건국준비위원회냐의 논쟁이었죠.

여러분이라면 둘 중 무엇을 대한민국의 진정한 뿌리로 택하겠습니까? 임시정부는 헌장도 있고 기틀이 있었으며 무엇보다 역사와 정통성이 있습니다. 민족의 염원이 모인 3·1 운동을 통해 만들어졌기 때문이죠. 이 역사적 정통성을 지킨 주역은 바로 김구입니다. 비록 누추하고 비참한 상태였을 때도 있었고 이름뿐인 정부라는 비판도 있었지만, 김구는 목숨을 걸고 십수 년간 그 정통성을 지켜왔습니다.

하지만 일제로부터 실제로 행정권을 이양받아 건국 준비에 나선 조직은 여운형의 건준이었죠. 임시정부가 가만히 있었을까요? 여기서 두 세력의 관계가 참 묘하게 꼬입니다. 여운형은 기본적으로 임시정부의 법통을 인정하지 않았거든요. 본인도 임정 창립 멤버 중 한 명이었지만, 1945년 해방 정국에서 김구가 낡은 임정의 깃발을 들고 지도자로 부상하자 냉소적인 반응을 보였죠. 사실 임정 초기만 해도 김구는 말 그대로 문지기를 하며 보초를 서던 인물이었기에, 여운형 입장에서는 김구가 자신과 동급의 지도자로 대우받는 상황을 받아들이기 힘들었을 겁니다.

여운형의 시각에서 임시정부는 이미 1925년 이승만이 탄핵을 당했을 때 그 수명을 다한 조직이었습니다. 당시 안창호의 개조파와 신채호의 창조파가 노선 투쟁을 벌이며 임정이 삐걱거릴 때 결국 합의점을 찾지 못하고 유능한 인재들이 뿔뿔이 흩어졌거든요. 그나마 김두봉 같은 거물들은 아예 연안으로 건너가 무장 투쟁을 전개하고 있었으니, 여운형 눈에 남겨진 임정은 그저 자기들끼리 싸움을 벌이다 흐지부지된 집단에 불과했습니다. 혁명의 현장을 지켰던 여운형에게 이름만 남은 임정의 법통은 그리 매력적인 훈장이 아니었죠. 하지만 김구 입장에서는 자신이 목숨 걸고 임정을 지키며 풍찬노숙할 때, 여운형은 일본인들과 교류하며 화려한 사교활동에만 전념한 샌님으로 보였을 겁니다. 평생을 고립무원의 투쟁 속에 보낸 김구에게 이승만이나 여운형의 독립운동은 비교적 한가롭고 시시해 보였을 테니까요.

　해방 후 김구가 뒤늦게 귀국했을 때 여운형은 나름의 정을 담아 마중을 나갔습니다. 과거 김구의 가족이 일제로부터 쫓길 때《중앙일보》사장이던 그가 남몰래 보호해준 인연도 있었거든요. 서로 노선은 달랐지만 분명 둘은 오래된 동지 사이였습니다. 하지만 김구는 자신을 마중 나온 열 살이나 어린 동생 여운형을 문전박대하며 철저히 외면했습니다. 하지만 이승만과 김구는 사이가 나쁘지 않았습니다. 이승만은 여운형과 달리 임시정부의 정통성을 적극적으로 인정했습니다. 비록 1925년 탄핵을 당한 전력이 있었지만 한때 대통령까지 지낸 몸이니, 임정이 인정받아야 자신의 정치적 지분도 보장된다고 계산한 것이죠. 만약 여운형의 건준이 주도권을 잡으면 이승만은 국내에서 설 자리가 아예 사라지는 것이니까요. 결국 두 사람은 임정 노선을 공유하며 강력한 반공주의 깃발 아래 뭉쳤습니다. 사실 임정 자체가 해방 전부터 중국 국민당의 지원으로 유지되었기에 반공 노선이 주류일 수밖에 없었죠. 그렇게 뜻이 맞은 김구와 이승만은 여운형의 건준을 견제하며 정국을 주도하기 시작합니다.

　여운형이 세운 건준에는 당시 조선에서 가장 치열하게 지하 활동을 벌였던 청년들, 즉 공산주의 활동가들이 대거 포진해 있었습니다. 이들은 일제를 향한 증오심이 누구보다 강했고, 출신 성분 또한 양반보다는 평민이나 하층민이 주를 이뤘습니다. 개중에 교회를 다니는 이들도 섞여 있었지만, 대세는 박헌영이 이끄는 정통 공산주의 계열 인사들이었죠. 건준의 이런 좌파적 성향 역시 김구와 이승만이 여운형과 섞일 수 없는 요인이 되었습니다.

'주석 이승만, 외무부장 여운형, 내무부장 김구' 조급한 선포, 어설픈 결말

당시 조선 민중의 절대다수는 두 가지 숙제를 해결하고 싶었습니다. 첫째는 친일파를 처단하고 일제 잔재를 뿌리 뽑는 '민족 모순'의 해결이었죠. 당시 부자와 지주 대부분이 친일파였기에 이들을 갈아엎어야 한다는 열망이 뜨거웠습니다. 둘째는 지주와 양반이 군림하던 '계급 모순'의 타파였습니다. 당시 조선인 대부분은 제 땅 하나 없이 남의 땅에서 농사를 지어 쌀을 갖다 바치는 소작농이었기에 '일본놈'들을 쫓아내고 그 땅을 일반 평민들에게 배분해달라는 절실한 요구가 가득했죠. 공산당은 이들의 가려운 곳을 확실하게 긁어준다고 약속했습니다. 토지를 무상으로 몰수해 무상으로 나눠주겠다고 선언했으니 민중 사이에서 공산당의 인기가 압도적일 수밖에 없었죠. 그 유명한 '무상 몰수 무상 분배' 정책입니다.

　반면 안창호나 이승만, 조만식처럼 신학문을 배우고 해외 정세에 밝았던 이들은 공산주의자들이 중심이 되어 일으키고 있는 계급 혁명의 움직임이 내심 마땅치 않았습니다. 아무리 민중들의 편에서 독립운동을 펼친 지도자들이었을지라도, 그들은 어디까지나 재력이 있는 지주 계급과 양반층의 후예들이었습니다. 만약 투표를 통해 신국가의 모델을 결정한다면 수적으로 절대 소수였던 자신들이 질 것임은 자명했죠. 결국 해방 후 조선의 지주 세력은 힘을 모아 한국민주당(한민당)을 창당하고 이승만을 지도자로 추대했습니다. 사실 이들은 적극적인 부역은 아닐지라도 자신의 부를 지키기 위해 일제와 적당히 타협하며 공존했던 사람들이었죠. 그러니 여운형이나 김구를 만나면 가슴이 콩닥거리고, 박헌영 같은 인물을 마주하면 당장이라도 도망치고 싶었을 겁니다.

이승만은 평생을 미국에서 보냈기에 귀국 당시 조선 내에 이렇다 할 지지 세력이 없었습니다. 김구에겐 임시정부가, 여운형에겐 건준이라는 든든한 조직이 있었지만, 이승만은 프린스턴대학 박사학위라는 스펙 말고는 발을 딛고 설 기반이 딱히 없었습니다. 결국 그가 손을 잡을 수밖에 없었던 세력은 지주 계급인 한민당뿐이었습니다. 이승만은 뼛속까지 철저한 반일주의자로 친일파를 혐오했지만, 정치적 생존을 위해 그들을 품어야 하는 모순적인 상황에 놓였습니다. 재산을 몰수당하고 목숨까지 위태로웠던 친일 재력가들은 살기 위해 이승만을 필사적으로 추대했고, 이승만은 그들의 자금력과 조직을 빌려 자신의 부족한 정치적 인프라를 보강했습니다.

이때까지만 해도 정국의 주도권은 여운형의 건준이 확실하게 쥐고 있었습니다. 임시정부는 너무 낡아 힘이 없었고 한민당은 역시 친일과 부역이라는 치명적인 딱지가 붙어 있어서 명분에서 밀렸죠. 이런 유리한 정세를 읽은 박헌영은 여운형을 강하게 설득하기 시작했습니다. 지금 이 시점에서 공화국을 선포하지 않으면 임시정부 측에서 먼저 대한민국 수립을 선언해 주도권을 뺏길 수 있다고 경고했죠. 더 큰 우려는 외부 세력의 진주였습니다. 미국이나 소련의 군대가 한반도에 들어온 이후에는 우리 민족의 운명이 어떻게 결정될지 알 수 없으므로, 외세가 발을 들이기 전에 미리 자생적인 정부를 선포해 우위를 점하자는 논리였습니다.

건준은 여기서 뼈아픈 판단 착오를 범하고 맙니다. 박헌영의 손을 들어주며 이를 전격적으로 수용해버린 것이죠. 1945년 9월 6일 목요일, 건준은 전국인민대표자회의를 열어 조선인민공화국 수립을 선포합니다. 하지만 공화국이라는 거창한 이름을 내걸긴 했으나, 그 주장을 뒷받침할 물리적 힘이나 국제적인 정통성은 턱없이 부족했습니다. 기댈 구석이라고는 여운형이 조선건국동맹 시절부터 다져온 전국적인 지하 조직망뿐이었지만, 정작 이 조직의 실질적인 동력은 박헌영을 따르는 열혈 공산주의 청년들이 장악하고 있었습니다. 여운형이 이런 무리한 판단을 내린 데에는 나름의 정세 분석이 깔려 있었습니다. 당시 서울에서는 지리적으로 가까운 소련군이 가장 먼저 진주할 것이라는 소문이 파다했거든요. 미국이 일본 본토를 점령했으니 한반도는 소련의 영향권에 들어갈 것이라는 관측이 지배적이었고, 여운형 역시 은연중에 소련의 진주에 베팅을 한 셈이죠. 물론 그는 결코 골수 공산주의자는 아니었습니다. 다만 해외에서 돌아올 임시정부가 차기 정국에서 강력한 라이벌이 될 것이 명확했고, 평소 임정의 무능함에 실망이 컸던 그로서는 자신이 직접 정부의 기틀을 세워야 한다고 믿었죠.

하지만 초기 건준의 실무를 장악한 이들은 박헌영계의 강경파 공산주의자들이었습니다. 여운형 입장에서 그들의 방식이 다소 과격해 보였을지 모르나, 일제 잔재를 청산하고 토지를 분배하자는 대의만큼은 거부할 수 없는 시대적 과제라고 여겼죠. 물론 그는 박헌영 일파가 꿈꾸던 것처럼 한반도가 소련의 위성국이 되는 것을 원치 않았습니다. 여운형은 계급 혁명보다 민족의 자립을 우선시한 민족주의자였고, 독립을 위해서라면 공산주의든 기독교든 포용할 수 있다는 열린 태도를 지녔을 뿐이었죠. 결국 그는 공산주의자 박헌영이 건국의 판을 짜는 것을 묵인했고, 이 관용이 훗날 건준이 좌익 일색으로 비치게 되는 결정적 빌미를 제공했습니다. 건준이 인민공화국을 선포하자마자 안재홍 같은 중도 우파 인사들은 질색하며 짐을 쌌습니다.

　이런 내홍에도 불구하고 조선인민공화국은 초대 내각을 발표합니다. 놀라운 사실은 이들이 초대 주석으로 추대한 인물이 다름 아닌 이승만이었다는 사실입니다. 박헌영이나 여운형조차도 새 나라의 상징적 지도자로 이승만만큼 적임자는 없다고 판단했습니다. 당시 일흔을 넘긴 이승만이 지닌 독보적인 스펙과 인지도는 누구도 부정할 수 없는 자산이었거든요. 특히 조직이 너무 좌편향되었다는 비판을 피하기 위해서라도 우익의 거물 이승만 박사를 영입할 필요가 있었을 겁니다. 결국 박헌영과 여운형은 이승만을 주석으로, 여운형 본인은 외무부장에, 그리고 임정의 안살림을 도맡아온 김구를 내무부장에 앉히는 파격적인 라인업을 짜서 공화국을 선포했습니다.

　어떤가요? 명단만 보면 그야말로 '빅텐트'이자 민족 대통합의 완성판처럼 보이죠. 하지만 실상은 당사자들의 동의조차 구하지 않은 채 자기들끼리 칠판에 이름을 적어 넣고 선포한 일방적인 통보였습니다. 훗날 귀국한 김구는 조선인민공화국의 초대 내무부장을 맡아달라는 요청에 노발대발하며 '임정만이 유일한 법통'이라며 단칼에 거절했습니다. 반면 이승만은 특유의 노련함을 유감없이 발휘했습니다. 주석으로 추대됐다는 소식에 내심 기분은 좋았겠지만, 긍정도 부정도 하지 않은 채 침묵으로 일관했거든요. 자신에게 상황이 유리해질 때까지 확답을 피하는 노련한 정치가의 면모가 드러나죠.

정치를 잘하려면 무엇보다 피가 끓는 것을 경계해야 한다고 생각합니다. 일단 상대의 제안을 받아두고 '리드 타임'을 벌면서 자신이 설 자리를 정교하게 계산해야 하죠. 그런 면에서 이승만은 난세의 파도 속에서 제 길을 찾아내는 데 탁월한 감각을 지닌 인물이었던 것 같습니다. 반면 김구는 너무나 우직했죠. 건준이 공화국 선포라는 패를 깠을 때 잠시 자신의 패를 감추고 유연하게 대처하면 좋았을 텐데 곧장 원칙을 천명하며 정치적 퇴로를 끊어버렸으니까요. 적이 없기로 유명했던 여운형 또한 공화국 선포 후 서서히 패착의 늪에 빠지기 시작했습니다. 그리고 건준의 판단이 치명적인 실책이었다는 것이 증명된 순간은 한반도 남반부에 소련군이 아닌 미군이 진주한 순간이었습니다.

김구의 상징자본, 여운형의 매력자본, 그리고 이승만의 외교자본

우리가 지금 세 가지 길을 이야기하고 있지만 사실 해방 공간에서 또 하나의 강력한 변수가 있었죠. 바로 미군입니다. 미국 극동군 사령관 더글러스 맥아더는 1945년 8월 30일 일본과 조선, 필리핀을 아우르는 승전국 미국의 총사령관 자격으로 패전국 일본에 진주했습니다. 그는 나치를 완전히 해체한 독일에서와 달리 일본에서는 천황제를 보존시키며 기존 통치 시스템을 영리하게 활용하는 길을 택했습니다. 당시 사진 속 거구의 맥아더 옆에서 위축된 쇼와 천황의 모습은 마치 신적 존재를 인간의 자리로 끌어내려 훈계하는 듯한 굴욕적인 광경이었죠. 하지만 일제 만행의 근본이자 상징이라고 할 수 있는 천황을 살려준 이 결정은 조선인들에게 형언할 수 없는 배신감을 안겨줬습니다.

김구와 여운형은 서로 대립했으나 미국 앞에서는 똑같이 불리한 처지였습니다. 김구는 해방 전부터 임시정부를 이끌며 미국과 협력했지만 정작 미국은 임정의 정통성을 인정하지 않았습니다. 해외로 나가 레지스탕스를 이끌며 끝까지 나치에 투쟁한 샤를 드골이 자신이 설립한 망명정부 자유프랑스를 연합군으로부터 인정받아 해방 조국의 첫 대통령이 되었던 것과는 대조적입니다. 공산주의 혁명파를 흡수한 건준의 여운형은 그렇다 쳐도, 같은 반공주의자이자 극렬한 민족주의자였던 김구마저 미군정이 배척한 이유는 무엇이었을까요? 지나치게 강직한 김구의 성품이 훗날 친미 성향의 신국가를 재건하는 데 걸림돌이 될 것이라고 판단했을지도 모르겠습니다.

김구는 평생을 대쪽 같은 신념으로 임시정부를 지켜왔고, 임정의 문지기로 시작해 결국 주석의 자리까지 오른 입지전적인 인물이

미군정

1945년 해방 이후 삼팔선 이남에 진주한 미군이 대한민국 정부 수립 전까지 실시한 통치 체제를 통칭한다. 정식 명칭은 재조선미육군사령부군정청(United States Military Government in Korea, USAMGIK)으로, 조선의 현상 유지를 우선시하며 일제강점기 관료 조직을 재기용하는 등 친일파 청산에 미온적인 태도를 보였고, 이는 해방 정국에서 좌우 대립이 격화되는 구조적 배경이 되었다.

2차 세계대전 승전국으로 진주한 미군 사령관 맥아더와
패전국 일본의 쇼와 천황이 함께 찍은 사진

었으나 정작 해방 정국에서 그가 쥔 카드는 올곧게 독립운동을 지속했다는 '상징자본'뿐이었습니다. 든든한 버팀목이었던 장제스의 국민당은 국공내전에서 마오쩌둥에게 밀려 힘을 잃었고, 미국과 소련이라는 새로운 양강 체제 속에서 임시정부의 법통은 설 자리를 잃었습니다. 결국 건준과의 주도권 다툼에서 밀려난 임정은 미군정에 의해 '일반 단체'로 전락하는 허망한 결과를 맞이했습니다.

여운형이 이끈 건준과 인민공화국 역시 미군정의 벽을 넘지 못했습니다. 맥아더의 지시로 한반도에 진주한 존 하지 중장은 조선에 대한 이해가 전무한 인물이었죠. 필리핀과 일본을 거치며 전쟁터만 누벼온 그에게 조선은 그저 '관리'해야 할 또 하나의 점령지에 불과했습니다. 더욱이 강력한 반공주의자였던 맥아더의 시각에서, 좌익 세력이 주도권을 잡고 급하게 선포한 인민공화국은 결코 용납할 수 없는 존재였죠. 소련의 진주를 예상하고 서둘러 국가의 틀을 갖추려 했던 여운형의 전략은, 정작 서울에 미군이 먼저 들어오면서 완전히 빗나간 패착이 되고 말았습니다. 하지 중장은 포고령을 통해 미군정만이 유일한 정부임을 천명하며 건준의 존재 자체를 부정했습니다.

하지 중장이 한국에 들어와 여운형에게 던진 첫 질문은 이것이었습니다. "How much money did you take from the Japs?" '여태껏 일본인들에게 뇌물을 얼마나 받아먹었느냐'는 물음이었죠. 일제 치하에서 숱한 옥고를 치른 여운형으로서는 코르티솔 수치가 치솟을 만큼 모욕적인 언사였으나, 그는 정장 차림의 단정한 모습으로 이렇게 답했습니다. "아닙니다. 추가로 궁금한 점은 제게 직접 물어보십시오." 이후 조사를 통해 여운형이 변절자가 아님을 확인한 하지는 오히려 그를 말이 통하는 상대로 여기며 친분을 쌓았죠. 하지만 지도자 개인 간의 관계가 개선되었을 뿐 대세에 영향을 미치진 못했습니다.

　　김구(임시정부)도 아니고, 여운형(건국준비위원회)도 아니다. 그럼 이승만(한민당)일까요? 하지만 미국이 보기에도 이승만은 지나치게 극단적인 반공주의자였습니다. 한반도라는 전 세계에서 가장 위험한 화약고를 관리하기에는 부적절한 지도자였죠. 미국은 한반도 정세를 안정적으로 통제할 수 있는 합리적이고 온건한 리더를 원했습니다. 김구와 여운형이 아무리 탐탁지 않더라도 이승만의 호전적인 반공 노선을 택할 수는 없었죠. 미군정으로 힘의 균형이 몰려 있지만 군정의 유효 기간은 그리 길지 않았습니다. 그 누구도 확실한 우위를 점하지 못하던 불안정한 힘의 균형 상태에서 승부수를 던진 사람은 바로 이승만이었습니다.

찬탁과 반탁, 최후의 승자

앞에서 잠깐 '신탁통치'에 대해 설명했는데요. 2차 세계대전 종전 후 전후 처리를 위해 승전국 미국·소련·영국이 모스크바에 모였습니다. 이때 나온 논의가 바로 한반도의 위임통치였습니다. 우선 미군과 소련군의 통치 범위를 명확히 하기 위해 북위 38도 위선을 기준으로 설정한 임시 경계선인 삼팔선을 한반도에 긋기로 하고 그 북쪽은 소련이, 남쪽은 미국이 위임통치를 하기로 결정했습니다. 물론 당시로서는 영구 분단이 목적이 아니라, 일단 연합국이라는 이름 아래 신탁 통치를 실시하다가 'In due course', 즉 때가 되면 민주적

투표를 거쳐 독립 정부를 세워주겠다는 계산이었습니다.

하지만 이 신탁통치안은 국내 정치 세력을 극명하게 갈라놓았습니다. 이승만은 과거 위임통치에는 찬성했을지언정 이번에는 단호히 반탁을 외쳤죠. 그는 당시 민중의 정서상 투표가 진행되면 토지 무상 몰수와 친일파 청산을 내세운 박헌영의 공산당이나 대중적 인기가 압도적이었던 여운형이 승리할 것임을 직감했습니다. '신탁 통치는 곧 소련의 승리'라고 내다본 이승만은 김구와 손잡고 반탁 노선을 걷게 됩니다. 반면 여운형과 박헌영 등은 대중에게 더 큰 지지를 받고 있었기에 얼마간의 위임통치 후 투표를 통해 정권을 창출할 수 있을 것이라고 내다봤습니다.

신탁 통치가 실현되려면 무엇보다 미국과 소련의 협치가 필수적이었으나, 1947년 냉전의 갈등이 격화되면서 두 강대국은 돌아올 수 없는 강을 건너게 됩니다. 결국 모스크바 3상 회의의 결정에 따라 한국의 임시정부 수립을 원조할 목적으로 미소 점령군에 의하여 1946년에 설치되었던 미소공동위원회가 결렬되자 신탁 통치 논의 자체가 무색해졌고, 이는 역설적으로 이승만에게 시간을 벌어주는 꼴이 되었습니다.

한편 통일 정부를 열망했던 김구나 여운형과 달리, 이승만은 소련의 영향력을 고려할 때 한반도 전역을 차지하는 것은 불가능하다고 판단했습니다. 결국 이승만은 '다 잃느니 반이라도 먼저 얻자!'는 현실적인 선택을 내렸습니다. 신탁 통치 논의가 공전하며 판이 흐지부지되자 이승만은 1946년 6월 3일 정읍에서 승부수를 던집니다. 이른바 정읍 발언이 이때 나오죠. 당시 언론에서는 이승만이 정읍에서 "남방만의 임시정부 혹은 위원회 조직이 필요"하다는 발언을 했다고 대서 특필했죠. 이승만의 명분은 이번에도 반공이었습니다. 하염없이 통일만 고대하며 한반도 상황을 방치하다간 대한민국이 공산주의에 잠식될 수 있으니 일단 남방만이라도 정부나 위원회를 조직해 대응하자는 논리였습니다. 이는 결코 돌발적인 발언이 아니었죠. 이미 맥아더나 하지 같은 미군정 핵심 간부들의 묵인과 지원이 뒷받침된 정교한 강수였습니다. 결국 이승만은 분단의 비극을 예견하면서도 남한만이라도 확실한 반공 보루로 만들겠다는 현실적 실리를 택하며 단독 정부 수립 국면을 열어젖힌 셈입니다.

사실 이전부터 하지는 미소공동위원회가 진행되는 동안 나름대로 여운형, 김규식, 조만식 같은 중도파 인사들을 통해 신탁 통치를 가능케 할 협력을 끌어내려 했습니다. 이를 좌파와 우파 세력이 공동의 정부를 세우기 위해 연대했다는 뜻으로 '좌우합작'이라고 부릅니다. 좌파의 여운형과 우파의 김규식, 이 두 인물을 주축으로 중도 타협을 거쳐 통일 정부를 세우려던 시도는 당시 잠시나마 미군정의 지지를 받기도 했습니다. 하지는 이승만의 극단적인 강경 반공 노선보다는, 합리적 대화가 가능한 이들을 통해 정국을 안정시키는 것이 전략적으로 유리하다고 판단했죠. 하지만 미소공동위원회가 결렬되자 미국으로서도 소련과 협력하여 해결책을 찾을 길이 막막해졌고, 결국 여운형과 김규식이 주도하던 좌우합작 운동 또한 동력

HISTORY KEYWORDS

정읍 발언

1946년 6월 3일, 이승만이 전라북도 정읍에서 남한만의 단독 정부 수립 가능성을 기습적으로 처음 공식화한 연설이다. 미소공동위원회가 휴회된 상황에서 나온 이 제안은 통일 정부 수립을 염원하던 세력의 반발을 샀으며, 한반도 분단이 현실화되는 결정적인 분수령이 되었다.

을 잃고 불가능의 영역으로 밀려났습니다.

　　이승만이 단독 정부 수립을 향해 독주하는 사이, 여운형은 무려 열 번에 달하는 테러 위협에 시달립니다. 박헌영의 극좌 세력은 물론 이승만과 김구 측과도 각을 세웠던 탓에 여운형의 사방은 온통 적뿐이었습니다. 대낮에 납치를 당하거나 집에 폭탄이 터지는 일이 예사였죠. 심지어 여운형의 암살 시도를 두고 김구 배후설이 돌 정도로 정국은 혼탁했습니다. 여운형은 북의 지도자로 부상한 김일성과도 직접 만났습니다. 자신의 신변이 위태로움을 직감하고는 슬하의 세 남매를 북으로 보내기도 했죠. 그가 김일성을 특별히 추종해서라기보다, 분단을 막기 위해선 이미 실권을 쥔 북의 지도자를 인정하고 대화할 수밖에 없다는 현실적 판단 때문이었습니다. 본래 조만식 선생을 깊이 존경하며 그를 구출하려 애썼던 여운형이었으니 김일성 또한 대화의 상대로 받아들인 것이죠. 김일성 역시 여운형을 극진히 예우하며 그의 자녀들을 유학까지 보내주었는데, 이런 인연 덕분에 여운형은 공산주의자가 아님에도 북한에서 여전히 존경받는 인물로 남아 있습니다.

　　1947년 7월 19일, 여운형은 결국 혜화동 로터리에서 한지근이라는 인물에게 암살당해 생을 마감합니다. 당시 네다섯 명의 괴한이 습격했으나 배후의 실체는 끝내 밝혀지지 않았죠. 한지근은 재판 과정에서 '배후는 없다, 우리끼리 저지른 단독 범행이다'라고 주장했습니다. 정치적 거물이나 미군정의 사주를 받은 것이 아니냐는 의혹은 무성했으나, 진실은 여전히 안개 속에 가려진 상태입니다.

　　김구는 어떻게 됐을까요? 이승만의 정읍 발언은 김구에게 도저히 받아들일 수 없는 충격이었습니다. 남한 단독 정부 수립론이 터져 나오자 김구는 어떻게든 통일 정부를 세워야 한다며 김일성과의 대화를 결심합니다. 주변의 만류를 뿌리치고 김규식과 함께 분단을 막기 위해 평양으로 향합니다. 1948년 4월, 평양에서 열린 이른바 '4김 회담'은 남한의 핵심 지도자인 김구, 김규식과 북한의 실세 김일성, 김두봉이 마주 앉은 역사적인 자리였습니다. 하지만 통일 정부 수립을 위한 이 마지막 시도는 끝내 결렬로 끝나고 말았죠. 당시 김일성은 이미 이승만만큼이나 독자적인 정권 수립에 대한 열망이 컸고, 그의 배후에 똬리를 틀고 앉은 소련의 의중을 거스를 수도 없는 처지였습니다. 만약 북의 지도자가 끝까지 소련과 타협하지 않고 죽음을 택했던 조만식이었다면 결과는 달라졌을까요?

이미 남북한에 단독 정부가 따로 들어서며 분단의 비극이 기정 사실로 받아들여지던 1949년 6월 26일, 통일 정부를 열망했던 김구마저 경교장에서 육군 소위 안두희의 총탄에 쓰러지며 해방 공간의 비극은 정점에 달합니다. 안두희 역시 배후 없는 단독 범행이라고 주장했으나, 그 진실은 여전히 미궁 속에 남아 있죠. 1945년부터 1949년까지 해방 공간에서 벌어진 건국을 향한 물줄기의 결과만 놓고 보면 참 비극적입니다. 어떻게든 하나의 정부를 수립해야 한다고 외쳤던 김구와 여운형은 끝내 꿈을 이루지 못한 채 살해를 당했고, 미국과 소련 등 외세의 도움을 받아서도 단독 정부를 수립해야 한다고 주장했던 이승만과 김일성은 각각 남북한의 첫 지도자가 되었으니까요.

1948년 두 정부가 들어선 시점에서 2년 뒤 거대한 내전이 벌어질 사실은 불 보듯 뻔한 일이었습니다. 1950년 한국전쟁이 발발하기 전부터도 사실 삼팔선 근처에서는 크고 작은 전투가 끊임없이 이어지고 있었습니다. 이승만은 국내에서 서북청년단을 비롯한 극우 반공 테러리스트들이 폭력을 휘두르는 것을 묵인했고, 한민당이

1948년 8월 15일 결국 분단된 채 들어선 대한민국 정부 수립 기념식에서
연합군 최고사령관 맥아더와 미군정 사령관 하지와 함께 서 있는 이승만 대통령

나 지주 계급 같은 친일 세력과 결탁하여 자신의 정치 기반으로 삼았죠. 이승만 본인이 친일파는 아니었지만, 자신의 권력 유지를 위해 친일파와 심지어 경찰 내에서 일제에 복부했던 인사들의 만행까지 눈감아줬다는 사실을 우리는 어떻게 받아들여야 할까요? 심지어 이승만은 1949년 10월, 일제 청산의 마지막 보루였던 반민족행위특별조사위원회(반민특위)까지 해산시켰죠.

이제 장구했던 사고실험이 끝이 났습니다. 여러분이라면 어떤 길을 택했을 것 같나요? 생존과 실리를 중시한 이승만, 민족의 자존과 통일을 최우선 가치로 신봉한 김구, 좌우를 아우르려 했던 여운형…. 저마다의 공과 실을 떠나 그들이 품었던 시대적 고민은 오늘의 우리에게도 질문을 던집니다. 그리고 사실 대한민국 앞에 놓인 길은 아직 끝나지 않았습니다. 지금 우리가 처한 상황은 1945년 해방 정국이나 일제강점 직전인 구한말의 상황과 크게 다르지 않죠. 미국과 중국이라는 두 강대국 사이에서, 일본과 러시아와 북한이라는 복잡한 변수까지 곁에 둔 채 한 치 앞을 모르는 미래를 내다봐야 하니까요. 저 역시 정답을 알고 있지는 않지만, 여러분과 함께 이 고민을 나누고 싶었습니다. 지금까지 우리가 걸어온 길을 이야기했다면, 다음 마지막 장에서는 우리가 아직 가보지 않은 길을 이야기해볼게요.

01 해방 직후 한반도 이남에서는 여운형의 정국 장악력, 김구의 정통성, 이승만의 외교력 등이 치열하게 부딪혔지만 결국 하나로 뭉치지 못한 채 각자의 정답만을 쫓다 통일의 기회를 놓쳤다.

02 미군과 소련군 진주라는 외적 변수 속에서 이념보다 민족을 앞세워 타협하려던 여운형과 김구는 암살로 사라졌고, 전쟁을 불사해서라도 자기 체제를 세우려던 이승만과 김일성이 남북을 장악하며 한국전쟁이라는 한국사 최대의 비극이 예정됐다.

03 트럼프의 미국, 시진핑의 중국, 푸틴의 러시아, 김정은의 북한 등 복잡한 이해관계가 얽힌 오늘의 위기는 1945년 혼란스러웠던 해방기와 빼닮았으며, 지금이야말로 과거의 실패를 되짚어보며 우리가 아직 가보지 못한 새로운 희망의 길을 찾아내야 할 때가 아닐까?

테라피 14

한국사는
다시 평화롭게
합쳐질 수 있을까?

태극

이념 갈등의 해답을
태극에서 찾은 선각자,
시인 김지하

조준호 PD

벌써 마지막 테라피의 시간이네요. 솔직히 말씀드리면, 그동안 설명해주신 수많은 사건과 이름들이 제겐 너무 낯설고 어려웠습니다. 하지만 그런 지엽적인 내용들을 떠나서, 한국사를 좀 더 큰 틀에서 바라볼 수 있었던 것 같아요. 제가 내린 결론은 이거였어요. '다들 내가 맞고 너는 틀리다고 말하네?' 독립과 건국과 통일이라는 가장 중요한 선택 앞에서도 서로가 상대를 밀어내는 싸움만 반복하는 것 같았습니다. 선과 악, 좌와 우, 진보와 보수라는 낡은 프레임 안에 갇혀 있는 느낌이랄까요? 그런데 우리 핏속에는 그것보다 훨씬 오래된, 전혀 다른 감각이 있지 않을까 하는 생각이 드는데요. 누가 누구를 이기는 게 아니라 모든 걸 하나로 녹여버리는 우리만의 리듬, 그 묘한 에너지 속에 진짜 정답이 있을 것 같거든요. 이제 이념 싸움은 좀 졸업하고, 우리가 아직 가보지 못한 진짜 우리다운 길에 대해 이야기해보고 싶어요. 정말 그런 길은 없는 걸까요?

빛과 어둠,
서양의 패러다임

저 역시 한국사를 통해 제 삶이 조금씩 치유가 되고 있는 것을 느낍니다. 하지만 반대편에서는 '그래서 어쩌라고?'라는 반문이 들리더라고요. 제가 앞에서 양비론자나 회색분자라는 비판을 감수하면서까지 다채로운 인물들을 재조명한 이유는, 예술가이자 사학도로서 그들의 생애 속에 담긴 배움의 지점들을 진심으로 나누고 싶었기 때문입니다. 사실 저도 20대 때는 혁명을 꿈꾸는 급진적 진보주의자였고, 오랫동안 동물권과 비건 운동을 하며 소위 좌파적 노선을 걸어왔습니다. 누군가는 제가 '레드필'을 먹고 우경화되었다고도 말하는데요. 사실 저는 이제 스스로를 좌파나 우파, 혹은 진보나 보수라는 틀 속에 가두지 않기로 했습니다. 지금도 여전히 혁명을 꿈꾸지만, 그 방향은 더 이상 서구식 이데올로기의 이분법 안에 있지 않거든요.

　서양사를 공부하다 보면 진보와 보수의 패러다임을 넘어서기가 참 어렵습니다. 좌파와 우파라는 개념 자체가 서양에서 건너온 것이니까요. 서양 근대 문명이 정립한 이분법적 프레임 안에서만 사고하면 우리는 결국 그 틀을 결고 벗어날 수 없습니다. 진보 아니면 보수, 미국 아니면 소련이라는 외통수에 걸리죠. 우리가 지난 시간에 누누이 이야기했듯, 대한민국과 조선민주주의인민공화국이 갈라진 비극의 뿌리도 결국 이 절대적인 패러다임에 갇혀버린 탓이 큽니다.

그런데 이 체계가 길어봤자 지난 250년짜리 패러다임일 뿐이거든요? 프랑스혁명과 미국혁명 무렵에 만들어진 이 틀에서 자유로워지지 못하면 우리는 영원히 좌우 대립과 빨갱이 논쟁, 친일과 반일의 굴레를 벗어날 수 없습니다. 이분법적인 사고에 갇히는 순간 남북 분단은 물론이고 경상도와 전라도 같은 지역 감정의 늪에서도 헤어나오지 못하죠. 물론 우리 역사에 서북파나 기호파 같은 지역 갈등이 없었던 건 아니지만, 지금처럼 모든 세상을 선과 악으로 쪼개서 바라보는 건 근본적으로 서양식 세계관에 함몰된 결과입니다. 공산주의나 기독교 역시 결국 서양 철학의 뿌리에 닿아 있죠. 서양의 문명을 관통하는 핵심 전제는 이렇게 한 문장으로 정의됩니다.

Light conquers darkness.

"빛으로 어둠을 정복한다"라는 이 한 문장에 그들이 세상을 대하는 관점이 모조리 담겨 있습니다. 계몽Enlightenment이라는 단어를 많이 들어보셨죠? 이 단어에는 '세상을 빛으로 비춘다'라는 뜻이 담겨 있어요. 달리 말하면, '빛으로 어둠을 정복한다'는 강한 전제가 깔려 있죠. 공산주의도 마르크스주의라는 빛으로 자본주의라는 어둠을 몰아내려 했고, 기독교나 자유민주주의 역시 각자의 신념을 유일한 빛으로 삼아 세상을 정복하고 민주화시키려 했습니다. 결국 어떤 이데올로기를 선택하느냐의 차이일 뿐, 근본은 모두 동일한 '정복'의 논리 속에서 작동했죠. 그리고 이 세계관의 뿌리에는 기독교가 자리 잡고 있습니다. 독일의 철학자 프리드리히 니체는『차라투스트라는 이렇게 말했다』에서 바로 이 지점을 비판했죠. 차라투스트라는 조로아스터교의 창시자인데, 니체는 고대 페르시아의 마니교와 조로아스터교에서 유래한 '빛과 어둠의 이분법'이 기독교를 거쳐 서양 철학의 근간이 되었다고 주장했죠. 서양의 제국주의가 백인을 빛으로, 흑인을 어둠으로 규정하며 정복을 정당화했던 것처럼 말이에요.

하지만 동양 철학의 기본은 빛이 어둠을 정복하는 게 아니라, 둘이 결국 하나라는 원리에 있습니다. 빛과 어둠은 서로 반대되는 개념일까요? 우주는 빛으로 가득하지만, 과학적으로 볼 때 어둠이 없다면 빛은 존재할 수 없죠. 빛의 진정한 반대는 어둠이 아니라 '무無'입니다. 우리가 보는 빛 안에는 이미 어둠과 밝음이 공존하고 있으니까요. 우주가 깜깜하니까 별빛이 보이고, 그 빛 덕분에 심연의 어둠도 인지되는 법이잖아요? 결국 삶과 죽음, 낮과 밤이 하나로 어우러지고 연결된 스펙트럼일 뿐입니다. 음양이라는 말 자체가 어둠과 밝음을 뜻하듯, 동양에선 음기 가득한 밤과 양기 서린 낮을 떼어놓고 생각하지 않아요. 제가 이렇게 말하면 분명 어떤 사람들은 제게 '결국 중도를 주장하는 것이냐?'라고 물으실 겁니다. 그동안 여운형 같은 중도파 인물들을 비중 있게 다뤘으니, 전범선도 여기저기 붙는 박쥐 같은 중도파라고 오해할 수 있죠. 하지만 저는 중도가 아닙니다. 제가 믿는 이념은 중도가 아닌 '태극太極'입니다.

어둠이 극에 달하면 밝음이 오고,
밝음이 극에 달하면 어둠이 온다

웬 태극이냐고요? 극과 극을 넘어서는 방식은 결코 산술적인 중도가 아닙니다. 중도로는 절대 양극단을 극복할 수 없죠. 대립하는 두 극은 오직 태극으로만 아우를 수 있습니다. 어둠이 극에 달하면 밝음이 오고, 밝음이 극에 달하면 다시 어둠이 찾아온다는 것이 모든 동양 철학의 기본이거든요. 여기서부터 본격적으로 '국뽕'을 좀 시전하겠습니다. 대한민국 국기國旗가 무엇이죠? 바로 태극기입니다.

이 문양이 중국에서 왔다고 할 수도 있겠지만 정작 중국 국기는 어떻게 생겼나요? 빨간 바탕에 다섯 개의 별이 박힌 오성홍기죠. 미국 국기 역시 별이 가득합니다. 왜 그들은 국기에 별을 그려 넣었을까요? 심지어 중국과 미국은 각각 공산주의와 자본주의를 신봉하는 전혀 다른 이념의 국가인데 말이죠. 이유는 둘 다 서양 근대 문명의 패러다임에서 만들어진 이데올로기를 숭배하고 있는 나라이기 때문입니다. 한마디로 '별'을 숭배하는 나라들이죠. 별은 뭘까요? 바로 어둠 속에서 반짝이는 '빛'입니다. 즉 저마다의 빛으로 저마다의 어둠을 정복하겠다는 강력한 의지의 표현이죠. 미국이든 중국이든 북한이든, 별이 50개나 5개나 1개냐의 차이일 뿐 그 정복의 논리는 똑같습니다. 하지만 우리나라는 다릅니다. 우리는 별이 아니라 태극을 품고 있거든요.

원래 조선은 국기가 없었습니다. 중국도, 일본도 마찬가지였죠. 그런데 미국과 영국, 프랑스 같은 서구 열강이 들이닥치더니 자기들과 대화하려면 국기부터 만들라고 강요했습니다. 미국이 1882년 조선에 조미수호통상조약을 맺으려 강화도 앞바다까지 배를 끌고 와

서 위협하니 어쩔 수 없이 문을 열어줘야 했던 상황이었죠. 국기라는 개념 자체가 서구식 질서에 편입되는 과정에서 억지로 만들어진 것입니다. 지금 트럼프가 한국 대통령을 불러서 괜세 압박을 넣는 상황과 판박이입니다. 하기 싫어도 어쩔 수 없이 끌려가는 모양새였죠. '너흰 국기도 없어? 국기도 없는 게 무슨 나라야?'라며 서구 열강이 비웃던 시절이었으니까요. 깃발을 꽂는다는 건 본래 영토 정복을 뜻하는 지극히 제국주의적인 프로토콜인데, 당시 조선에 국기가 없었으니 통역관 이응준이 조정의 명을 받아 급조해서 그려낸 게 바로 태극기입니다.

이미 조선 왕조에서는 태극을 국가를 상징하는 문양으로 널리 써왔습니다. 1876년 일본과 반강제로 강화도조약을 맺을 당시에도 오경석이라는 역관이 고종의 재가를 받아 태극기 모양을 처음 제작해 사용했다는 기록이 있죠. 오경석이나 이응준 같은 이름들은 대중에게 낯설겠지만, 결국 외교 일선에 있던 중인들이 조정의 명을 받아 그린 것입니다. 그림 그리는 일은 양반의 몫이 아니었으니까요. 핵심은 태극의 가치가 오래전부터 우리 민족의 흐름 속에 면면히 이어져왔다는 사실입니다. 개화파와 개벽파, 기독교와 천도교, 그리고 서학과 동학이 하나로 뭉쳤던 3·1 운동의 현장에도 늘 태극기가 있었습니다. 이후 상해 임시정부가 이를 국기로 채택한 건 그 문양 속에 우리 국민 모두가 공명하는 가치가 담겨 있었기 때문이죠. 그렇다면 태극의 진정한 가치는 무엇일까요? 바로 극과 극이 통한다는 원리입니다. '음과 양은 결국 하나'라는 이 포용의 철학이 우리 민족의 구심점이었습니다.

중국 도교를 상징하는 흑백 태극은 다들 잘 알죠. 동그라미 안에 음과 양이 좌우로 나뉘어 있고, 양쪽에 작은 점이 하나씩 찍혀 있습니다. 그 점은 하나의 극이 한계에 다다르면 결국 다른 극으로 통한다는 상징이죠. 음기 안에 양의 씨앗이 있고, 양기 안에 음의 뿌리가 있다는 이치는 훌륭합니다. 하지만 우리나라의 태극은 그 모양새부터가 다르죠. 단순히 검은색과 흰색의 대비가 아닙니다. 우리는 보통 빨간색과 파란색의 태극을 사용하고, 여기에 노란색을 더한 삼태극을 쓰기도 합니다.

반면 일장기는 왜 빨간색일까요? 바로 떠오르는 태양, 일출日出을 의미합니다. 일본日本이라는 국호 자체가 태양의 뿌리라는 뜻이니까요. 욱일기가 보여주듯, 일본 제국의 이데올로기는 천황이라는 빛이 하늘로 솟구쳐 어둠을 정복한다는 'Light conquers darkness'의 전형입니다. 그들에게 국기란 오직 찬란한 태양이며, 자신들이야말로 해가 가장 먼저 떠오르는 극동의 주인이라는 자부심이 태양 숭배의 저변에 깔려 있죠. 그렇다면, 같은 극동에 자리한 대한민국은 왜 빨간색과 파란색이 한데 어우러진 태극기를 선택했을까요? 자, 여기서부터는 오직 저 전범선의 '썰'일 뿐입니다. 학술적 근거는 없죠. 명상을 하다가 문득 깨달은 저만의 추측이니까 그저 참고만 해주세요.

동해에서 해돋이를 본 적 있으신가요? 한번 상상해보죠. 태극의 본질은 밤이 깊으면 아침이 오고 낮이 깊으면 다시 밤이 찾아온다는 순환에 있습니다. 동해에서 해가 솟구치는 광경을 가만히 응시하다 보면, 어느 찰나 햇님이 수평선에 딱 절반만 걸쳐 있는 순간이 있죠. 그 아래로 푸른 동해 물결이 굽이치는데, 제 눈에는 그 모습이 영락없는 태극으로 보였습니다. 그 찰나가 바로 음양이 가장 절묘하게 조화되는 지점입니다. 그때를 낮이라고 해야 할까요, 밤이라고 해야 할까요? 참 애매하죠. 애초에 낮과 밤, 혹은 남자와 여자

라는 이분법도 인간이 만든 이데올로기에 불과합니다. 생물학적인 차이는 있을지언정 호르몬에 따라 성별의 경계도 유동적이듯, 세상 모든 일은 칼로 자르듯 나눌 수 없어요. 해돋이의 순간에 "지금이 낮이야, 밤이야?"라고 묻는다면 누구도 쉽게 답하지 못할 겁니다. 둘 다 맞기 때문이죠. 밤이 극에 달해 낮이 오고, 낮이 극에 달해 다시 밤이 찾아오는 것, 그것이 바로 태극의 본질적인 이치입니다.

　　일본의 뜻이 떠오르는 태양의 나라, 'Land of the rising sun'이라면 우리나라, 조선朝鮮은 무엇입니까? 바로 모닝캄Morning calm, 고요한 아침의 나라입니다. 대한항공 VIP 서비스 이름이 왜 '모닝캄'인지 아시나요? 그게 바로 조선이기 때문이죠. 외국인 선교사들이 처음 국호를 번역할 때 일본은 '떠오르는 태양의 나라'라고 했지만, 우리나라는 '고요한 아침의 나라Land of the Morning Calm'라고 불렀습니다. 왜 우리는 '조선'일까요? 고요한 아침, 동해바다에 나가 그 해돋이를 가만히 응시해보세요. 그러면 어둠과 밝음이 한데 뒤섞여 분별을 잃는 그 음양의 절묘한 조화를 볼 수 있습니다. 이것이 바로 제가 명상 끝에 붙잡은 태극의 이론입니다.

　　조선이라는 이름의 유래에 대한 명확한 근거는 없을지라도 태극의 본질이 음양의 조화라는 사실만큼은 분명합니다. 왜 하필 빨강과 파랑인가 하는 문제도 사실 우연일 수 있겠지만, 저는 이를 파란 바다 위로 솟아오르는 빨간 햇님의 형상이라고 믿습니다. '고요한 아침'은 밤도 낮도 아니면서 동시에 둘 다인 상태를 뜻하죠. 이처럼 양극단이 결국 하나임을 아는 것이 우리 민족의 지혜입니다. 밤이 있어야 낮이 있고 여자가 있어야 남자가 있듯이 좌파와 우파 역시 서로를 전제로 존재하며, 이것이 거스를 수 없는 우주의 이치이자 태극의 정신입니다. 우리 선조들은 이 단순하고 명쾌한 진리를 알고 있었던 거예요. 놀랍지 않나요? 하지만 정복과 배제를 기반으로 한 서양 근대 문명의 패러다임은 이러한 상생의 원리를 배제하고 있었죠.

'한류의 뿌리는 풍류'
김지하의 패러다임

이런 주장을 이미 20세기 대한민국에서 가장 앞장서서 외친 분이 있습니다. 바로 시인 김지하입니다. 그는 박정희 독재 정권 시절 유신維新을 반대하며 당시 권력자들을 '을사오적'에 비유한 시 「오적」을 써서 5년 넘게 옥고를 치른 대표적인 저항 시인이며 진보 지식인이었죠. 그런데 감옥이라는 극한의 환경에서 독방 생활을 하던 중, 솔직히 표현하자면 일종의 '미친 것' 같은 영적 체험을 겪었다고 합니다. 마치 동학의 최제우처럼 불현듯 우주의 이치를 깨닫는 신비로운 경험 말이에요.

어느 날 감옥 독방 창살 사이에 피어오른 풀 한 포기를 발견한 김지하 시인은 경이로운 종교적 체험을 한 뒤 생명사상의 기틀을 세웁니다. 물론 옥중에서 이승만처럼 여러 종교 서적을 섭렵하고 동학을 깊이 공부한 영향도 있었겠지만, 척박한 환경에서도 기어코 싹을 피운 풀을 바라보며 진보와 보수라는 분별은 결국 서양이 만든 이데올로기이자 인간의 마음이 지어낸 허상일 뿐, 생명의 본질에는 그런 경계가 없다는 사실을 깨달았습니다. 생명의 모든 이치는 오직 음양의 조화에 있다는 것을 알게 된 후, 출옥하여 남은 삶을 생명사상을 전파하고 환경 파괴를 막는 운동에 투신했어요. 저 역시 생명살림 운동을 하며 김지하 시인의 깊은 사상을 접하게 되었고요.

'김지하'라는 이름은 사실 본명이 아닙니다. 지하地下에서 활동하는 사람이라는 뜻의 가명이었습니다. 본명은 김영일이죠. 당시에 민주화 운동과 반독재 투쟁, 통일 운동을 이끌던 지하 세계의 영웅이었기에 붙여진 상징적인 별명이었습니다. 하지만 그 영광만큼이나 독재 정권으로부터 혹독한 탄압을 견뎌야 했고, 긴 옥살이를 마치고 1980년대에 세상으로 다시 나왔을 때는 이전의 투사와는 전혀 다른 길을 걷기 시작합니다. 갑자기 생명사상 운동을 주창하더니, 오늘날 우리가 잘 아는 한살림 운동의 뿌리를 만들었습니다. 우리가 흔히 접하는 '한살림 마트'의 뿌리가 바로 김지하 시인이에요. 신기하죠? 그가 집필한 『한살림 선언』에는 서구 근대 문명의 이분법을 넘어 동학에서 풍류도까지 이어지는 한반도의 위대한 내면 철학이 담겨 있습니다. 이 철학의 핵심은 결국 태극의 가치로, 지구상의 모든 생명이 하나의 집안이자 한 식구라는 '한살림'의 원리를 담고 있죠.

첫째, '한살림'은 생명에 대한 우주적 각성이다.

HISTORY KEYWORDS

유신

1972년 박정희 정부가 장기 집권을 목적으로 단행한 10월 유신을 의미한다. 대통령에게 국회 해산권, 법관 임명권, 긴급조치권 등 초법적 권한을 부여한 유신 헌법을 통해 민주주의를 억압하고 고도의 국가주의 체제를 구축했다. 이는 경제 발전을 위한 효율성을 강조했으나, 동시에 수많은 인권 유린과 민주화 운동의 탄압을 야기한 한국 현대사의 어두운 단면이다.

둘째, '한살림'은 자연에 대한 생태적 각성이다.

셋째, '한살림'은 사회에 대한 공동체적 각성이다.

넷째, '한살림'은 새로운 인식, 가치, 양식을 지향하는 '생활문화운동'이다.

다섯째, '한살림'은 생명의 질서를 실현하는 '사회실천활동'이다.

여섯째, '한살림'은 자아실현을 위한 '생활수양운동'이다.

일곱째, '한살림'은 새로운 세상을 창조하는 '생명의 통일활동'이다.

그 무엇보다도 생명이 가장 중요하다고 역설한 김지하는 1980년대 말과 1990년대 초, 독재 정권에 맞서 학생 운동하던 청년들이 연이어 분신자살하는 비극적인 상황을 보며 깊이 안타까워했습니다. 일제강점기 독립운동만큼이나 극렬했던 민주화 투쟁의 역사 속에서, 그는 박정희 정권의 가장 혹독한 탄압을 견뎌낸 진보의 상징이자 투쟁의 대선배였죠. 그런데 그런 사람이 돌연《조선일보》에 "죽음의 굿판을 걷어치워라"라는 칼럼을 발표하며 후배들을 향해 '그만 죽어라, 이념보다 네 생명이 훨씬 더 소중하다'라는 영성적인 메시지를 던진 것입니다. 평생을 같이 싸워온 진보 진영 입장에서는 이 발언이 청천벽력 같았을 것이고, 결국 그를 변절자라고 부르며 등을 돌리게 된 계기가 되었습니다.

진보 진영에서 도저히 넘볼 수 없는 경지에 올랐던, 거의 성인과도 같았던 그였지만 결국 변절자라는 낙인이 찍혔을 때 김지하는 어떤 심정이었을까요? 심지어 말년에는 자신을 감옥에 가두고 고문했던 철천지원수인 박정희의 딸 박근혜 대통령을 지지하기까지 했습니다. 저도 자세한 내막은 모릅니다. 다만, 그것은 단순한 정치적

1970년대 재벌, 국회의원, 고급 공무원, 장성, 장차관 등을
'오적'에 빗댄 시 「五賊」이 수록된 시집 『오적』

전향이 아니라 이제는 여성이 대통령이 될 시대가 왔다는 본인만의 철학적 확신이자 원수의 딸마저 품어 안은 용서였다고 생각합니다. 그렇게 이념의 경계를 허물며 살았던 김지하는 지난 2022년 파란만장한 생을 마감했습니다.

　시인의 마지막은 참으로 쓸쓸했습니다. 고문 후유증으로 정신이 온전치 못한 채 불우한 말년을 보내며 장례식조차 한산했거든요. 그런데 시인 김지하는 세상을 떠나기 전 한류의 등장을 예언하는 놀라운 통찰을 남겼습니다. 바로 한류의 뿌리가 우리 고유의 멋인 풍류風流에 있다는 깨달음이었죠.

정박과 엇박의 민족, 유·불·도 포함삼교의 역사

갑자기 또 웬 한류냐고요? 한류라는 단어조차 생소하던 시절이었지만, 김지하 시인은 2002년 월드컵의 열기 속에서 그 조짐을 직감했습니다. 온 국민이 하나 되어 외치던 '대한민국' 함성과 그 뒤를 잇는 다섯 번의 박수 소리 기억하시나요? 당시 외국 선수들이 특유의 박자로 구성된 이 박수 소리를 듣고 축구를 하는 데 헷갈렸다는 말이 돌았을 정도로 독특했던 이 박수법이었죠. 그런데 이 박수법에서 김지하 선생은 우리 민족 특유의 태극의 힘과 풍류의 역동성을 읽어냈습니다. 수만 명의 인파가 뿜어내는 그 에너지가 단순한 응원을 넘어, 잠들어 있던 한반도의 영성이 깨어나는 신호탄이라고 본 것이죠.

　음악적으로 분석해 보면 그 박수의 비밀이 풀립니다. 바로 정박과 엇박의 묘한 조화에 있죠. 서양 음악의 근간은 기본적으로 정박 위주입니다. 로큰롤, 디스코, 펑크, 그리고 재즈조차도 기본적으로는 정박의 흐름 속에서 움직이죠. 정박이란 첫 번째 박자에 강세가 명확히 꽂히는 리듬을 말합니다. 반대로 엇박은 레게 음악처럼 첫 박을 비우거나 약하게 치고 두 번째 박자에 강세를 싣는 리듬을 뜻하죠. 서양 근대 문명은 기본적으로 모두 정박 위주입니다. 클래식 음악도 정박이고, 발을 맞춰 행진하는 군가도 철저하게 정박입니다. 군가에 엇박이 들어간다는 건 상상조차 할 수 없죠. 앞으로 씩씩하게 나아가는 게 아니라 자꾸 뒤로 늦게 될 테니까요. 그래서 엇박은 얼핏 게으른 리듬처럼 느껴지기도 합니다. 전설적인 레게 음악가 밥 말리처럼 근대화의 속도전에 합류하기 싫어하는 자유로운 영혼들 사이에서 엇박의 진정한 묘가 살아납니다. 반대로 근면 성실한 현대인에겐 엇박이 끼어들 틈이 없죠. 음악을 하는 사람 입장에서 볼 때 이건 단순히 박자의 문제가 아니라 삶을 대하는 태도의 근본적인 차이입니다.

정박은 곧 서양 근대 문명의 질서정연한 리듬입니다. 반면 자메이카 같은 대부분의 식민지 국가들은 그 억압에서 벗어나려는 듯 엇박 위주의 리듬을 발전시켰죠. 그런데 대한민국은 여기서 아주 독특한 일을 해냈습니다. 바로 정박과 엇박의 기묘한 조합을 만들어낸 겁니다. 사실 같은 박자 안에 정박과 엇박이 공존한다는 것은 음악적으로 볼 때 정말 묘한 조합이에요. 미국이나 영국의 훌리건들이 응원하는 걸 보세요. 오아시스 공연만 봐도 알 수 있듯이 그들의 노래와 함성은 예외 없이 힘차게 내리꽂는 정박입니다.

이 기묘한 리듬을 보며 김지하 선생은 무릎을 탁 치며 외쳤습니다. "됐다. 드디어 태극의 가치가, 대한민국의 풍류가 터져 나오는

구나!" 광장을 가득 메운 붉은악마와 그들이 내세운 치우천왕의 깃발을 보며, 그는 이것이 단순한 축구 응원이 아닌 우리 민족 깊숙이 잠들어 있던 얼과 풍류가 부활한 장엄한 광경이라고 기뻐했습니다. 심지어 그는 디지털 시대의 도래를 예언하며 멀티미디어를 자유자재로 다루며 이 조화의 철학을 전파할 새로운 세대, 이른바 '멀티단군'들이 나타나 온 세상을 풍류로 물들일 것이라 선언했습니다.

이는 앞에서 함께 읽은 백남준 선생이 비디오 아트를 통해 보여주었던 예술적 통찰과도 궤를 같이합니다. 한류의 흐름을 정확히 예견한 것이죠. 오늘날의 BTS와 블랙핑크, 그리고 〈케이팝 데몬헌터스〉 같은 문화 현상들까지도 이미 그 예언의 범주 안에 있었다고 볼 수 있습니다. 하지만 이 화려한 현상의 뿌리에는 한반도의 무의식 속에 오랫동안 잠들어 있던 소중한 씨앗이 숨겨져 있습니다. 바로 다석 류영모 선생이 강조했던 씨알과 얼나 같은 개념들이죠.

한민족의 의식 구조는 고조선 건국부터 삼국 시대에 이르기까지, 즉 중국 사상의 지배에서 비교적 자유로웠던 시절 내내 풍류도가 자리잡고 있었습니다. 이를 홍익인간 정신이라 부르기도 하고 국선도, 신선도, 풍월도, 원화도, 화랑도 등 수많은 이름으로 일컬어왔죠. 하지만 그 본질은 결국 우리 민족 고유의 종교이자 정신적 뿌리였습니다. 이름은 다양할지언정 그 밑바닥에는 만물을 이롭게 하고 조화를 이루려는 한반도만의 독창적인 영성이 흐르고 있었던 것입니다.

정확히 말하자면 이것은 종교인 교敎가 아니라 길인 도道입니다. 풍류도는 곧 샤머니즘이며, 단군은 우리말로 '단골', 즉 무당인 동시에 음악을 하는 사람이었습니다. 제정일치 사회였던 그 시절에는 음악을 하는 제사장의 역할과 정치인의 역할이 하나로 맞물려 있었죠. 이런 독특한 정신 구조가 2000년 넘게 이어지며 고구려와 신라까지 계승되었습니다. 고구려에서는 이들을 검은 옷을 입은 신비로운 선인들이라는 뜻의 '조의선인皂衣先人', 즉 'Black Robed Mystics'라고 불렀고, 신라에서는 아름다운 꽃과 같은 청년들이라는 뜻의 화랑花郎, 'Flower Youth'로 꽃피웠습니다. 형태는 조금씩 달랐을지언정 모두가 한반도 고유의 삶의 길Way of life을 따르고 있었죠.

그리고 시간이 흘러 전근대에서 근대에 접어들며 우리 고유의 풍류도라는 토대 위에 외래 사상들이 차례로 덧입혀지기 시작합니다. 중국에서 유교, 불교, 도교가 차례로 유입된 것이죠. 마치 우리가 초등학교·중학교·고등학교 과정을 밟듯, 이 유·불·도 세 가지 사상은 우리 민족의 무의식 위에 겹겹이 쌓이며 독특한 융합을 일궈냈습니다. 고려 왕조 500년은 불교의 시대로, 조선 왕조 500년은 유교의 시대로 이어지며 풍류도라는 원형 위에 도교, 불교, 유교가 층층이 자리 잡았죠.

이 모든 사상은 결국 중국을 통해 한자漢字라는 옷을 입고 우리에게 전해졌습니다. '나무아미타불'조차 인도 말을 한자로 옮긴

HISTORY KEYWORDS

풍류도

신라의 최치원이 『난랑비서』에서 언급한 한국 고유의 사상으로, 유·불·선의 가르침을 포괄하면서도 그 근저에 흐르는 우리 민족 특유의 조화롭고 멋스러운 삶의 도(道)를 의미한다. 이는 외래 사상을 주체적으로 수용하여 우리만의 색깔로 승화시킨 민족적 창의성과 생명력의 원천이며, 한국인 특유의 해방적 정서와 예술적 기질의 뿌리로 평가받는다.

것이니, 우리는 결국 중국이라는 필터를 통해 세상을 배운 셈이죠. 그 결과 고려는 인도보다 더 불교적인 나라가 되었고, 조선은 중국보다 더 철저한 성리학의 니라가 되었습니다. 이후 근대에 접어들어 천주교와 개신교가 차례로 들어오며 우리가 여태까지 집중적으로 다뤘던 개화의 격랑이 시작됐습니다. 하지만 우리 민족의 진정한 위대함은 바로 여기에 있습니다. 풍류도의 본질인 접화군생接化群生, 즉 '모든 생명을 조화롭게 아우르는 힘'과 더불어 유·불·도 삼교를 모두 품어 안는 포함삼교包含三教의 정신이 우리 DNA에 흐르고 있다는 사실입니다.

김지하는 단군왕검의 홍익인간과 이화세계 정신, 그리고 최치원이 말한 포함삼교 접화군생의 풍류도가 결국 바람과 흐름의 길을 타고 전 세계로 퍼져나갈 것이라고 내다봤습니다. 그가 생의 마지막에 우리에게 남긴 간절한 권고는 '이제 더 이상 서구 문명의 이분법적인 분열과 투쟁의 길을 뒤쫓지 말라'는 것이었습니다. 그 길은 결국 죽임과 파멸로 향할 뿐이며, 우리가 진정으로 상생하는 한살림의 세상을 열기 위해서는 내면에 잠들어 있던 태극의 가치를 회복해야 한다는 뜻이었죠. 정박과 엇박이 절묘하게 어우러진 2002년의 박수 소리처럼, 밤과 낮, 남과 북, 좌와 우라는 극단의 에너지를

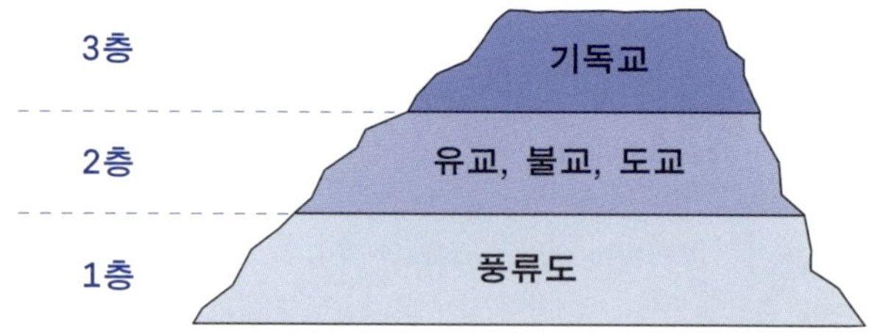

하나로 녹여내는 음양의 조화야말로 우리 민족이 가야 할 유일한 통일의 길이요, 전 지구적 생명 평화의 길이라는 것이 그의 마지막 비전이었습니다. 어떠세요, 여러분도 김지하가 내다본 비전에 동의하시나요?

발전과 성장의 시대에서
발효와 성숙의 시대로

평생 서양 철학의 이분법적 틀 안에서 '검은 머리 외국인'이자 '바나나'처럼 살아왔던 제게 시인 김지하가 짚어낸 태극의 원리는 큰 충격이었습니다. 서구의 정박 시스템이 아닌 우리만의 엇박과 정박이 어우러진 조화를 발견하고, 동해바다 해돋이 앞에서 명상하며 태극론을 깨달으며 그토록 찾으려 했던 답이 밖이 아니라 이미 우리 안에 있었음을 알게 됐죠. 태극 문양이 국기에 표현된 나라는 전 세계에서 한국과 몽골밖에 없어요.

조금 민감한 주제의 이야기인데요, 저는 장차 통일의 시대가 온다면 북한 또한 이 태극의 가치를 온전히 받아들여야 한다고 믿습니다. 남과 북의 분단을 포함해 온갖 이념의 갈등, 동서양의 대립, 종교 분쟁 등 이미 이분법적인 분열의 역사가 우리 인류에 얼마나 큰 해악을 끼쳤는지는 증명됐습니다. 저는 태극의 철학이야말로 모든 갈등을 치유하고 서로 다른 의견을 하나로 묶어낼 수 있는 가장 강력한 인류적 대안이라고 생각합니다. 그리고 우리 역사엔 이미 오래전부터 그 조화의 힘이 내재되어 있었고요.

한국은 지난 수천 년간 유교·불교·도교라는 동양의 깊은 철학을 소화해냈고, 그 위에 서구의 민주주의와 자본주의라는 현대적 가치까지 치열하게 공부하며 학습한 나라입니다. 한마디로 수없이 많은 '정신적 학위'를 취득한 상태죠. 그런데 지금 와서 또다시 누군 가의 정답을 복제하거나 이미 실패로 판명된 길을 따라가자는 것은, 학사·석사·박사까지 마친 사람이 다시 초등학교나 중학교로 돌아 가겠다고 고집하는 것과 다름없습니다. 우리가 쌓아온 깊은 내공과 독립적인 주체성을 이제는 좀 믿어주면 좋겠습니다. 조금만 더 용기 를 내서 '개화'라는 프레임을 졸업하고 진짜 우리만의 길을 당당하 게 걸어가고 싶어요.

그렇다고 해서 주변의 이웃 국가들이나 북한을 밀어내고 미워 하자는 뜻이 아닙니다. 오히려 우리 안에 이미 녹아 있는 중국, 일 본, 러시아, 미국의 문명적 자산들을 태극의 원 안으로 끌어들여 조 화롭게 품어내자는 것이죠. 지난 4000년의 역사 동안 우리는 의식 적으로 자아 위에 수많은 이데올로기를 덧씌우며 살아왔습니다. 그 러나 그 아래 무의식의 심연에는 여전히 태극의 가치가 살아 있습니 다. 여러 선각자들의 입을 통해 구전으로 전해져 내려오는 순우리 말인 '하나님', '씨알', '얼' 같은 말들이 그 증거죠. 중요한 건 방식입 니다. 그건 결코 죽임이나 폭력이 아닙니다. 일본과 중국, 소련과 미 국의 제국주의를 우리는 모두 고통스럽게 겪어봤잖아요? 그렇다면 무엇으로 해야 하느냐? 이미 한류가 하고 있는 춤과 노래입니다. 한 민족의 조상인 단군도 무당이었습니다. 춤과 노래로 사람들을 움직 였죠. 생각해보면 우리는 이미 수천 년의 역사 속에서 늘 같은 길을 걷고 있는 셈입니다.

한국인도 모르는 사이에 한국인은 이미 민족의 자존감을 회복 했고, 춤과 노래로 전 세계를 정복 아닌 정복의 상태로 이끌고 있습니다. 그들의 땅을 빼앗는 게 아니라 마음을 얻고 있는 거죠. 김구 선생이 말한 '한없이 드높은 문화의 힘'을 이미 현실로 만들어내고 있어요. 저는 지금의 우리 세대를 '한류 세대'라고 부르고 싶습니다. 비폭력과 평화, 그리고 한살림의 정신을 전 세계에 퍼뜨릴 수 있는 절묘한 기회가 펼쳐졌다고 믿어요. 이것이야말로 제가 이 책에서 그토록 부르짖었던, 지금 인류에게 가장 필요한 테라피가 아닐까요?

저는 진보도 보수도 아닙니다. 제가 말하는 것은 좌익이나 우익이 아니라 태극입니다. 지금 우리나라에서 벌어지고 있는 문화 현상은 마치 항아리 속에서 된장이 오랫동안 푹 발효되는 과정과 닮아 있습니다. 미국도 넣고, 중국도 넣고, 일본도 넣고, 소련도 넣고, 흑인 음악과 백인 음악도 넣고, 재즈와 클래식과 심지어 일본 엔카까지 몽땅 섞었습니다. 거기에 기본으로 갖고 있던 우리 굿이 만나 푹 익었더니 마침내 깊은 맛이 우러나오기 시작한 겁니다. 비빔밥처럼 여러 재료가 뒤섞여 조화롭게 어우러진 맛이죠. 푹 익은 된장이 결국 제맛을 내듯, 한국의 얼도 이제야 비로소 제멋이 나기 시작했습니다. 그동안은 설익은 맛, 껍데기만 번지르르한 겉멋의 단계였다면, 지금은 설멋이 아니라 제멋이 나는 국면에 들어섰죠. 저는 이 흐름을 '풍류'가 '한류'로 번져가는 시대라고 부르고 싶습니다.

옛날에는 우리 문화를 부끄럽게 여겼습니다. "그래서 우리 것이 뭔데?"라며 스스로를 낮췄죠. 그런데 돌아보니 사실은 다 우리 것이었습니다. 미국 것도 우리 것이고, 일본 것도 우리 것이고, 중국 것도 우리 것이고, 소련 것도 우리 것입니다. 우리는 이 모든 것을 품고 다시 우리 식으로 승화시켜 난생처음 보는 완전히 새로운 것을 만들어냈습니다. 그게 바로 K-팝이고, K-드라마인 것 같아요. 하지만 이건 정말 빙산의 일각에 불과합니다.

　그래서 저는 이렇게 말하고 싶습니다. 한류는 풍류다. 오랫동안 삭이고 묵혀온 된장의 참맛처럼 한국인의 참나가 이제야 모습을 드러내고 있다. 그렇기에 이제는 발전과 성장이 아니라 발효醱酵와 성숙成熟으로 나아가는 태극의 시대가 열렸다고 확신합니다. 이 신명 나는 세상을 여러분과 함께 춤추고 노래하며 걸어가고 싶습니다. 테라피의 여정을 함께해주서서 고맙습니다.

01   시인 김지하가 발견한, 서구의 '정박'과 동양의 '엇박'을 절묘하게 섞어낸 2002년 월드컵 박수 소리는 우리 민족 고유의 풍류와 태극 정신이 부활한 신호탄이었다.

02   우리 무의식에는 유·불·도와 기독교 등 외래 문명을 겹겹이 쌓아 학습하면서도, 그 모든 것을 하나로 아우르는 '접화군생'의 항아리가 자리 잡고 있고, 그 항아리 속에서 오랜 시간을 통해 삭고 익어서 탄생한 '한류'의 제맛이 비로소 세계로 흘러넘치고 있다.

03   이제 강대국의 길을 추종하던 시대에서 졸업하고 우리 안의 모든 아픔의 기억을 태극의 가치로 품어 안으며, 우리 한국사에 이미 내재되어 있는 저력으로 세계 평화를 향해 발전과 성장이 아닌 발효와 성숙의 시대를 걸어가야 할 때가 되었다.

저의 글과 노래는
멈추지 않을 것입니다

마지막 마침표를 찍고 나니, 창밖으로 흐르는 바람의 결이 예사롭지 않습니다. 저는 이번 책을 통해 우리가 당연하다고 믿어왔던 세상을 의심하고, 그 틈 사이로 비치는 새로운 가능성을 엿보고자 했습니다.

우리는 흔히 '인간답게' 사는 법을 고민합니다. 그러나 이제는 '동물답게', 혹은 '생명답게' 사는 법을 자문해야 할 때입니다. 제가 고기를 먹지 않고, 가죽을 입지 않으며, 모든 생명의 고통에 귀를 기울이는 것은 도덕적 우월감을 느끼기 위해서가 아닙니다. 그것은 저라는 작은 존재가 무궁한 생명의 그물망 속에서 조화롭게 살 수 있는 길, 즉 '풍류'를 회복하는 과정이기 때문입니다.

그동안 우리는 너무나 뜨거운 세상에서 살았습니다. 무엇이든 한데 때려 넣고 높은 온도로 녹여버리는 '용광로'의 논리는 효율적이었을지언정, 그 안에서 제 모습을 잃어버린 개별 존재들의 비명은 지워졌죠. 미국식 다문화가 표방하는 '멜팅팟Melting pot'은 결국 강자의 논리로 모두를 획일화하는 또 다른 이름의 폭력이었습니다. 근대화라는 이름 아래 우리는 다름을 녹여내고, 개성을 지워내며, 오로지 효율과 통합만을 향해 질주했습니다. 어쩌면 지금까지 우리가 기록해온 한국사는 타자의 숨구멍을 막고 달려온, 거대한 '죽임'의 연대기였을지도 모릅니다.

용광로가 파괴적인 열기로 만물을 녹인다면, 항아리는 보이지 않는 균菌들의 속삭임으로 만물을 삭이고 익힙니다. 누군가를 죽여서 얻어낸 육수의 감칠맛이 아닌, 미생물들이 서로 얽히고설키며 만들어내는 발효의 깊은 맛. 그것이 한국이 지향하는 미래의 모습이자, 진정한 의미의 공진화Co-evolution라고 생각합니다. 지금 우리에게 필요한 것은 모든 것을 규격대로 뭉뚱그리는 기계적 통합이 아니라, 서로의 다름이 기분 좋게 어우러져 깊어지는 삭임의 지혜가 아닐까요?

이 책을 덮는 여러분의 숨통이 트이기를 바랍니다. 숨쉬는 모든 존재는 바람과 흐름 속에서 하나입니다. 우리는 연결되어 있기에 결코 외롭지 않습니다. 죽임의 사슬을 끊어내고 뭇 생명이 어우러져 한바탕 흐드러지게 노니는 그날까지, 저의 글과 노래는 멈추지 않을 것입니다.

인물 연표

메이지 유신 1868 · 갑신정변 1884 · 동학농민혁명 1894 · 아관파천 1896 · 러일전쟁 1904 · 을사늑약 1905

최제우	1824~1864
최시형	1827~1898
이토 히로부미	1841~1909
전봉준	1855~1895
이완용	1858~1926
손병희	1861~1922
호머 헐버트	1863~1949
서재필	1864~1951
이승훈	1864~1930
이승만	1875~1965
김구	1876~1949
안창호	1878~1938
안중근	1879~1910
조만식	1883~1950
여운형	1886~1947
홍명희	1888~1968
류영모	1890~1981
최남선	1890~1957
이광수	1892~1950
박헌영	1900~1955
함석헌	1901~1989
허정숙	1902~1991
김일성	
박정희	
장준하	
백남준	
김지하	

한일병합 1910
3·1 운동 1919
해방 1945
한국전쟁 1950
4·19 혁명 1960
5·18 광주 민주화 혁명 1980
6월 항쟁 1987
1912~1994
1917~1979
1918~1975
1932~2006
1941~2022

전범선의 한국사 테라피

초판 1쇄 인쇄 2026년 3월 4일
초판 1쇄 발행 2026년 3월 11일

글 전범선
기획 SPNS TV
펴낸곳 자크드앙

주소 경기 파주시 초롱꽃로 109, 406호 (A-18)
전화 070-8211-2265
팩스 0504-141-5750
이메일 official@zacdang.net
신고번호 제2024-000142호
홈페이지 instagram.com/zacdang_

ISBN 979-11-24241-01-1 (03910)

· 책값은 뒤표지에 있습니다.
· 잘못 만들어진 책은 구입처에서 교환해드립니다.

자크드앙은 함께 선을 넘고 점 하나를 찍을 독자 여러분의 제안과 투고를 기다립니다.